JN325304

# 人が生きる社会と生涯学習

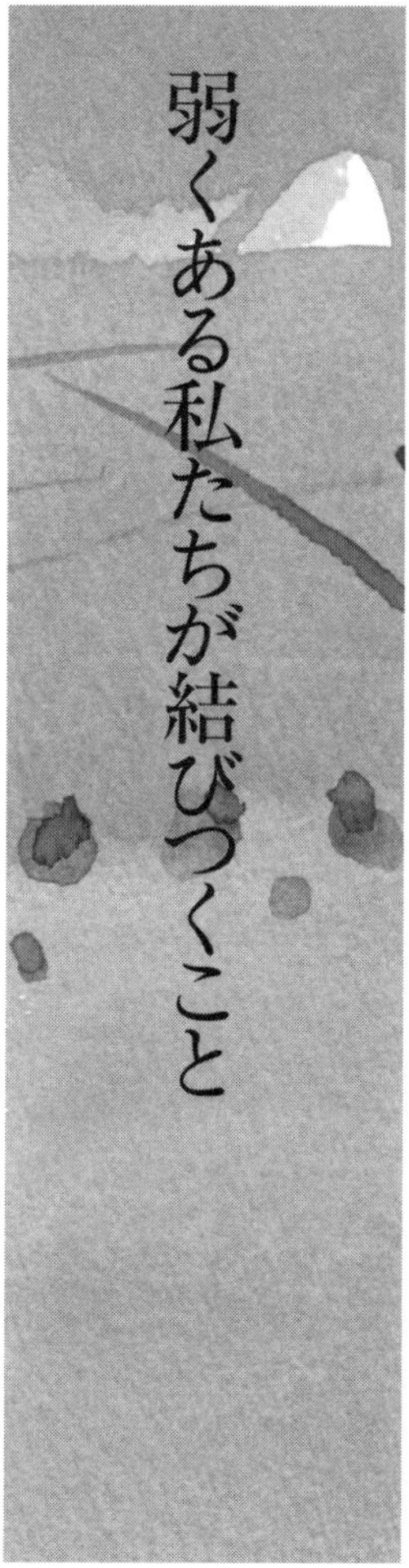

## 弱くある私たちが結びつくこと

牧野 篤

大学教育出版

# はしがき

東日本大震災から一年が経とうとしている。政治の無力は覆いがたい。「復興」のかけ声の裏で、仮設住宅で自ら命を絶つ人が相次いでいる。亡くなった親しい人への思いを一人で抱え込んで、それを言葉として吐き出してはいけないと自分に命ずるように、じっと耐え、声を上げずに泣いている人たちがいる。誰にも頼らずに、誰にも知られずに、そして誰かに知らせようともせず、心を震わせ、身もだえしている人がいる。言葉にすることは、言葉が人から還ってこないとき、大切な、親しい人の全き感じを自ら捨て去ることに等しい。だから、人は、言葉にしない。一番大事なことを。自分を抱擁してくれる人がいないところでは。

「お前ら、いまさらなにしに来たんだ。」過疎地のリーダーたちは、頑として口をつぐんだままだ。無理やり上がり込み、じっと耳を傾ける。彼らが重い口を開き、訥々と語り始めるのは、地区の過疎化の歴史であり、故郷を捨てた自分を責める言葉であり、子どもたちを都会へと送り出さざるを得なかった無念さであり、そしてそういう自分を慰めないではいられないかのように絞り出される「仕方がないじゃないか」という言葉だ。その後に口をついて出てくるのは、「あんたらに来てもらっても、もう、何もしてやれん」という言葉であり、そこでぐっと呑み込まれるのは、「すまんな」と誰に宛てたのでもない独り言だ。それでも粘っていると、最後の最後に出てくるのは、「あんた、かかわった以上、最後までやってくれるか。このままじゃあ、どうにも気持ちが収まらん」。地元リーダーたちは、悲しみながら怒っていたのだ。自分に、そしてこの社会に。

谷川俊太郎に「うつむく青年」という詩がある。うつむくことで「私」と「私」が所属する世界を拒否する「青年」は、うつむくことで生への一歩を踏み出していく。なぜなら、「私」と世界とがなにをするのでもなく、ただ、彼を受け入れ、抱擁しているからだ。彼はその身体を拒否しはしない。

言葉は、人と人との間に置かれるのではないとき、無力なだけでなく、人を苛み、苦しめる。ひとたび言葉が人との間にひらかれるとき、人はその身体をひらいていくようになる。人が人にひらかれ、つながり、まわり、そしてつくりだしていく。生活を、文化を、経済を、そして社会を。

大きな社会をつくり直すために、小さな生活の場で、人が人とつながろうとする意志に支えられて、共に生きようとすることで、自分を社会にいかしていく営み。私たちは、もう一度、この最も基本的なことから、やり直すことを求められているのではないか。そして、そこから、自分と社会とのあるべき関係をつくりだすことをとおして、言葉が人にひらかれ、大事なことが人との間で語られる社会をつくりだす営み、つまり政治に参画することが求められている。生涯学習は、社会をつくりだす営みの基礎となるべきものである。本書がそのための一つの試みとなれば、と思う。

本書の出版には、大学教育出版の佐藤守さん、安田愛さんにお力添えをいただいた。感謝申し上げたい。ありがとうございました。

二〇一二年三月八日

牧野　篤

# 人が生きる社会と生涯学習

—弱くある私たちが結びつくこと—

## 目次

# 序　章

# 生きるに値する〈社会〉のために

地獄にはご馳走があり、長い箸が用意されている。それは長すぎて、自分の口に入れられない。だから亡者たちは、目の前に食べ物があるのに、飢えて争う。これが地獄です。天国は地獄の隣にある。天国にもご馳走があり、地獄と同じように長い箸が用意されている。そう、実は天国は地獄と変わらない。

天国では、長い箸で他人に食べさせてあげている。そして自分も他人に食べさせてもらう。地獄の亡者は自分のことしか考えない。だからご馳走を前にして飢えて争う。（海堂尊『極北クレイマー』〔下〕、朝日文庫、二〇一一年、二二八頁）

日本の〈社会〉が壊れている。

平成の大合併に見られるように、基礎自治体の再編が急ピッチで進められた結果、人々の生活基盤である〈社会〉の急激な変容、端的には崩壊ともいえる状況が招かれている。この市町村合併は、分権が政治的な焦点へと位置づけられたことを意味している。それはまた、福祉の不全化としてとらえることができる。税金を投入して国民の生活水準の向上を保障し、国内市場を拡大することで経済発展を促し、税収増を実現することで国家が発展するという国民経済の循環が破綻に向かっているように見える。財政を動員することで福祉を拡充して市場を拡大し、経済を発展させ、かつ国民の忠誠心を購入するシステムが機能不全を来しているのだといえる。産業資本と結びつく国家は、財政を動員して福祉を拡充し、国民生活の向上に責任を負うことに、すでに「やる気」または関心を失いつつあるといってよいであろう。従来のような国家を枠組みとした経済発展の時代が、グローバリゼーションの到来とともに終わりを告げつつあるのである。

しかも、現実問題として、国と地方の長期債務は二〇〇〇年代初めにすでに対名目GDP比一・五倍に膨れあがり、国・政府は、財政を動員して、国民生活を長期的に保障する余裕を失ってしまっている。

政府が、最低限の保障を除いては、国民保護をやめる時代がやってきたのだといえる。そして、その代替策として進められているのが、地方分権および生涯学習と自己責任論とを結びつけ、国民である住民を行政参加、つまりまちづくりへの自発的参加へと動員することである。

「生涯学習振興整備法」が一九九〇年に制定され、生涯学習の推進が奨励された。生涯教育の概念と実践が一九七〇年代に導入され、普及が試みられた後、八〇年代の教育改革の過程で、とくに臨時教育審議会において強く主張された学びのサービス化とサービス提供者の多様化、つまり「学習」の官から民への移譲と市場化が推し進められたが、この法律の制定は、このような動きの一つの結節点であった。

その直接的な端緒は、一九八一年の中央教育審議会答申「生涯教育について」である。そこでは生涯学習の概念が次のように定義されている。「今日、変化の激しい社会にあって、人々は、自己の充実・啓発や生活の向上のため、適切かつ豊かな学習の機会を求めている。これらの学習は、各人が自発的意思に基づいて行うことを基本とするものであり、必要に応じ、自己に適した手段・方法は、これを選んで、生涯を通じて行うものである。その意味では、これを生涯学習と呼ぶのがふさわしい」。そして、生涯教育を次のように定義している。「この生涯学習のために、自ら学習する意欲と能力を養い、社会の様々な教育機能を相互の関連性を考慮しつつ総合的に整備・拡充しようとするのが生涯教育の考え方である」(1)。

生涯学習は、一九八〇年代の初頭に、個人の自発的意思にもとづく学習であるとされ、個人が学習する意欲と能力を養うとともに学習の条件を整備するのが生涯教育であると、政策的には定義されたのである。学習が個別化・生涯化されることで、教育概念は行政的には個人の必要に対応する形で、意欲や能力など個人の内面と深くかかわりつつ、機会の提供・条件の整備という市場化の方向へ歩みを進めることとなった。その後、八〇年代を通して、バブル経済へと向かう好景気に踊らされる日本社会に随伴するように、激しく変化して流動化し、個性を煽られて浮遊する個人を対象として、とくに成人に対する学習機会の供給が政策的に推進されることとなる。その方向を決定づけたのが、一九八七年に最終答申を出した臨時教育審議会（臨教審）である。

臨教審は、変動する社会への対応策として、個性重視の原則と学歴社会の弊害の是正を打ち出し、教育改革の方向性を「生涯学習体系への移行」として提示した。生涯学習の基本的なあり方として「自主的な学習活動」の推進が唱えられ、それは「人々の生きがいや充実した生活につながるもの」であり、「各人がそのニーズに応じて主体的に学習を進めること」であるとされた[2]。

ここにおいて生涯学習は、各個人の生きがいや充実した生活という消費的な意味合いを強調されるものとなり、自己決定・自主性・個性などがキーワードとして付与されることとなった。

そして、一九九〇年には、中央教育審議会によって答申「生涯学習の基盤整備について」が出され、そこでは生涯学習推進の留意点として、次のように述べられている。「生涯学習は、生活の向上、職業上の能力の向上や、自己の充実を目指し、各人が自発的意思に基づいて行うことを基本とするものであること」。「生涯学習は、必要に応じ、可能な限り自己に適した手段及び方法を自ら選びながら生涯を通じて行うものであること」。「生涯学習は、学校や社会の中の意図的、組織的な学習活動として行われるだけでなく、人々のスポーツ活動、文化活動、趣味、レクリエーション活動、ボランティア活動などの中でも行われるものであること」[3]。つまり、生涯学習とは、各個人の必要に応じて、自発的意思にもとづいて、個人的な充足を目指して行われる個人を基本とする活動だととらえられているのだといえる。その上で、民間教育事業者の役割への期待と行政的な支援の必要性が提唱されるのである。
同年、当時の文部省と通産省とが手を携えて前述の「生涯学習振興整備法」が制定され、生涯学習は、市場を形成し、流通する、極めて個人的な消費的商品として、政策的に位置づけられることとなる。[4] そして教育行政は、消費的商品としての「学習」を流通させるための施策を推進することがその役割であるとされた。

しかしその直後、バブル経済がはじけ、日本社会は、急激な不況へと歩みを進める。個性が叫ばれ、個人消費が煽られ、人とは違うこと、自らを充足させることが第一とされた狂乱の時代は急速にその勢いを失い、社会が激しくしぼんでいく時代に入ることとなるのである。
その後、生涯学習審議会の一九九二年の答申「今後の社会の動向に対応した生涯学習の振興方策について」では、消費的商品としての生涯学習の立場を継承しつつも、そこに「社会の活力」「ふれあい」や「交流」など、改めて学習を個人から社会へと開きつつ、学習の持つ、人と人とを結びつける力を強調する文言が加えられ、またリカレント教育やボランティア活動、青少年の学校外活動など、個人中心の観点から社会に目を向けようとする観点への移行が示されることとなる。同答申はいう。わが国が「社会の活力を維持していくためには、次の世代においても、人々が常に自己の充実や生きがいを目指し、自発的意思に基づき、生涯にわたって学習に取り組むというライフスタイルを確立していくことが望ましい」。「人々は、生涯学習において、仲間と互いに教え合い、励まし合って、学ぶ楽しさや喜びを周囲の人々に広げていくこともできる。生涯学習を、学ぶ人自身の個人としての生きがいとするだけでなく、家庭や職場や地域において、人々が共に学び、協力し、励まし合って生涯学習に取り組んでいくことで、家庭や職場や地域が生き生きと活気にあふれ、充実し、発展していくことが期待される」。[5]
この背景には、バブル経済がもたらした新たな社会状況、つまり社会の分断と個人の孤立化、環境問題や外国人労働者などの内なる国際化の問題など、新たな社会的な課題に対処するために、社会の再統合が求められ始めたという事情が存在する。自立した個人の自己実現とともに社会の再統合が課題化される、すなわち自立した個人による社会的統合の再生が、生涯学習の課題として浮上してくるのである。

この動きが大きく進展し、個人の自立よりは社会的な統合が改めて前面に押し出されたのが、一九九〇年代後半から二〇〇〇年代に入る、世紀転換期であった。それは、地方分権改革の議論が生涯学習政策・行政の位置づけを変えたことによってもたらされることとなった。一九九八年、生涯学習審議会は「社会の変化に対応した今後の社会教育行政の在り方について」を答申するが、それは、社会経済システム改革と地方分権改革の動きが、生涯学習にまで及んだことを示すものであった。この答申は、社会教育を生涯学習行政の一環に位置づけた上で、その規制緩和・分権を唱え、地方自治体の実情に合わせた柔軟な組み換えを可能にしようとするものであり、なかでも、それまで社会教育法体系下で必置であった公民館運営審議会の設置を弾力化し、また民間教育事業者との連携を促すなど、従来の規定の弾力的な運用を提唱するものであった[6]。

さらに、この答申で注目されるのは、地域づくり・まちづくりに地域住民の参加を促すとして、次のように述べられていたことである。「住民の最も身近な社会教育行政を行う市町村は、住民参加の下、地域に根ざした行政を展開する必要がある」。「住民が共同して行う地域づくり活動を支援するなど地域社会の活性化に向け、社会教育行政は重要な役割を持つ。今後の社会教育行政は、住民の個々の学習活動の支援という観点のほか、地域づくりのための住民の社会参加活動の促進という観点から推進する必要がある」[7]。すなわち、住民の「参加」によるまちづくりに向けて、既存の社会教育行政を再編成・組織化し、それを生涯学習へと連接しようとする指向性が示されたのだといってよいであろう。

そして、このことは翌年の生涯学習審議会答申「学習の成果を幅広く生かす」に、より明確に示されることとなる。同答申はいう。「生涯学習の成果を活用して社会の諸活動に参加することは、個人の喜びであると同時に、社会の発展にとっても必要なこととなってきている」。「生涯学習における生きがい追求が創造性豊かな社会の実現に結びつくようにしなければならない」。[8] 個人の自立を基本とした消費主義的な学習が、社会へと結びつけられて、とらえ返されているのである。その上で、同答申は生涯学習における学習成果を、個人のキャリア形成、ボランティア活動、そして地域社会の発展に活かすことを提唱するのである。

一九九八年は、日本の自殺者数が対前年比約八五〇〇名の急増を見、以後今日まで一三年間連続して三万人を超えることになる初年であった。そして、この年をめぐっては、一九九六年から始まった金融自由化いわゆる金融ビッグバンによって、戦時配給制を基本とする日本経済の「護送船団方式」が解体され、九七年には北海道拓殖銀行が破綻するなど、それまでの日本社会を枠づけてきた社会経済秩序が動揺する一方で、地方分権改革が進められ、旧来の利益誘導型の政治・行政から地域住民に対する不利益分配型の政治・行政へと社会システムが切り換えられていく、転換点としての位置づけをなし得るものであった。

この転換点に続くのが、一九九九年から二〇一〇年まで続けられた基礎自治体の合体・編入いわゆる「平成の大合併」であった。この大規模な合併は、利益誘導・動員型政治の不要化を意味している。民衆意識を動員し、国民経済を発展させるとともに、国家的な凝集力を高めるための利益誘導としての政治が終焉を迎え、一方で国民を国家的な保障から切り離していくこと（利益分配の停止）が、他方で国民に増税を基本とする「痛み」を分配し、受け入れさせる政治が求められることになる。不利益分配型社会への移行である。

さらに、グローバリゼーションの進展と不利益分配型社会への移行にともない、たとえば規制緩和の実施によって、地元の商店街がシャッター通りへと変わり、地場産業が衰退し、かつ企業などの中間集団が人々の帰属を保障しなくなり（リストラ、新規採用停止など）、さらに、物質的な飽和社会の実現によって、人々の意識は、個別化しつつ、自らを普遍へと媒介する中間集団を失って、緩やかな全体へと文化的に結びつけられていく傾向を示していくようになる。

一つの「正義」（ロールズ）が支配する秩序だった社会は解体され、多元的な抗争を基本とする社会へと、国内社会が移行していくのである。合意を形成するための分配を基礎とする社会、人々の平等性を基礎とした合理的な財の分配にもとづく安定した社会から、政治に文化と感情が持ち込まれることによる非合理性が前景化され、決定不可能性を基本とする不利益分配の社会へと社会が移行するのであり、社会の不安定化が常態化することになるのである。

経済的な国家の枠組みの変容は、政治の枠組みの変容を招くことになる。それは端的には、議会制民主主義（いわゆる自由民主主義）の動揺・解体として現れる。政治的な自由主義（人権論など「普遍」的ヒューマニティに基礎を置く）言説と、人民主権的な民主主義（デモスに基礎を置く「境界」の線引きを必然とする）言説との矛盾が激化し、政治が不安定化するとともに、社会の分散化が促される。国家の枠組みや国家と個人との間のさまざまな中間集団において、自由と民主の両者が接合されていた仕組みが解体し、個人が普遍と直結しつつ自由な存在として立ち回るとともに、文化的な同質性をもって異質を排除する不安定で不確実な社会が到来するのである。

これを回収するのが、劇場型政治として民衆個人と指導者を直結させる政治の個私化であり、かつ自治体における住民の行政への「参加」である。政治の個私化は、指導者と国民一人ひとりを感覚的に直結させつつ、国民の感情を動員する手法であり、利益分配型政治である政党政治を解体に導き、事実上の首相公選制であるかのような錯覚を社会に広めつつ、人々が不利益を受け入れる仕組みを作り出すことになる。自治体における住民の行政参加は、不利益の分配を、住民自らの「参加」による分配であると意識させる機能を担っている。

平成の大合併にいう地方分権とは、基礎自治体に対して強制的に不利益を分配する政治的動きだといってよい。地方交付税や補助金を削減されることで、基礎自治体は不利益の分配を受け入れざるを得ず、自治体においては従来のような地元利益の誘導による動員行政はすでに実行不可能となっている。基礎自治体は合併を繰り返しつつ、住民の「参加」を求めざるを得ない状況に追い込まれるのである。

しかも、合併し、分権化された後も、自治体は不利益を住民へと分配し続けるとともに、財政基盤が脆弱なために、都市内分権（自治体内分権）を進め、住民の自発的な意思による行政参加の建前をとりつつ、行政サービスを住民自身による自己責任へと切り換えていく必要に迫られる。基礎自治体は利益誘導による住民意識の動員ではなく、不利益を受け入れさせるために、意識啓発による住民の自発的な参加を求めざるを得なくなっているのである。

そして、このような状況に呼応してか、二〇〇四年の中央教育審議会生涯学習分科会の審議経過報告書「今後の生涯学習の振興方策について」では、次のような論理が展開されている。まず、従来の生涯学習が「現在の社会の要請に必ずしも適合していない」として、生涯学習が「社会の要請」に応えるべきものであることが明示される。そして、「生涯学習振興にあっては、個人の需要と社会の要請の両者のバランスを保つことが必要である」と指摘され、続けて「社会を形成する自立した個人の育成が課題であると同時に、自らが社会づくりの主体となって社会の形成に参画する『公』の意識を持つことが重要になっている」と述べられるのである[9]。

その上で、生涯学習が総合行政的性格を持つものであること、生涯学習行政や関連施設・機関の取組みが社会の要請に応えていないことが指摘され、それを受けて、生涯学習関係機関の連携強化と学習成果の活用によって、地域社会の活性化を促すこと、つまりこれまでの「生涯学習のためのまちづくり」から、住民を生涯学習によって組織化し、自治体行政に参加させることによる、「生涯学習によるまちづくり」へと大きく転換する論理が示されているのである。「市町村においては、社会の要請と地域住民全体の多様な需要の双方に対応した学習機会の提供、図書館の整備など地域住民の生涯学習の支援、生涯学習を通じた地域づくり等を、地域住民の声によく耳を傾けることなどにより、地域住民等と協力して、主体的に実施することが期待される」のである[10]。

そして、この論理は、平成の大合併という地方分権の動きの過程においては、「社会の要請」を「当該自治体の要請」へと読み替え、住民の行政への「参加」を促す一方で、人々の多様な学習を統合して、社会に活かしていこうとする生涯学習が、その手法と内容、より具体的には実践において、極めて細分化された多元的で多様な選択を可能とするものへと、行政的に組み換えられていくことを示している。生涯学習が自己責任論に回収されるとともに、各個人の責任において行政参加を進め、社会的要請に応えて、安定的な社会を再構築することが求められているのだといえる。この論理の中では、生涯学習行政は、一行政部局である教育委員会の手を離れ、総合行政として首長部局主導で行われるべきものへと転換していく。このことは、昨今、多くの基礎自治体で、生涯学習を教育委員会の所掌からはずし、総務部や企画部など首長直轄に近い部局の所管へと移し替えていることに端的に示される。そして、この背後で、国政レベルでは、総務省が生涯学習政策への関与を強めてきているのである。前述の報告書においても、生涯学習を「日本を作り直そう」などとのキャッチフレーズとともに、国民運動として展開してはどうかとの意見があったことがとくに紹介されている。また、二〇〇六年には、教育委員会の所掌から生涯学習や文化・スポーツ関連行政をはずし、首長部局へと移管することを認める閣議決定がなされている。

その後、二〇〇七年一二月の教育基本法改定、そして二〇〇八年の学習指導要領全面改訂に呼応するように、同年二月には中央教育審議会答申「新しい時代を切り拓く生涯学習の振興方策について」が出されることとなる。この答申は、顕著な特徴を備えたものであるといってよい。つまり、新学習指導要領がＯＥＣＤのＰＩＳＡ型学力を強く意識した上で、基礎学力の重視と総合的学習を再編した問題解決の「能力・態度」の育成を重視し、その背景に知識基盤社会と持続可能社会という社会観を明示していることとほとんど対応するかのように、この答申でもあるべき社会観として知識基盤社会と持続可能社会が明示されて、それが「知の循環型社会」と命名されるとともに、個人の「学ぶ意欲」を支援するための社会的な施策の展開とその際の留意点が明記されているのである。そこでは、従来の個人の消費的な学習が「個人の要望」としての「変化に対応し、社会を生き抜く力」つまり「生きる力」として括り返され、「社会の要望」とのバランスをとることが第一に重視される。その上で、「学校」「家庭」「地域」が「地域の課題・目標の共有化」にもとづいて、個人の「新たな学習の需要」を掘り起こすとともに、課題の解決と目標達成のために個人の「学習成果の活用」が進められること、この両者の間に循環が形成されることが「知の循環型社会」であると明示されるのである。[11]

自由で自立した個人を前提としていたはずの消費市場型の生涯学習は、ここにきて、「自立した個人」による「自立したコミュニティ（地域社会）の形成」が「持続可能な社会」と結びつけられることで、「自らのニーズに基づき学習した成果を社会に還元し、社会全体の持続的な教育力の向上に貢献する」「知の循環型社会」構築のための方途としてとらえ返されることとなったといってよいであろう。個人の自立的な学習の需要は、改めて地域社会の需要へと包摂されつつ、個人による地域社会の再編・統合が課題化されるのである。そして、この地域社会とは、端的には基礎自治体であると読み替えることが可能である。[12]

さらに、二〇一一年一月に出された中央教育審議会生涯学習分科会「生涯学習・社会教育の振興に関する今後の検討課題等について」では、「学びを通じた個人の自立と『絆』の再構築」が謳われ、それが「地域課題の解決」へと連動する論理の構造が示されるのである。[13]

しかし、このようないわば国家的な要請からなされた「生涯学習によるまちづくり」、つまり生涯学習を用いた住民の行政参加とそれによる自治体の再統合の試みは、今のところ成功しているとはいい難い。個人の消費的学習から「社会の要請」に応える学習への転換は、消費市場の持つ個別化の圧力の暴走によって、その意図に反して、基礎自治体を解体し続けているのである。

ここで問われなければならないのは、個人の消費的な学習から「社会の要請」に応じる学習へと生涯学習の方向性を政策的に切り換えても、個人を社会へと媒介することはすでに不可能だということである。そこでは、個人と社会とを媒介する「何か」が疲弊し、解体しているのであり、政策としての生涯学習の動員は、それが何であるのかを十分にとらえているとはいえそうにない。冒頭で記した地獄と天国とを分ける、目の前のご馳走を、自分の口に入れるには長すぎる箸を使って他人の口に入れてやり、また自分の口にも入れてもらうための「何か」とは何であるのか、そしてその「何か」がなぜ不在となってしまっているのかを問う必要があるのである。

政府のいう「社会の要請」の「社会」とは、当該自治体のことであり、それはいわば、行政的・制度的に普遍的な概念であるといってよい。

しかし、個人という具体的な実存を社会という抽象的かつ普遍的な、または行政的な空間・組織概念へと媒介し、個人がその社会の中の実存、つまり国民でありまた住民である抽象的な実存として位置づきつつ、求められる役割を担えるようにするためには、個人を抽象・普遍へと媒介する、いわば自己を社会的存在としてそこに十全に位置づける具体的な〈社会〉が必要となる。個人を社会へと媒介する「何か」とは表面的にはこの〈社会〉のことである。しかし、個別具体的な存在である個人にとっては、それだけでは不十分で、この〈社会〉を可能とする、つまり自他の相互承認と相互扶助を可能とする「何か」、すなわち〈社会〉の基礎となるべきものこそが問われなければならないのである。

この〈社会〉とは、家庭や企業そして地域のコミュニティなど、人が人と交わりつつ、顔の見える暗黙の信頼関係を形成し合うことのできる〈場〉、つまりいわゆる中間集団であるほかはない。この中間集団が解体し、消失することで、人々は自らが十全に位置づくべき〈社会〉を失い、その存在の曖昧さに苛まれ、自己であることに疲れ、そして社会に生きようとはしなくなる。このような〈場〉の解体は、人々を均質な価値としての普遍性つまり国民へと形成することと、その人々を住民として地域社会に位置づける機能をこの社会が失うことを意味している。この社会では、内面の自由の表面的な拡大とは裏腹に、人々に自由の放棄を迫り、人々を自己責任論に絡め取ることで、自分をこの社会に十全に位置づけつつ、自分の存在を他者との関係の中で認識する、他者とともにある存在として自分をとらえる術を人々から奪うことになる。ここにおいて、国家の信念体系も解体し、かつ人々は労働という極めて社会的な行為を通して自らをこの社会に位置づけることもしなくなる。そこでは、自由の争奪戦が、自己責任の名の下で繰り広げられることになり、孤立した個人が対峙し合う、不機嫌で不寛容な社会が出現する。

このような社会では、自立は孤立の別名となり、まるで人に頼ることはいけないことであるかのような錯覚が支配するようになる。そして、人々は「意味」に支配され、「意味」を見いだせないことで、自分がこの社会に生きていることの感覚を失っていく。生きている意味、存在意義、働く意味など、人々は「意味」にがんじがらめにされ、自分の存在そのものがそのものとして「ある」という、もともと自明であるはずの感覚を奪われていくのである。

ここで忘れられているのは、自立とは本来、頼り頼られる関係をつくることができるということであり、孤立こそが「意味」への依存を招くという平明な事実である。この頼り頼られる関係を体現していたのが、もともと人々が住んでいた〈社会〉であり、その基底には、互いに頼り頼られるための、他者に対する「想像力」が存在していたのである。

この意味では、目の前のご馳走を長い箸を使って他人の口に入れてやり、自分の口にも入れてもらうための「何か」とは、自分が自立するためにこそ他者を必要とし、他者に頼り、他者から頼られることで、自分は自分を認識しつつ、他者に支えられてこそ自立できるという他者への信頼と、その信頼を支える他者への「想像力」なのだといえる。今問われなければならないのは、地獄である社会を天国である〈社会〉へと媒介すべき〈場〉のありようであり、その〈場〉の基底となるべき「想像力」によって定礎される、人と人との関係の再構築なのだといえる。それはまた、「社会の要請」というよりは、個人の存在から発する必要が、そのまま他者との間で公共性を生み出すような、人々の生活の〈場〉の論理の再びの生成を求めているのだともいえる。

従来の政治の枠組みにあって、国家の枠内で強制的に接合されていた自由と民主、つまり「境界」によって担保されていた「普遍」が、人々が住民として国家的な不利益分配を受け入れつつ、自らの住む地域に対して自発的に貢献しようとする意識と感情を発露することによって、いわば「境界」内の多元的対抗性にもとづく「普遍性」へと新たに生成する契機をとらえることの可能性を問うこと、このことが求められているのである。その時の鍵となるのは、自治体の不利益を利益へと再創造する多様性の対抗性、つまり利益創造において相互対抗的に地域への感情を動員する主体が住民として形成されることであり、そのことの人々の生活の地平における論理である。「境界」によって敵対的関係をつくりだすのではなく、「境界」内を多元的対抗性として構築し、利益創造に向けた新たな住民の民主主義、つまり新たな「普遍」を鍛え続けることの可能性である。

その基礎は、構造改革が破壊した中間集団としての家庭や働く場所、市場化によって失われた学校の存在する〈場〉であり、そして平成の大合併によって解体が進められた自治体の基盤の再構築である。つまり、「普遍性」を担う多元的対抗性を担保する〈場〉である基層自治組織の住民自身の手による生成が求められるのである。それはまた、家庭や働く場所その他の帰属の場を失った後に、人々が自分の実存を担保するために他者との関係を形成する〈場〉の再構築でもある。それは、人々の実存を改めてつくりだすことにつながっている。そして、この〈場〉の構築にこそ、地域社会における生涯学習の実践が深くかかわっているのである。

以下、本書では、基礎自治体のさらに基層にある自治組織のあり方をとらえることで、生きるに値する〈社会〉をいかに生成していくのか、その方途を、生涯学習を課題化する社会の構成と実践の中に探ることとしたい。

私たちはみんな天国にいる。ただ気づいていないだけだ。（同前）

【注】

（1）中央教育審議会『生涯教育について（答申）』（第26回答申）、一九八一年六月一一日。
（2）臨時教育審議会『教育改革に関する第四次答申（最終答申）』、一九八七年八月七日。

（3）中央教育審議会『生涯学習の基盤整備について（答申）』（第28回答申）、一九九〇年一月三〇日。
（4）牧野篤「「生涯学習」構想から「生涯学習」政策へ―そのイメージ―」、名古屋大学教育学部社会教育研究室『社会教育研究年報』第9号、一九九二年。
（5）生涯学習審議会『今後の社会の動向に対応した生涯学習の振興方策について（答申）』、一九九二年八月三日。
（6）生涯学習審議会『社会の変化に対応した今後の社会教育行政の在り方について（答申）』、一九九八年九月一七日。
（7）同前。
（8）生涯学習審議会『学習の成果を幅広く生かす―生涯学習の成果を生かすための方策について―（答申）』、一九九九年六月九日。
（9）中央教育審議会生涯学習分科会『今後の生涯学習の振興方策について（審議経過の報告）』、二〇〇四年三月二九日。
（10）同前。
（11）中央教育審議会『新しい時代を切り拓く生涯学習の振興方策について～知の循環型社会の構築を目指して～（答申）』、二〇〇八年二月一九日。
（12）たとえば、大桃敏行・背戸博史編著『生涯学習―多様化する自治体施策―』、東洋館出版社、二〇一〇年、第一章・第二章。
（13）中央教育審議会生涯学習分科会『資料3　生涯学習・社会教育の振興に関する今後の検討課題等について～第5期中央教育審議会生涯学習分科会における検討状況（1）～』、二〇一一年一月一七日。

# 第I部

# 生涯学習を課題化する社会

# 第一章　生活様式の変容と生涯学習の課題

## 一、社会の変容と人々の生活

ここ数年、日本の社会は、少子高齢化の急速な進行とグローバリゼーションの進展とが相俟って生み出す構造的な変化に見舞われている。それは日本社会が、戦争などの特殊な事情を除いては、近代に入ってから初めて経験する未曾有の社会現象でもあり、それがまた、私たちに従来の生活様式の変容を迫り、価値規範の組み換えをも求めている。

### (一)　少子高齢社会の現実

日本は今日、すでに高齢化社会から高齢社会、さらには超高齢社会といわれる社会へと移行し、いまだに急速な高齢化が進行している。二〇〇一年に一八・三パーセントであった高齢化率は、予測では二〇三〇年には三一・五パーセントに上昇し、最終的には今世紀半ばに四〇パーセント前後で定常状態になるとされる。その主な原因は、出生者数の減少と平均寿命の伸びである。出生者数は、第一次ベビーブーム以降、その世代が出産した第二次ベビーブーム世代において増えるものの、全体としては減少傾向にある。また合計特殊出生率を見ると、戦後ほぼ一貫して低下傾向にある。

しかも、合計特殊出生率と高齢化率とは逆の相関関係にあり、出生率の低下が高齢化を加速させている。

ここで懸念されているのは、急激な高齢化を引き起こした少子化の進展によって、生産年齢人口が減少するとともに、総人口の減少が不可避となっていることである。日本の総人口は中位予測で、二〇〇五年から減少が始まり、二〇五〇年には一億人を割り込み、二一〇〇年には六〇〇〇万人程度になると推定されている。[1] 日本の経済を担う生産人口が減少することで税収が減るとともに、高齢者の占める割合の急増で、医療費や年金などの社会保障負担が増大してその維持が困難となることに加えて、国内市場の縮小がもたらす経済活動への影響が懸念されるのである。現実に社会保障給付額は伸び続け、負担率も急激に高まることが予測されており、高齢化と少子化の急速な進行は、社会保障制度の根幹を揺るがしかねない問題だととらえられている。[2]

## （二）低成長・マイナス成長経済の社会と生活の変容

次に、経済の動きと人々の生活との関係を見てみたい。従来「全部雇用」と呼ばれ、極めて低い失業率を誇ってきた日本社会は、二〇年にも及ぶ平成大不況下、すでにかなり高い完全失業率を常態化するようになっている。これを、GDPに見てみると、この時期、経済成長率が急激に低下、低迷している。このような経済成長の低迷は、そのまま家計を直撃する。バブル経済崩壊以降、浮沈を繰り返してきた家計収入と消費支出の前年比増減は、一九九八年以降、いずれもがマイナス傾向を強く示しているのである。[3]

それゆえ、家計の支出構造が図1-1のようになるのは当然でもあった。図1-1は、二〇〇〇年から二〇〇八年までの家計の目的別最終支出構成の推移を示したものだが、家計支出の中で切りつめられてきたのは、食料と衣類、そして家具や家電品であり、急激な負担増となっているのは、「住居・電気・ガス・水道」という毎月（毎年）ほとんど変動のない、しかし切りつめることが困難で、その大半が住宅ローンで占められているであろう支出であることがうかがえる。これは、その前の一〇年間も同じ傾向を示すものであった。この意味では、多くの勤労者世帯で、生命の維持のために必要な食費や衣類の支出を切りつめつつ、借金の返済のための支出を捻出しており、その割合が増加しているのである。

人々は、この厳しい変動社会において、「健康で文化的な最低限の生活」（憲法第二五条）を犠牲にして、家計を何とか維持しようとしているかのように見える。このような社会のあり方は、そこに生活する人々には、祝祭のない社会、つまり自分の生活そのものがゆっくりと下降していく出口のなさとして、また一生懸命努力してもしがいのない社会として、感受される。その受け止め方の一端は図1-2に示されるような生活の向上感の推移に現れている。それはまた、これまで私たちが生きてきた社会のさまざまな価値規範が、成長する経済と拡大する社会を前提としてつくられていたが、この縮小し、下降する社会にあって、それらが解体することで、私たちの存在そのもの

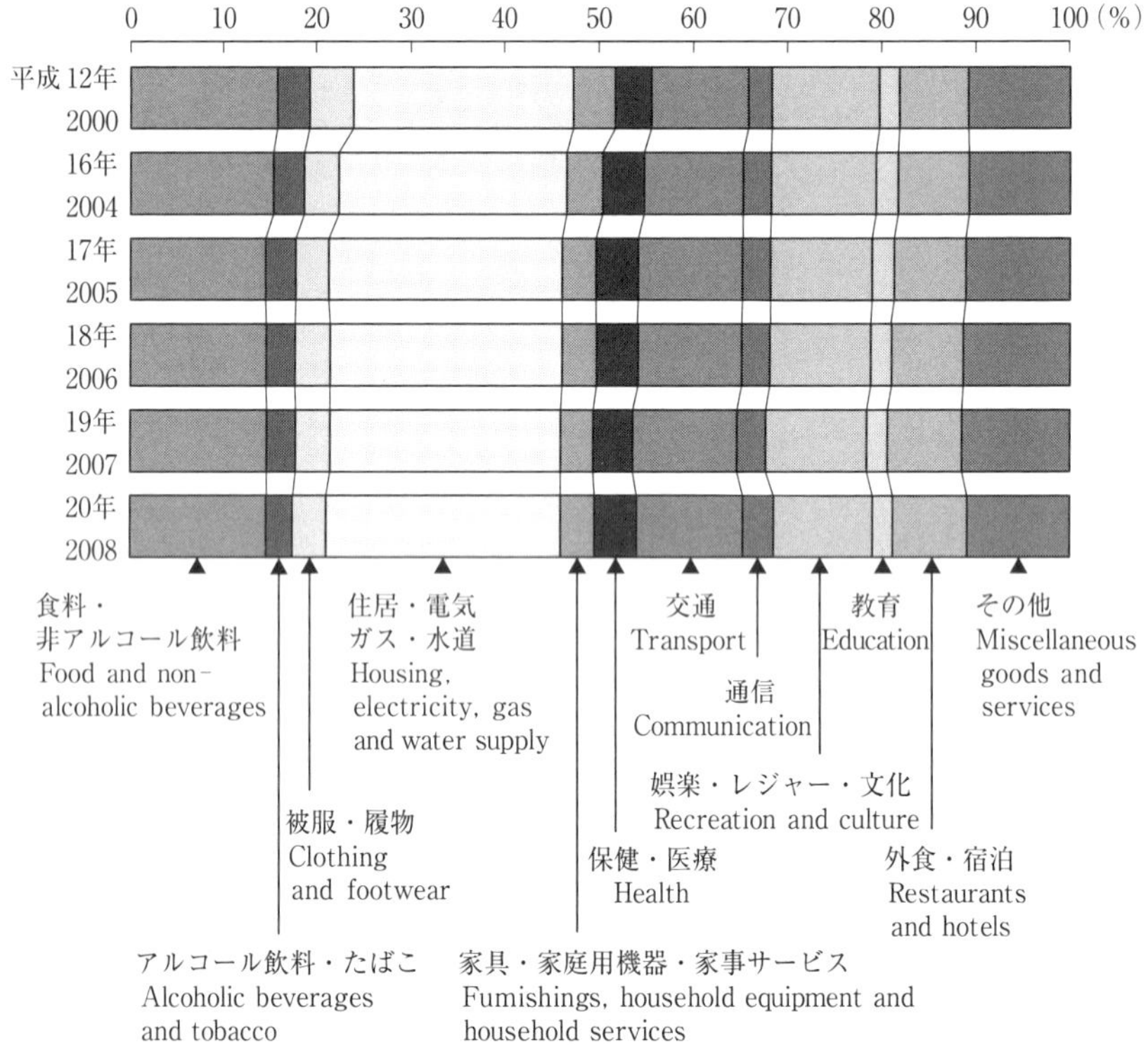


図1-1　家計の目的別最終消費支出構成の推移
出典：http://www.stat.go.jp/data/nenkan/pdf/z03-7.pdf、2011年3月29日

が動揺せずにはいられないことを意味している。私たちは、この出口のない、祝祭のない、努力してもしがいのない社会の中で、自分の存在の確かさを失ってしまうような、新しい事態に直面せざるを得ないのである。

## (三)　自殺者統計の示すもの

このような日本社会の大きな変動は、自殺者数の急増へと収斂しつつ、一つの特徴を顕著に描いている。日本の自殺者数はここ一三年間、毎年約三万一〇〇〇名から三万二〇〇〇名前後を推移している。人口一〇万人あたりの自殺者数は、一九九〇年代半ばまでは一七人から一八人で推移しており、ヨーロッパ諸国と較べてほぼ中位の率を示していた。しかし、それが一九九〇年代末から急増傾向を示し、その後、人口一〇万人あたり約二四人から二五人人という数字を記録し続けている。これは、ヨーロッパ諸国と比較してもかなり高い数字である[4]。

年間自殺者数の推移を見てみると、一九九八年を境にそれまで二万名台前半を推移していた自殺者数が、対前年比八五〇〇名増という形で跳ね上がって三万二〇〇〇

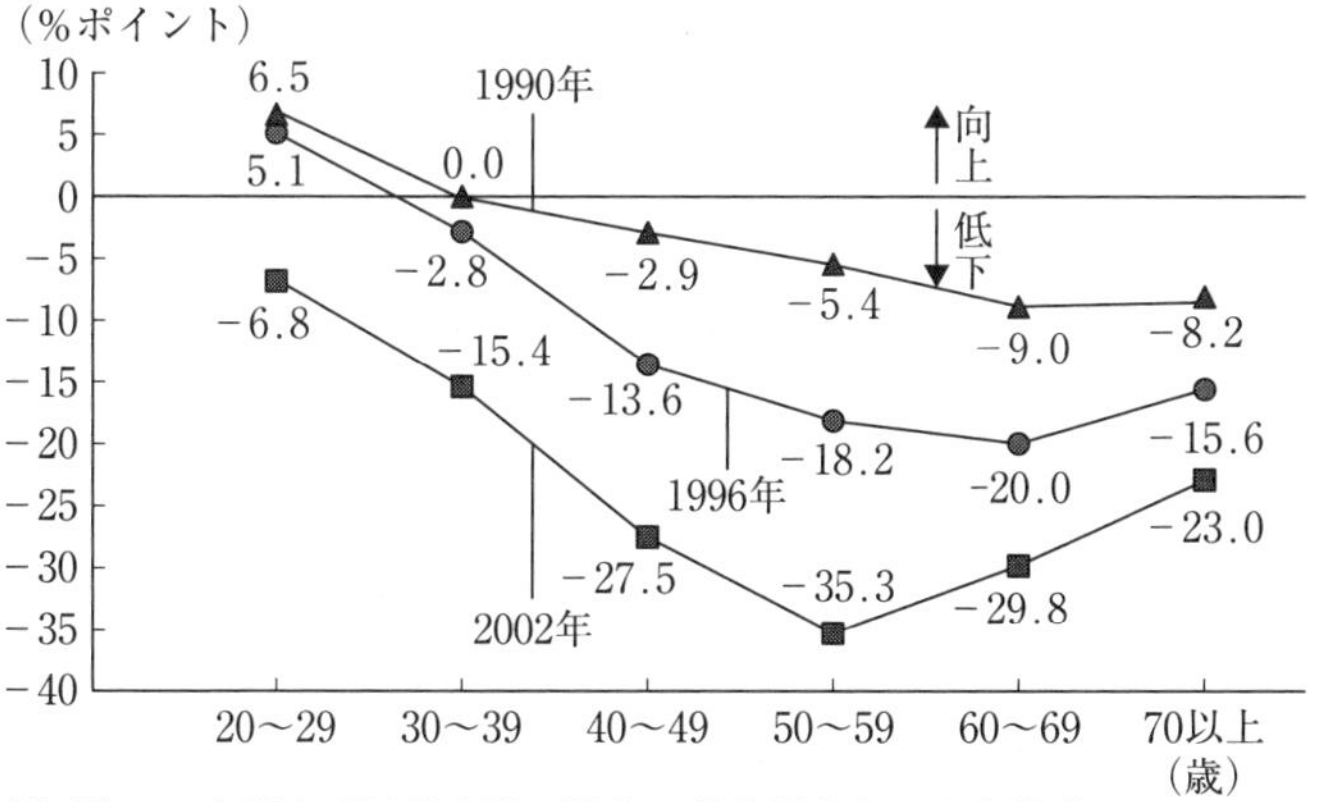


(備考) 1. 内閣府「国民生活に関する世論調査」により作成。
2.「お宅の生活は去年の今頃よりも向上していると思いますか、低下していると思いますか、同じようなものだと思いますか」という問に対し、「向上している」と回答した人の割合から、「低下している」と回答した人の割合を引いたもの。
3. 回答者は全国の20歳以上の人で、1990年は7,629人、1996年は7,303人、2002年は7,247人。

図 1-2　国民の生活向上感推移
出典：国民生活白書平成 15 年版

名を超え、その後、増減はあるが、二〇一〇年まで一三年間連続して三万人を超える高原状態を続けている。警察庁の資料によれば、一九九八年以降の一三年間で、自殺者が三万二〇〇〇名を超えた年が一〇か年あり、二〇〇三年には最多の三万四四二七人を記録している。これを自殺者の職業別に見ると無職者が多く、さらに被雇用者・自営者がそれに続いている。この三者は従来から自殺者の中で占める割合はかなり高かったが、とくに一九九八年を境に自殺者数が急増したその急増分のほとんどがこの三者によってもたらされているのである。

このことは、自殺者数急増の要因は、「雇用劣化自殺」とでも呼ぶべきものであることを示している。この場合、「雇用劣化自殺」とは、企業から解雇されて職を失った人々の自殺を指すのみならず、解雇されずに企業に残った人々のうち、労働強化によって過重労働が重なり、それが心身症を引き起こして自殺に至った例や、また長引く不況で事業経営が立ちいかなくなり、心身が疲労困憊して自ら命を絶つ自営業者の存在などを含んでいる。それゆえ、自殺者数の性別・年齢別内訳は次のようになることは半ば必然であった。自殺者のうちでその四〇パーセントを占めるのは、四〇歳代から五〇歳代の人々であり、そのうちの約八割が男性なのである。とくに五〇歳代の男性の自殺者の増加が激しく、一九九七年に三九六九名であったものが、翌九八年には六一〇三名へと五三・八パーセントも増加し、二〇〇二年には六六六〇名を記録しているのである。働き盛りの男性が、いまや自殺者の主流を占めているのである。とくに、一九九八年は、大企業を中心として従業員を解雇するいわゆるリストラが大々的に断行され、リストラをする企業の株価が上がるという異常な現象が日常化した最初の年である。

これら「雇用劣化自殺」者については、精神科医の高橋祥友は、自らの臨床経験から次のように語っている。「四〇～五〇歳代の人々は組織に自己を同一化させている最後の世代と言ってもよいだろう」[5]。「この世代の人々はこれまで忠誠を尽くしてきた組織から『不要』のレッテルを貼られてしまうと、即、自己の存在価値を完全に否定されてしまうととらえかねない」。「核家族化、都市化、個人主義化している現代社会にあって、以前ならば、個人をサポートする地域のシステムがあったのだが、そのシステムがごく限られたものになっているという点」も「事態を複雑にしている」要因である。家族や地域社会というぃわゆる親密公共圏の解体と市場化も、「雇用劣化自殺」急増の隠れた要因なのである。[6]高橋は、これらの事態を見据えながら、次のように続ける。「自殺はけっして選択された死などではなくて……自殺しか選択肢がない状況に追い込まれた、いわば強制された死であるというのが、精神科医としての私の持論である」。[7]「強制された死」としての自殺が描き出すのは、私たちは、自分の社会的存在が、たとえば自分が帰属する企業へと収斂する形で形成されているかのように錯覚し、幻想を抱いていたに過ぎないということである。つまり、この社会では、人の社会的な存在の意味は、端的に自分と企業との間の関係性によって規定される言説でしかないため、人は企業から排除されることで社会的存在の根拠を失い、自らの社会的な意味の崩壊へと導かれてしまうということである。とくに、家庭や地域社会が企業に依存している場合、企業との関係性の切断が、家庭や地域社会によるその人の存在承認の否定へとつながってしまう。

このことは、二〇〇三年以降、自殺者の年齢別構成が変化し、五〇歳代が減少傾向を示しているのに対して、三〇歳代と七〇歳代が増加傾向を示していることからもうかがえる。企業で過重労働を強いられ、またフリーターとして不安定な生活を強いられながら、地域社会や家庭に足場を持たない三〇歳代の人々と、企業を退職し、家庭はあっても地域社会に自分の存在をきちんと位置づけることができず、生きがいと所在を失っている七〇歳代の人々の自殺が近年増加する傾向にあるのである。このことはまた、一時減少傾向を示していた六〇歳代の自殺者数がここ数年増加傾向を示していることからも傍証されるように思われる。

「強制された死」である自殺が示すのは、錯覚であれ、幻想であれ、私たちの社会的存在が収斂する場として考えられていた家庭や企業や地域社会そして国家という、私たち個人を位置づけ、その位置づけにおいて意味を与え、かつ私たちをより大きな価値へと媒介して、私たちの存在に全体性を獲得させるような、自明であった中間集団が解体してしまっているということである。私たちは、固有性を持つことなく、他者との間での際限のない代替性へと展開し、私たちの存在はその意味を失ってしまう。問われるべきは、この中間集団の崩壊とそれがもたらす個人の社会的存在の固有性の否定、つまり個人を代替性へと解消する社会的な構成なのである。

## 二、グローバリゼーションと中間集団の解体

### (一)　グローバリゼーションと国民国家＝福祉国家の解体

このような個人の社会的存在の代替性への解消という事態は、現実には、グローバリゼーションの進展と深いかかわりがある。今日私たちが目にしているグローバリゼーションの一つの形は、世界全体をマネーゲーム化していき、実体経済の立ち上げではなく、ミニバブルの生成によるマネーの集中と離散を繰り返して、富を一部の人々に集中させようとする金融資本による世界単一市場の形成である。このマネーゲームでは、仕掛ける側が勝ち続けることになり、一部の富める者とその他大多数の貧困者という社会階層の極端な二極分化が進展することになる。(8) これまで私たちが生を営んできた近代国民国家の変容が招かれるのである。

この近代国民国家の変容の一つの形が、私たちが今日依存している福祉国家の動揺である。福祉国家の基本は、財政による所得の再分配と国民である人々の国家への忠誠心の誘導とによって構築されている。国家が直接税を基本とする財政機能を動員して、人々の間で所得の再分配を行って生活保障を進めることで市場を拡大し、一国単位の経済発展を促しつつ、人々の国民化を推し進め、国家への忠誠心を購入することができる制度として、福祉国家は機能してきた。いわば、一国の経済と人々の個別の家計を基礎にして、人々の生の営みつまり文化を国民経済へと構成し直しながら、その様式を国民文化として形成して、一国の枠組みを強化し、世界的な国家間秩序の中で、中心化・領土化を進める政治が福祉国家であったのだといえる。(9)

しかし、グローバリゼーションの進展は、端的にいえば経済のグローバル化であり、それは、福祉国家において福祉を維持する意味を政治的に縮減することになる。財政による所得の再分配すなわち福祉とは、国内市場の拡大と均質な

労働力の創出を中心的な課題として構築され、かつ市場規模の拡大を目指しつつ、民衆の国民化すなわち中心化を保障するシステムであったが、それが生産拠点の海外移転と金融経済の世界単一市場の形成による一国規模の経済の変容さらには解体、すなわち国民経済の変質によって、無意味化していくのである。しかも、実態として、生産拠点の海外移転とそれにともなう雇用の減少によって、直接税を中心とする税収の極端な落ち込みが財政不安を招き、それが福祉国家制度の維持を困難なものとするのである。

このことは、これまで国家という経済装置を枠組みとして形成されてきた政治の解体を意味せざるを得ず、政治の解体は、私たちの生活様式でありかつその規定でもある文化、すなわち国民文化の変容をも導かざるを得ない。しかも、新たな世界構造においては、私たちは、国家の媒介なくして世界秩序へと直結されるがために、国民として主権を行使することは困難となり、私たちの生存そのものにかかわる生の様式つまり文化を他者から強制的に組み換えられ、また否定されることになる。その上、私たちは、そのことそのものをも自らの選択によって行っているという幻想に絡め取られることになる。

私たちは、自分の日常の生活の様式を収斂させ、社会的な存在を担保する、つまり自己を自らの生活様式において他者とは代え難い完結性つまり固有性を持った全体へと編み上げる媒介であり目的であった、だからこそ忠誠の対象でもあった国家を失いつつある。私たちは、従来であれば、私たち個人の全体性をさらに高次な全体つまり人類へと、国民としての固有性を確保しつつ、国家によって媒介されることが可能であった。しかし、国家を失うことで、私たちはその固有性を担保することなく、直接、普遍である全体へと直結されることになる。そこでは、あたかも自らの意思によってその全体性を選び取っているような感覚を持ちつつも、その私たちは自己の固有性つまり国民文化を持たないがために、無限に他者との代替可能な状態に置かれることになってしまう。それはまた、個人にとっては自分の存在の根拠である〈くに〉の喪失として感受される（それゆえに、ここでは、内向きのナショナリズムが芽生える可能性が生まれる）。

## (二)　中間集団の崩壊と帰属による人々の社会的意味の不全化

グローバリゼーションは、国家の持つ媒介集団としての機能を解体するのみならず、私たちの生活の場において、個人と国家との間に介在し、国家へと私たちを解消してしまわないための根拠、つまり国家よりも低次の全体性を担保する、より固有の自分を根拠づける地域社会や企業それに家庭という、これまでであればその存在は自明であった集団を解体へと導いていく。私たちの生活においては、自分と国家という関係の中で国民としての全体性を確保する過程で、国家と自分との間に重層的に介在して、それぞれの個人が自分の全体性を担保する集団が存在し、それが個人の社会的意味を、次の高次な集団との全体性へと展開していくという、自己の存在認識の〈場〉が形成されていた。ところが、グローバリゼーションは、これら重層的に存在する中間集団そのものをも解体してしまう。それが、私たちの存在、端的にはその社会的な意味の曖昧化、そして生産と労働からの排除による存在の無意味化、つまり社会的存在の否定を推し進めることになるのである。私たちは、自らの社会的存在の意味を確保することができなくなるのである。

その一例を、家庭の変容に見ることができる。中壮年男性の失業が広がるにつれて、家計破綻が急増している。グローバリゼーションの進展は、男女共同参画社会建設のかけ声とともに、女性の労働力化を推し進めて、男性賃金の低廉化を招き、家計の収入源が夫婦二人とならざるを得ないような状況をつくりだし、搾取を強める一方で、家計が窮乏化する事態を生み出している。二〇〇三年度の日銀資金循環統計家計部門によれば、調査開始以降初めて家計が赤字転落し[10]、またOECDの統計によると、一九九〇年には一五パーセントであった日本の家計貯蓄率は、二〇〇七年には三パーセントにまで減少しているのである。

このように家計が窮乏化し、一世帯の労働力が二人となることで、核家族が基本であった日本の家庭は、人間関係が切断され、家族一人ひとりが孤立化し、その切断された人間関係が市場化されるという様相を呈している。たとえば、この不況時にあって年商六兆円といわれる巨大産業が育っているが、それは「デパ地下」などと呼ばれる惣菜産業であり、家庭の食事が惣菜という形で社会化され、市場化されていることを示している[11]。すでに、食事は家庭の文化を特徴づけるものではなくなっており、しかも家庭内の人間関係を取り結ぶ団欒の場と時間でもなくなっている。孤食化傾向が極端に進行しているのである。[12]

その上、リストラにあった男性の家庭だけでなく、職場に残った男性も長時間のサービス残業を強いられており、女性が安価かつ長時間の労働力として供給されることで、子育ての市場化をも急速に進展させている。そこでは、いきおい子どもは専門家に預けておけばよいという観念が拡大して、親・保護者による子育ての放棄に近い現象が起こりつつある。[13]また、家庭の人間関係そのものがホテル家族からコンビニ家族へと移行し、すでに、家庭機能の最後の砦である愛情付与機能までもが市場化されるという状況になりつつあるといわれる。

さらに、社会構造とくに就労構造の変容によってその社会的な存在のあり方を否定され、また強制的に組み換えられた人々を受け入れ、彼らに社会的な意味を付与してきた地域社会も解体が進んでいる。その典型が、商店街である。経済の構造改革と規制緩和によって、各地の商店街がシャッター通り化し、人の流れが途絶えることで、子どもの荒れが顕著となり、非行や犯罪率が高まること、および高齢者が寝たきりになる割合も高まることが経験的に知られている。このことは、商店街は、ものの売り買いという単機能を担う場所であったのではなく、人々を互いに結びつける、子どもの遊び場であり、職人たちの技を直接に見学し、体験できる学習の場でもあり、高齢者を含めたおとなたちの井戸端会議の場でもあるという、多機能なアメニティ空間として存在していたことを意味している。[14]

このような多機能アメニティ空間としての商店街の解体・崩壊は、その地域が持っていた住民相互の関係を取り結ぶ機能と、人々の関係によって循環していた地元の経済、およびそれらに定礎されて形成されていたであろう地元の文化を根こそぎ否定することへとつながっていく。人間関係が切断されることで、その地域社会に住む人々の公共性を担保していた根拠が失われ、その欠損が市場によって穴埋めされるという傾向を強めているのである。それが、人々に他者との関係において自分の存在が認められているという、自分の存在のためにかけがえのない他者を認め合う、人々相互の関係を失わせてしまう。子どもや高齢者を含めた地域の住民は、自己の社会的意味、とくに自分がこの社会に存在していてもよいのだという自己肯定感を持つことが困難になるのである。そして、この肯定感の希薄な人々に対して、それまで商店街が担っていたアメニティ機能を代替するかのような各種のサービスが、産業として提供されることになる。しかもその産業は、人々の不安を媒介とする不安定なものでしかないのである。

地域の地場産業と商店街が解体することで、人々の生活の物質的な基礎が動揺するだけでなく、人々の存在の社会的な意味がとらえられなくなるという現象が広がっているのである。中間集団が解体し、人々は存在の固有性を担保する根拠を失っているのである。

## 三、ローカルの知と社会教育・生涯学習の課題

### （一）新しい自我像の必要

このような少子高齢・人口減少社会であり、かつマイナス成長の社会は、人材の社会的選抜システムである学校教育制度が機能不全に陥る社会でもある。なぜなら、学校教育制度が社会的な人材選抜のシステムとして機能し得るのは、人口増が基調で、ものの生産を基本とする近代産業社会であり、その社会を規定する基本的要素は商品の需要やそれらを所有する欲求であり、その主体である一貫した自我を持つ人間だからである。その意味では、私たちは新しい価値規範を持つことを求められているのだといえる。

日本がこれまで採用してきた経済システムすなわち福祉国家は、テーラー主義にもとづく分業体制にケインズ主義の積極財政を組み合わせたものと理解される。このシステムでは、経済成長を実現し、人々の飢餓的貧困からの解放という基本的なニーズを満足させるために、市場の不断の拡大が必要とされる。そのために、国家が財政を動員して富の再分配を推し進め、社会的な貧困層や労働力として社会に参加できない人々、たとえば子ども・高齢者・障害者など社会的な弱者へも社会保障を充実させることで、市場への参加を保障する。市場が常に拡大し続けることで、大量生産シス

テムは生産性を拡大し、それがさらに財政収入を増加させ、社会保障を充実させるという循環が形成される。それを可能にするシステムが、所得税と法人税を基軸とする直接税中心の税制による所得の再分配であった。所得の再分配が機能することで、社会システムから人々の国家への忠誠を導き出す一方、人々が人間として生活するための基本条件を財政によって保障することで、市場経済における敗者復活のためのセーフティネットが準備され、市場経済が活性化することが予定されていたのである。日本の場合はさらに、企業福祉国家と呼ばれるように、企業による所得分配の平準化と終身雇用慣行により、国民の企業への忠誠心を媒介として、国家への帰属意識を回収する構造がとられていた。

しかし、このようなケインズ主義的福祉国家は、人々の飢餓的貧困からの解放という基本的ニーズを充足し、国家への忠誠を導き、一国主義的な市場経済を活性化することを目的としているがために、人間の社会システムへの従属と生産労働における機械への非人間的従属、すなわち分業による労働の意味の解体を招き、人々の人間としての自己実現を不可能なものとしてしまう。しかも、貧困からの解放という基本的なニーズが満たされた人々は、より高次な需要へとその欲求を移行させるため、労働する意味すら与えてくれない分業体制に参加して、自らの生活を立てていこうとする動機づけに欠けるようになる。労働への動機づけが低下した労働力は生産性が低下し始めるが、分業体制においては、これに対して労務管理の強化・労働生産性の強制的な強化という手段をとって生産性を維持または増大する方策がとられるほかはなく、それがまた労働者の生産への動機づけを低からしめるという悪循環が形成されることになる。こうしてケインズ主義的福祉国家は、人々を非人間的に使用する経済システムの採用によって、貧困からの解放という基本的ニーズの充足には成功したが、それが自らの基盤である経済発展への人々の動機づけを掘り崩し、その本来の目的である生命の保全と自己実現の保障を基礎とする人間としての尊厳の実現を、人々を労働の場から排除することで自己否定してしまうという悪循環に陥るのである。

先進諸国において採用されてきたケインズ主義的福祉国家政策が機能不全に陥り、市場経済の拡大に有効ではなくなったことの背後には、経済のグローバル化・ボーダーレス化によって、財政を調達することが困難になったという問題が存在する。その一方、福祉国家が目指した基本的ニーズつまり飢餓的貧困からの解放が実現された後、人々の欲求は、より高次な需要＝デマンドへと移行していき、それが需要の多様化と自己実現への欲求として現出することで、総需要創出政策が機能しなくなったという問題が存在しているとも見える。

そして、それは、人間の欲求である基本的ニーズとデマンドが、ケインズが想定したように無限に可塑的で拡大可能なものであるというよりは、何らかの制約条件を抱え込んだものであることを示唆している。それは、私たちが単に物質的な所有欲求によって社会的に存在しているのではなく、むしろより高次な自己認識への集団的な欲求によって、つまり自分がこの社会にどのように位置づいているのかをより強く問わないではいられない存在としてあることと深くかかわっている。ここにおいて、人間を機械に従属させ、所有欲求を重視しつつ、大量生産・大量消費を実現しようとするケインズ主義的福祉国家は、行き詰まることになる。

このことは、ケインズ主義的福祉国家を乗り越え、ものの生産を否定し、マネーの集中と離散による需要創出を掲げる新自由主義的なグローバリゼーションにおいても、同様である。[15] このグローバリゼーションの構成においては、人々の選好によってマネーが集中することで価格が上昇することが期待されるが、そこではマネーを投機する人々の好みの量が価格として表象され、その人の価値を表現しているような錯覚が支配している。そこにあるのは、生産と流通をとおして私たちが他者とともに存在することで、その他者をとおして自己認識へと還り、自己の社会的存在の意味を獲得する私たち自身の自我の構成の否定であり、そこでは、常に自分だけが他者から評価されたい、自分だけを見ていて欲しい、という自己愛と同じ構成が採用されているのである。それはまた、自己の存在が社会的な相互性において担保されているという感覚を失わせ、人々から生きている意味を剥奪していくことになる。

こうして、人間の社会的存在のあり方そのものが、自己認識というもっとも根元的な条件によって制約され、ケインズ主義的福祉国家と新自由主義的改革の双方を否定しつつ、新たな社会の方向の模索を求めることになる。この新しい社会においては、その社会が求める新しい自我像が形成され、その自我を私たちが自らの存在のあり方へと構成することで、求められるべき社会が導かれるような構想が必要とされているといってよいであろう。それはまた、中間集団が崩落して帰属の意味が解体した社会において、人々が新たに自分を立ち上げていく、そのあり方を問うことであるといってよい。

## （二）地縁技術とローカルの知

既述のような私たちの生活様式の変容を、改めて今日の日本社会に置き直した上で、グローバリゼーションという新たな秩序の中で、私たちが自己の社会的存在の意味を立ち上げる、そのあり方を考えてみると、どうなるのであろうか。それはまた、産業社会を基礎とした近代国民国家の産物である社会教育とその展開形である生涯学習のあり方に対して、新たな課題を提起するものと思われる。

この課題は、たとえば自殺者の急増として表象される現象が、生産と労働の場である企業からの働く人の排除と帰属の解体、自らの存在の収斂先の喪失によってまず引き起こされ、それを家族や地域社会などの中間集団や国家が救済できないでいることに見られるように、労働の場からの排除の問題と深くかかわっている。この労働の場からの排除、つまり帰属による自我の解体という問題は、生産が本来は自然に働きかけ、それを価値化するという営為であり、それそのものが、私たちが自己を外部化しつつ内部へと取り込み、その過程で他者を自分のものとしながら、その他者へと解消できない自分の根拠をもそこに読み込んでいく自我形成の過程であること、このことの意味を、私たちに問いかけている。つまり、私たちは産業社会にあって、生産をわがものとできないがために、労働の場である企業へと自らを収斂させ、帰属による自我を形成せざるを得なくなっていたのではないかということである。この意味で、労働の場の解体の問題は、単に企業で働く勤労者のみの問題ではなく、自己の固有性を担保する中間集団を失い、祝祭のない社会を生きざるを得ない私たちすべての問題としてとらえられなければならないものである。

この問題を考えるとき、スローフード運動やフェアトレード、地産地消運動に代表されるような、私たち自身の生活と健康を守るための密やかでありながら重大で、着実に広がりつつある運動が注目される。[16] これらはすべて、自分が生活を営む人間関係をベースとした地域社会で、その営々とした生産の営みの過程で、必然的に創り出されてきた、その社会の成員にとっては必然であり自明である、それがそこにあることの理由を問う必要もない、ささやかな日常生活の技術、つまり地縁技術と深いかかわりを持っている。それは、その技術を活かそうとする思想とともに、人々の生産のあり方を規定する文化として存在し、それが生産の合理性として普遍的性格を持つことによって、固有性を確保しつつ、人々を相互に結びつける地域文化へと形成される筋道を示すものでもある。従来の産業社会では、国家が生産を囲い込むことで人々を労働の場への帰属へと追い込み、この地域文化を国民文化へと構成し直して、人々を国家への帰属による自己認識へと仕向ける社会の構成になっていた。しかし、帰属による自己認識が解体した今日、この地域文化の普遍性と固有性が、生活を守り、自らの自我を自分のものとして保全しようとする市井の人々のグローバリゼーションに対する抵抗運動の核であり、かつグローバリゼーションへのオルタナティブとしての持続可能な経済のあり方を示す共生の思想として表象されてきているのが、今日の、もう一方の状況でもあるのである。人々は生産を基礎とした地域文化の中で、いわば具体的普遍としての存在を獲得するのである。

しかも、この地縁技術を基礎とした地域相互の交流とその成員の具体的普遍性の獲得は、ギアーツが述べるように「場所に関するわざ」は「地方固有の知識の導きによってうまく作動する」[17] ことを前提とした「理解を理解すること」[18] によってのみ、可能となるものである。私たちは、生活の「わざ」としての地縁技術の持つ普遍的合理性をベースとして他者と関係を形成し、その場所で、自分の固有性つまり具体性を確保した普遍へと自己を構築するが、それは言語という他者性を基本に構築されざるを得ないものである。しかし、言語を媒介とするがゆえに、そこでは、他者は他者そのものとしては成立せず、他者性を言語によって抱え込んだ自己という主体によって、その他者の理解が理解されるという構成を取ることになる。それは、他者の理解が自分の理解を形成するという関係を構成するということでもあり、そこでは、言語構成的に、自己と他者とがそれぞれ主体として形成されながら、具体的普遍へと常に組み換えられて、自らを解体していくことになる。[19] このとき、自己の具体性を担保するもの、つまり自分を普遍へと解消するのではなく、また他者をも普遍へと解消するのではなく、また自分を他者へ、他者を自分へと解消するのでもないその根拠は、地縁技術の持つ自明性、すなわち叙述不可能性という必然、または手業つまり身体性なのである。

これは、ローカルの知（「ローカル・ノレッジ」）として私たちの身体に蓄積され、また世代間継承され、かつ変容を繰り返している、言語化できない身体作法なのであり、それこそが私たちを根拠づけ、かつ普遍へと媒介する、核となるものである。しかも、このローカルの知はまた、私たちが他者と相互承認関係に入り、ともに生きることを可能とするものとして作用しており、かつ従来の中間集団の解体に直面して、自分の身体を根拠にしながら新たな具体性と存在の根拠を得ようとする自我をつくりだすための根拠となるものなのである。そして、生涯学習は、それが人々の社会的存在と深くかかわっている以上、生産に関するローカルの知の持つ固有性を改めて問い返す必要がある。

## (三)　生涯学習の新しい課題へ

生涯学習は、生産が生み出す人々の社会的存在の意味を改めてとらえ返し、それらを自らの論理の中に組み込むことを求められているといえる。私たちの身体と切り離せないローカルの知、つまり他者の言葉によっては語り尽くせない、私たちの存在そのものであり、かつそうであるがゆえに、自明で必然であり、問いの対象とはならないものであり、しかもある種の欠如や不全感を私たちに感じさせ、他者とのあいだに「他者の理解を理解する」という相互媒介的な関係をつくりださざるを得ない固有の知が、私たちを新たな共同性の確立へと向かわせるのである。

そこでは、人々の生産は地縁技術の固有性に導かれて、人々自らの存在の確かさと生活のあり方そのものを生み出し、かつ規定するものとなる。それはまた、人々の具体的な生活の場である地域社会において、地縁技術の持つ合理性すなわちテクノロジーの普遍性を抽出し、介在させることによる地域産業の創出へとつながっていく。ここにおいて、人々固有の生活様式としての生産と地域産業とがテクノロジーの普遍性によって媒介されることになる。そして、この地縁技術はテクノロジーの普遍性に媒介されることで、人々の生産、すなわち生活様式の固有性を担保しながら、それを人類普遍へと媒介していく。つまり、普遍に開かれた固有性として人々の生活様式を生み出すことで、人々が相互に認め合う関係、つまりデモクラシーを実現していくことになる。人々は具体的普遍としての存在を相互に認め合うことで、普遍的な具体性としてのデモクラシーを実現していくのだといってよいであろう。ローカルの知が、個人の固有性を共同性へと媒介するのであり、そこには、地縁技術の普遍性に媒介される相互承認関係、つまりデモクラシーの実現が介在するのである。

このとき、この地域とは、人々が親密な人間関係を基礎に具体的な生活を営む基層の社会でしかあり得ない。この地域社会が「序章」で述べた個人を社会的存在として十全に位置づける〈社会〉である。こうした、多様かつ普遍的で具体的な地域文化に規定される地域の生産様式を持つ〈社会〉によって、人々の生存を保障しつつ、その〈社会〉が対等に共存し、相互に正当な対価を交換し合えるネットワークを形成することが、人々の存在の固有性を実現するための喫緊の課題である。

生涯学習は〈社会〉において、人々の生活の営みから生産の論理を抽出し、それを改めて人々の社会的存在の固有性の根拠へと練り上げることが求められている。

[注]
(1) 総務省統計研修所『第五三回日本統計年鑑』、総務省統計局、二〇〇四年。
(2) 松谷明彦「図説人口減少高齢社会」、政策研究大学院大学、二〇〇三年九月二五日。
(3) 総務省「家計調査」(http://stat.go.jp/data/kakei/index.htm) より。
(4) 高橋祥友『中高年自殺—その実体と予防のために』、ちくま新書、二〇〇三年、六七-六八頁。
(5) 同前書、二四頁。

（6）同前書、三三頁。
（7）同前書、一〇五頁。
（8）金子勝『反グローバリズム』、岩波書店、一九九九年。同『長期停滞』、ちくま新書、二〇〇二年。高橋克秀『グローバル・エコノミー』、東洋経済新報社、二〇〇一年。同『経済大転換―反デフレ・反バブルの政策学』、ちくま新書、二〇〇三年など。
（9）たとえば、神野直彦『人間回復の経済学』、岩波新書、二〇〇二年。
（10）たとえば、『毎日新聞』二〇〇四年三月二四日付。
（11）たとえば、『朝日新聞』二〇〇二年七月一三日付「be on Saturday　フロントランナー」。
（12）ニッセイ基礎研究所編『日本の家族はどう変わったのか』、日本放送出版協会、一九九四年。岩村暢子『変わる家族　変わる食卓』、勁草書房、二〇〇三年など。
（13）筆者のかかわっていた愛知県下の複数の自治体の子育て支援事業の実態による。
（14）牧野篤『高齢社会の新しいコミュニティ―尊厳・生きがい・社会貢献ベースの市場社会を求めて―』、名古屋大学大学院教育発達科学研究科社会・生涯教育学研究室／「ひと」循環型社会支援機構」、二〇〇二年など。
（15）アントニオ・ネグリ、マイケル・ハート著、水嶋一憲・酒井隆史他訳『〈帝国〉―グローバル化の世界秩序とマルチチュードの可能性』、以文社、二〇〇三年。
（16）辻信一『スロー・イズ・ビューティフル―遅さとしての文化』、平凡社、二〇〇一年など。
（17）クリフォード・ギアーツ著、梶原景昭・小泉潤二・山下晋司・山下淑美訳『ローカル・ノレッジ』、岩波書店、一九九九年、一二九〇頁。
（18）同前書、五頁。
（19）ロラン・バルト著、沢崎浩平訳『テクストの快楽』、みすず書房、一九七七年など。

# 第二章　自治体の再編と生涯学習

## 一、一部大都市への人口集中

大都市圏への人口集中が止まらない。図2-1に示すように、日本では一九五四年以降、大都市圏への人口集中は三つの大きな波を見せている。第一の波は、高度経済成長期のもので、とくに太平洋ベルト地帯と呼ばれた京浜（東京圏）・中京（名古屋圏）そして阪神（大阪圏）の三大工業地帯へと大量の労働力が流入していったことを示している。一九五四年から高度経済成長が終焉を迎える一九七三年までに三大都市圏へ流入した人口は、単純集計で八七三万二九一七人に上る。第二の波は、高度経済成長後の低成長時代を乗り越え、安定成長からバブル経済へと向かう時期のもので、高度経済成長期ほどではないが、東京圏への一極集中が顕著となったことが示される。第三の波は、バブル経済崩壊後、平成大不況と呼ばれる不況が長引く中で見られるものである。バブル経済崩壊後、いったん、三大都市圏への集中は収束し、地方に人がとどまり始めたかのように見えたが、その後は再び東京圏への一極集中が急激に強まるかのような傾向を示している。(1)

しかも、総務省の二〇〇九年住民基本台帳にもとづく推計によると、転入超過は多い順に、東京都区部三万七三九一人、川崎市九七七八人、さいたま市七九三四人、横浜市七二二一人である。また、東京都内の人口移動では、二〇〇八年に市町村部から都区部への転入超過が四四〇七人あり、都市圏への集中だけでなく、都市圏内においても大都市部への集中が顕著になっていることが示される。また、都道府県間で住民票を移動した人が総人口に占める割合は一・九パーセントで、一四年間連続で低下しており、人口の流動性が低くなる傾向の中での大都市への人口集中が起きていることが示唆される。人口の流動性が低下している原因としては、長期不況による経済的な流動性の縮減が挙げられるが、少子高齢化の急激な進展により、若年労働力の供給が減少したこと、二〇〇七年問題と騒がれた団塊世代の大量定年退職を経て、住民の移動が減ったことなどが考えられる(2)。

さらに、内閣府の整理によれば、ブロック別の人口移動（転入・転出）を見てみると、一九九六年以降とくに今世紀に入ってから、ブロック内すべての都道府県で転入

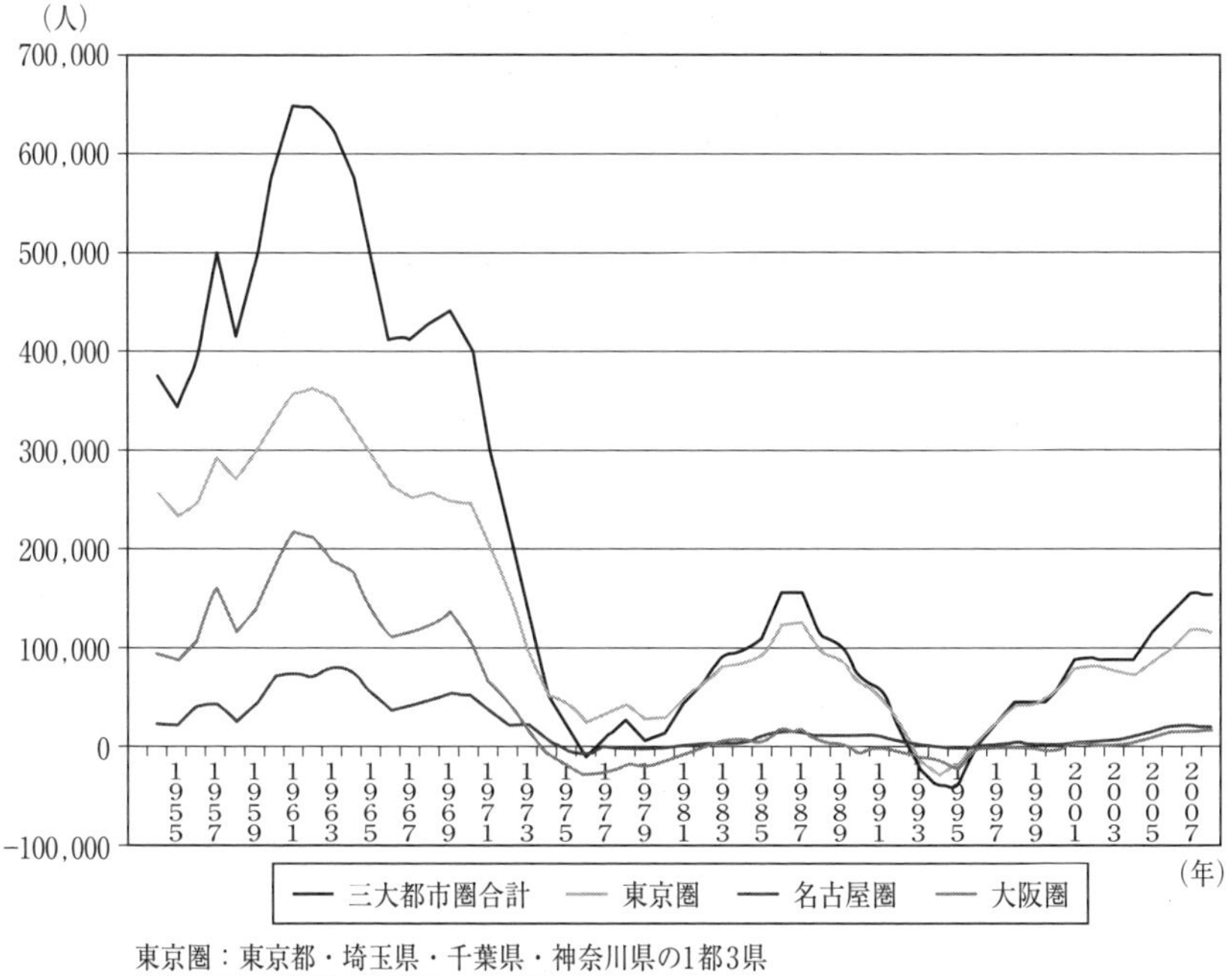


東京圏：東京都・埼玉県・千葉県・神奈川県の1都3県
名古屋圏：愛知県・岐阜県・三重県の3県
大阪圏：大阪府・京都府・兵庫県・奈良県の2府2県

図 2-1　三大都市圏転入超過数推移
出典：総務省統計局『住民基本台帳人口移動報告年報』より

超過を示しているのは、東京・埼玉・千葉・神奈川の一都三県からなる南関東のみである。ブロックとして転入超過である東海ブロックでも、転入超過は愛知県のみであり、岐阜・三重・静岡は軒並み転出超過を示している。(3) 長期不況が、地方における就労機会を奪い、若年者を一部の大都市とくに東京圏の大都市へと向かわせていることがうかがわれる。それはまた、地方内部で、就労機会が十分に保障され得ず、人々が生活するに足りるだけの条件を整えることが困難になっている地域が、日本全体に広がっていることをも意味しているものと思われる。

少子高齢化と人口減少、さらに人口の流動性が低下する中での一部大都市への人口集中、このことが示すのは、東京圏を中心とした都市群と名古屋・大阪などの大都市を除いて、日本全国の各地で人口の減少と高齢化が進展していることである。しかも、それは、人口の自然減であったり、出生率の低下と余命の延長の結果もたらされるものであるというよりは、それらを基礎としながらも、総人口の減少と少子高齢化の急激な進展を背景に、構造的に日本全国でより都市的な地域への人口の流出が続いている、その結果としての東京圏と名古屋・大阪など大都市への人口集中が起こっているということを示しているものと思われる。その意味では、この傾向は一見、日本国内における大都市と地方との関係の問題であるかのように見えるが、それは都道府県レベルの課題というよりは、より基層の市町村レベルの自治体の問題としてとらえられるべきことであり、かつこれら基礎自治体内部の地域間格差の問題および人々の生活を保障すべきより基層の自治組織が疲弊し、また解体しつつある問題としてとらえられるべき課題と連動しているものであると思われる。

## 二、基礎自治体の疲弊と自治組織の解体

### （一）町村合併の歴史

前記のことを考える上で無視できないものに、いわゆる「平成の大合併」がある。日本は近代国家を形成する過程で、明治以降、行政組織としての町村を編制しつつ、その合併を繰り返してきた。

明治政府は新たな国づくりに際して、それまでの民衆の生活の単位であったいわゆる地縁共同体を再編して、大区小区制を敷いた。しかし、民衆の反発は激しく、一八七八年に今日の市町村制につながる郡区町村編制法を制定して、地縁共同体を基礎とする町村を行政の基本単位として整備し、郡制および五町村程度を管轄する戸長役場を置いた。この時点で、日本の地方行政は府県・郡役所・戸長役場・町村という四重構造をとることになる。その後、一八八八年には市制・町村制を公布して、町村合併を促し、基層の行政組織を整理するとともに、民衆を地縁共同体から引き剥がし、国家的な管理の下に収めるための施策を採用する。その結果、町村数は一八八八年の七万一三一四から一万五八二〇へと減らされることとなった。この町村はまた、全国的に展開された小学校の設置単位、つまり校区と重ねられていた。府県・市・町村という現在の地方自治行政の基本となる地方行政系統の構築と、民衆を国民へと育成する小学校の設置とが重ね合わされる形で、新たな国家は形成されていったといってよい。当時の町村は約三〇〇戸から五〇〇戸規模であった。

その後、合併は繰り返されるが、太平洋戦争までは基本的にこの体系が維持されることになる。一九四五年の太平洋戦争敗戦直後には、市二〇五、町一七九七、村八八一八であった。

戦後、新たな近代国家として再出発を迫られた日本は、地方行政制度の改革に着手する。それが、一九五三年に町村合併促進法が制定されて進められた「昭和の大合併」である。「昭和の大合併」は、戦後改革において、新制中学校の

設置管理、社会福祉・保健衛生の市町村事務化、市町村消防・自治体警察の創設など、いわば住民生活の基盤を整備する諸事務が自治体の役割とされることにより、新制中学校の設置単位である人口八〇〇〇名を基本とする自治単位＝町村を創設し、効率的に行政事務を処理することを目的としていた。戦後の改革では、国民教育制度が九年制に延長されたが、新たな国家の建設においても、校区（中学校区）が行政組織の再編の基本的な単位とされたのである。その後、一九五六年には、さらに町村数を三分の一とする新市町村建設促進法が施行され、全国的な合併が進められた。

その結果、一九五三年に九八六八あった市町村は、六一年には三四七二となり、約三分の一に縮減された。その後、高度経済成長がもたらす都市化に対応し、また新たな産業都市の形成を促すための合併特例法が一九六五年に制定されるなどの動きがあり、大規模な市がつくられるなどしたが、基本的には昭和の大合併がつくりだした枠組みが維持されてきたといってよい(4)。

明治以降、「平成の大合併」までの日本の地方行政制度は、いわゆる国民統制の行政体系から、地方公共団体をつくりだし、団体自治を住民によって進める行政体系へと、戦後改革を機に大きく転換するが、その基本は、強固な国家意識を持ち、国家的な発展とくに経済発展と自らの生活の向上を一体のものとしてとらえる、勤勉な労働力であり、かつ旺盛な消費者である国民へと民衆を形成し、管理する制度として構築され、また運用されてきたといってよい。それはまた、産業革命以降の大規模な工業生産を基本とする経済発展モデルと、それにもとづく国家モデルを基礎に、民衆を画一化し、均質化する、つまり国民として育成しつつ、その生存と福祉を保障するための行政体系であったといってもよいであろう。

## (二)　基層自治組織と利益誘導・分配の政治

このような民衆の国民化、つまり国家への求心力を高めるための地方行政＝自治の制度であっても、私たちの日常生活において町内会や自治会という組織が身近であり、その役員を担うことが求められるように、そして町内会や自治会をとおして市町村という基礎自治体の広報やさまざまな行政サービスが提供されるように、住民の中にいわば疑似地縁共同体とでも呼ぶべき組織を形成しなければ、十分に機能し得ないのも事実である。そして、この町内会や自治会という居住地に即して組織される疑似地縁共同体はまた、明治期の町村と同じように多くは小学校区を基礎単位として組織され、そこに子供会や青年団・女性会（婦人会）、さらには老人会（老人クラブ）という年齢と性別に応じた地縁組織がつくられ、さらに消防団などの自主防災組織が設置されるなどしている。国民が住民として地域コミュニティの自治的な諸活動を展開することの上に、初めて地方行政＝自治の制度が機能する構造がとられているのである。また農山村では、その基本単位は小学校区よりも狭い地縁的な居住地区で、神社や寺院など民衆の生活感覚により近いところが拠点化されて、その地縁共同体的な性格が強固に維持されてもきた。この意味では、日本の地方行政＝自治制度は、いわゆる近代的な国家システムとしての地方公共団体＝自治体制度と旧来の地縁関係に定礎された地縁共同体的な住民の自治組織という二重の構造をとることで、機能してきたともいえる。

しかし、たとえば経済発展による住民の流動化によって、また貨幣経済の農山村への浸透と市場化の進展によって、さらには学歴社会の形成による階層上昇への欲求の強まりと実際の社会階層の流動化によって、後者の地縁共同体的な自治組織は、徐々に解体していくことになる。この過程で逆に基礎自治体がその潤沢な財政を背景として、住民サービスと福祉の拡充を進めてこれら疑似地縁共同体の解体の穴埋めをし、地域住民に手厚い行政サービスを提供することで住民の基礎自治体への求心力と国家への求心力を維持してきたという一面がある。それを支えてきたのが、いわゆる補助金行政である。

近代産業社会の発展を基礎として、経済発展が生み出す潤沢な財政を背景に、利益誘導と分配のシステムとしての地方行政制度が機能してきたのだといってもよいであろう。

## (三)　不利益分配の政治へ――「平成の大合併」の性格――

しかし、「平成の大合併」と呼ばれる合併は事情が異なる。経済のグローバル化にともなう日本社会の構造改革によって、また少子高齢化の急速な進展という人口構成の急激な変容によって、さらには社会の大衆消費社会への移行にともなう価値観の多様化と経済のサービス化の進展によって、従来のような産業社会における大量の若年労働力の確保と巨大な国内市場の形成が不要化し、かつそれらを保障し得る条件が日本国内から消えるにともない、政府が国民を保護し、福祉を拡充することに対する熱意を急速に失ってきている。加えて、経済構造の変容が導く税収の急激な落ち込みと膨大な財政赤字の恒常化が、政府の福祉領域からの撤退を余儀なくしている。このような社会構造の変容によって、利益分配のための地方行政制度を保障する意味と客観的な条件が崩れ始め、従来の行政システムに替わる効率性と自己決定・自己責任を基本とした広域的な行政システムの形成が国主導で進められることとなった。市町村合併に先立って進められた消防・警察および福祉・保健衛生の広域化、そして合併にともなって急速に進められている学校の統廃合がそのことを如実に物語っている。これが「平成の大合併」だといってよい。福祉・保健衛生・安全・教育という人々の生活そのものに直接かかわる行政領域の効率化、つまり行政的な負担軽減が目指されているのである。しかも、合併によって従来の基礎自治体の中心にあった役場は支所へと再編され、自治体行政が職員の数と地域住民への関与という目に見える部分も含めて、住民から疎遠となり、住民の自治体への求心力が低下していくことになる。

「平成の大合併」では、これまでの合併のみならず、従来の日本という国のつくり方とはベクトルが逆になったのだといってよいであろう。民衆を国民化し、国家への求心力を高めるとともに、勤勉な労働力であり旺盛な消費者である人々をつくりだすための学校が国家システムの基本単位であることはなくなり、学校とくに小学校の統廃合が進められて校区は広域化され、従来の地域社会の文化的な紐帯が切断されるだけでなく、都市部においても、通学区の自由化つまり校区の解体が進められることで、学校（校区）は地域社会つまり住民自治の単位ではなくなり、人々は地域社会にともに住んでいるという感覚を失いつつある。さらに、既述のような生活にかかわるさまざまな行政サービスの合理化が進められることで、住民は自治体への求心力を低下させていく。

その上、すでに疲弊している疑似地縁共同体的な自治組織に対して、従来のような行政によるサービスの補填がなされなくなることで、住民の地域社会へのかかわりが薄くなるだけでなく、必要とされる行政サービスが末端まで行き届かなくなることが起こり得るようになる。地域社会が溶解していくのである。

不利益分配の政治が発動され、地方分権の名による負担の押しつけが住民に対してなされるようになったのだといえる。それゆえに、「平成の大合併」では、合併を行う自治体が、どのようにして住民生活を保障し得るのか、そして住民自身が自らの自治体の負担を軽減しつつ、いかに自覚的により自治的な市町村をつくりだしていくのかという点が問われざるを得ない。しかし現実は、自治のあり方についてのコンセンサスを基礎自治体レベルで得ることは困難で、現在のところ、どの自治体も合併に成功しているとはいえない状況にある。

## 三、基礎自治体疲弊のメカニズム

### (一)　地域資源の枯渇

前述の二点、つまり一部大都市への人口集中と「平成の大合併」による基礎自治体の疲弊は、地方自治の現場においては相互に絡み合っているように見える。従来の経済発展と国家的な統合を目的とした社会においては、疲弊し、解体が進んできた地域の疑似地縁共同体的な組織の活動を、それを基礎として機能し、またそれを支えることで自らの行政サービスを提供してきた基礎自治体が補い、行政サービスとして拡充することで、地域社会とそこに生きる人々の生活は何とか持ちこたえてきたという一面がある。しかし、「平成の大合併」は、基礎自治体の行政サービスを後退させることで地域社会の解体を導き、その結果、地域は人々が地縁関係において結びつく場でもなければ、就労の場でもなく、また自らの生活をきちんと立てることで自らの尊厳を得る場でもなくなり、急速な地域資源の枯渇が招かれている。地域社会は、人が生きるに魅力ある場ではなくなり、人々の離反を招き、とくに若年者は都市的な空間へと自ら移動を始めているのである。

このことは、筆者が調査に入っている愛知県豊田市においても例外ではない。中核都市としての豊田市は、二〇〇五年に過疎と高齢化に悩む周辺の町村を合併し、さらに合併後、都市内分権を実施して新たな分権型都市をつくりだし、行政的な効率と住民自治の向上を両立させ、自立的な住民生活を実現しようとする試みを進めている。これが、豊田市における「平成の大合併」の基本的モチーフである。豊田市が周辺町村を合併したのは、水系を共有する上流水源の環境保全の必要と経済圏を同じくする周辺町村への中核都市としての責任からであるといわれる。もともと旧豊田市そのものが合併を繰り返してできあがった都市であり、既述のような新たな社会構造において、広域行政を展開するために、地域住民の地元地区に対する自覚的な意識を高めることで、住民自治をより確かなものとする必要があるとの判断から、豊田市では合併を機に、旧豊田市も含めて都市内分権を進める態勢を整えてきた。この過程で、旧豊田市に設置されていた住民の自治組織であるコミュニティ会議のほか、地域住民の自発的な自治意識を吸い上げて、各地域のまちづくりに住民自身が取り組むための組織としての地域会議、さらにそれらを財政的に支援する「わくわく事業」などを立ち上げ、合併町村地区を基本的な対象として、住民の自立を促す施策を展開してきた。また、過疎化・高齢化に悩む合併町村地区に対しては、コミュニティ・バスを運行するなど、生活の利便性を高める措置をとり、さらにいわゆる公民館施設である生涯学習センター「交流館」を設置し、旧豊田市と同じように専任職員を配置して、地域住民の学習とまちづくり、地域振興を支援する態勢を整えるよう努力を重ねてきている。

しかし、他方、各旧町村役場の市役所支所化と職員の削減、担当業務がいわゆる窓口業務と地域振興に限られるなどの措置、さらに学校の統廃合による地域文化の中心の喪失などによって、住民の地元地区に対する心理的な求心力の低下がもたらされ、合併後、都市内分権とは逆のベクトルが作用して、合併町村地区が急速に疲弊する傾向が明らかとなっている。それは、以下のような問題として立ち現れている。①合併町村地区において、豊田市中心部への通勤圏

（自動車で三〇分から一時間圏）で急速な若年人口の流出、つまり過疎化と高齢化が起きていること、②住民の自治組織の崩壊が著しく、行政サービスが末端まで行き渡らない問題が発生していること、③その背景には、地域の地場産業である農林業の衰退があること、④農林業の衰退は、単に地域経済の衰退を意味するだけでなく、耕作放棄地の急速な拡大に見られるように、美しい田園風景とそれをつくりだす文化などの地域資源の枯渇であり、かつ生活をきちんと律していく住民相互の扶助機能の衰退として現れていること、⑤役場の支所化・学校の統廃合は地域の心理的紐帯を切断し、地域社会の求心力をそぎ、地域住民の文化的つながりと地元地域への帰属感を衰弱させていること、⑥地域資源が急速に枯渇しており、合併町村地区は人が住むに魅力のない地域へと変貌しつつあることなどである。(5)

二〇〇八年度の財政力指数一・九二である豊田市にして（豊田市決算報告より）、この状況なのである。この意味では、「平成の大合併」がもたらしたのは、地域社会の経済的な疲弊や解体として理解され得るものだけではなく、地域社会において営まれていた生活のもっとも根幹の部分、つまり地域住民としての尊厳とそれを保障するための人間関係、そしてその地域社会の持っていた文化的な魅力のようなもの、そういうものの否定と剥奪であったことが理解される。地域社会において人々の生活を支えてきた基本的な「経済」と「福祉」、そしてそれらが機能することで生活がつくりだし、かつ生活をよりよく充実させるための人間関係によって規定される「文化」、これらのものがもろとも解体へと導かれることによって、基礎自治体は疲弊し、その基層である地縁共同体的な自治組織が崩壊することで、人々がその土地を離れ、ドミノ倒しのように一部大都市への人口集中が起こっているのだと、地域社会の現場においてはとらえられる。

## （二）　農山村疲弊のメカニズム

そして、これらの諸課題と密接に絡み合っているのが、たとえば自治会長（豊田市では自治区長と呼称する）ら地域コミュニティの世話役であり、また顔役である中高年男性のある種の消極性、つまりあきらめにも似た無力感である。

そして、それはまた、理由のないことではない。前述のような豊田市合併町村地区が今日直面している諸課題は、現在、自治区長を担っている彼らの世代やその親の世代がよかれと思って行った生活上の選択の一つの帰結だという性格を持っているからである。

自治区長へのインタビューと対話からは、彼らのほとんどが、賃金労働者として地元を離れ、豊田市内や名古屋市およびその他の都市での生活を経験した後に、老親の面倒を見るためや、定年退職後に土地家屋を維持するために、地元に戻った人々であることがわかる。農山村の衰退をいうのであれば、彼らの世代において、すでに農山村は衰退の道を足早に歩んでいたといわざるを得ない(6)。

このことは、また日本の他の農山村の疲弊のメカニズムとも重なり合っている。たとえば、中国地方の中山間地における集落調査の知見は、次のような人口と集落機能の動態を語っている。まず、社会経済の動向により「人口の空洞化」が進展する。この時点では、「むら」から若年者を基本とした多くの人口が都市へと流出し、人口の急減が招かれるが、高齢者を中心とした家族の機能は保たれるため、村落機能は急激には解体しない。その後、人口の社会減が落ち着き、高齢者中心の「むら」の人口が自然減を迎えるにつれて、「むら」の村落機能の急激な低下が招かれる。「むらの空洞化」が進展し、とくに生産と道普請など「むら」の経済生活にかかわる面での組織や機能の低下が著しく進展する。さらに、高齢者の死亡や都市部への流出（呼び寄せ）などにより、「むら」の機能は低下し、いわゆる「限界集落」状態となる。その後は住民があきらめの意識にとらわれることで無気力化し、村落機能が停止、その後、「むら」は無住化し、消滅する(7)。

基礎自治体が直面している機能不全の実態において問われるべきは、「経済」と「福祉」という近代産業社会を基礎に構築されている国家の富の生産と分配システムの構造的な変容がもたらす地方行政制度の不全化のみではない。それはむしろ、地域社会における富の生産と分配の様式によって決定され、また国家的な富の生産と分配の民衆の生活レベルにおけるあり方に影響を与え、かつ地方行政制度を有効に機能させてきた「文化」に属するものの不全化、より端的には地域住民の「存在」にかかわる意識の領域に属する問題であるといってよいように思われる。

## （三）　生きるに値する〈社会〉の創造を

このような過疎地の地域社会における自治組織の解体と基礎自治体の疲弊化は、人口の流出先である大都市における人口集積地区とも地続きである。長引く不況と経済構造の変容により、いまやいわゆる非正規就労者は全雇用者の三分の一に相当する一七〇〇万人を超え、失業率は五パーセント前後に高止まりし、新規大卒者の内定率は八〇パーセントにとどまる。基本的な経済生活を保障されない中で、人々が自らの居住する地域社会を自治的に治めることは不可能であり、都市部における町内会などの自治組織の疲弊も著しい。さらに、雇用の喪失や生活・地域自治の疲弊による人間関係の切断は、人々とくに勤労者に自らの存在への確信と相互承認関係を喪失させ、自殺者数の高止まりを招いている。

このような地域自治組織の解体は、基本的にはその基礎にあった地域の地縁的な関係が切断され、また崩れていることに起因する。それはまた、過疎化と高齢化という昨今の日本社会で急速に進展している社会構造の変容と無縁ではなく、それが農村や中山間村といわず、都市部においても現象化し、社会問題化しているところに大きな特徴がある。一時、人口に膾炙した限界集落のみならず、都市部で急速に高齢化し、人口の減少を見せている「旧」ニュータウンや団地、さらには都市近郊の「旧」新興住宅地などがその一例である。すでに「限界団地」なる言葉も使われ始めている。

これらの地域社会では、すでに青年団、女性会（婦人会）、子供会などの地縁的団体は壊滅状態であり、自治会・町内会などの自治組織や老人クラブなども機能不全に陥り、また解消されてしまったところも多々存在する。その上、これらの地域では、青年団や女性会（婦人会）が消えた時点で、自主防災組織である消防団も姿を消しており、災害時の初動態勢が不安視されている。生命に直接かかわる事態に、近隣による第一次的な救助活動が行われ得ない危険があるのである。

私たちはいまや、生きるに値する社会をつくりだすためにも、「経済」と「福祉」と「文化」を結びつけつつ、人々の生活を保障し、その生存を「存在」において担保する新たな〈社会〉の創造を迫られているといってよい。

## 四、均質化と「社会」の課題化

### (一) 学校と戸籍―均質空間と規律・訓練―

前述のような地域社会の解体と基礎自治体の疲弊は、日本社会の歴史的な構成と深くかかわっている。日本は自らを近代国家として構築する過程で、民衆を国民化し、均質で画一的な大量の労働力を育成し、また広大な統一市場を形成してきた。その装置として用いられたのが、学校であり、校区を基本的な単位とする民衆管理つまり地方行政制度の確立であった。近代日本における学校制度の導入は、一八七二年の「学制」に遡るが、それはまた一八七一年に戸籍法が制定されたことと無縁ではない。近代産業社会を基礎とする国民国家は、その領土内の民衆を均質化して、国民化することで、経済発展と国家的な統合を進めようとするが、その均質化の戦略として発明されたのが戸籍であったといわれる。それは、それ以前の幕藩体制下で独自の秩序を形成してきた身分的・地域的な仕切りを破壊し、すべての民衆を家を単位として一元的に国家と結びつけ、国民として画一的に管理しようとするもの、つまり国家の下の空間を均質化するものであった。しかも、この戸籍法の施行は同年に行われた廃藩置県による中央集権制の採用と表裏の関係をなしていた。つまり、近代国家として自らを建設するに当たって、明治政府は日本の領土内の空間を均質化しようとするが、それは民衆を家という権力空間を介して、すべて同じく土地空間上に登記する戸籍制度という新たな統治システムの導入と連動していたのである。

それはまた、民衆の身体を家をとおして国家という空間上に登記しつつ、その空間の支配者である権力と一体化させることで、民衆を均質な国民として形成していくシステムでもあった。そして、この国家空間への登記と表裏の関係をなしていたのが、民衆の生活時間を自然時間から時計時間へと組み換えて矯正し、近代産業に適応できる産業的身体を育成するとともに、自らが登記された国家が指し示す「文明」つまり国家的な経済発展を価値化して自分の目的とみなし、国家への求心力を高めるように国民を育成する教育システム、すなわち近代国民教育制度であった。ここにおいて、国民の統治システムである地方行政制度と学校教育の基本的な枠組みである校区制が、家を媒介とする表裏の関係をともなって構築されることとなる。

この制度の枠組みでは、国家の示す「文明」への接近と上昇は、学校教育をとおしてよりよき国民となること、つまり国家の指し示す価値をより多く受け入れ、よりよい産業的身体を持ち、国家への忠誠心をより強く持つ国民として自分を形成することによって、達成されることになる。学歴社会が形成されるのであり、教師は立身出世の伝道師としての役割を担い、家がそれを後押しすることになる。このシステムにおいては、その内部の空間は均質であること、つまりすべての民衆とくに子どもたちは国民の予備軍としてすべて平等に扱われる必要がある。子どもたちは日常生活から切り離された均質な空間に囲い込まれ、その属性をもぬぐい去られた上で、改めて国家的な価値に基づく形成と選別すなわち矯正、つまり「文明」に向けた努力の競争の結果にもとづいて、国家システムへと分配されていく国民として育成されることとなる。それはまた、近代産業社会とそれを基礎に成立する国家の基本的な制度である工場と軍隊という、民衆生活の場とは異なる均質空間を設定して、人々を訓練し、定住させつつ、国民へと育成する制度と通じている。いわゆる、フーコーのいう「規律・訓練」であり、「生の政治」による均質空間の形成である。(8)

しかもこのシステムは、人々を国民化する過程で、同じく国民である他者を参照系としつつ、自らを国民として律していかざるを得ない存在としての民衆を形成することになる。日常生活を律していたはずの旧来の地縁共同体を失い、産業的身体を持った国民となった民衆は、自己を律する準拠枠を他者のまなざしに求めざるを得ず、自分が他者からどのように見えているのかを常に気にかけつつ、他者と同化しようとする同調圧力を自らにかけ続けることになる。フーコーのいう社会のパノプティコン（一望監視装置）化であり、「生の政治」を実現する司牧者としての権力の形成である。そして、この司牧者権力の下で民衆は、〈わたしたち〉として自らを律し、その〈わたしたち〉をとおして〈わたし〉を意識することになる。他者の目を自らに埋め込みつつ、他者の目から見た私を意識する、近代的な自我の形成がなされるのである。ここにおいて、民衆は他者との関係において自己を律する、自律的な主体としての国民へと形成されることになる(9)。

〈わたしたち〉の形成は、一面で、権力の恣意的な暴力の発動を防ぎ、司牧者権力の下で市場を拡大し、経済を発展させて、よりよい生活を享受する近代産業社会の形成を促し、国家的な発展と個人の生活の向上を一体化させることになるが、他方で、〈わたしたち〉とそれ以外という新たな排除を生み出すことになる。それゆえに、人々は常に自分と他者とを照らし合わせながら、自律的に自分を〈わたしたち〉内部に置こうとし、そうすることでよりよき国民として自らを形成することとなる。その基礎単位が戸籍として登記される家であった。

## (二) 社会教育と〈わたしたち〉の広汎な成立

学校教育と並ぶ国家の教育施策であった社会教育の出自も、このことと深くかかわる。社会教育は概念としては、一八七〇年代末ごろから福沢諭吉の言論に見いだされ、八〇年代の初めには「社会の中流人士」の自己教育の意味で用いられ、日本資本主義の発展、つまり産業社会の担い手としての民衆の自己形成、すなわち〈わたしたち〉の形成の方途として用いられている。これに対して、より下層の民衆に対しては教化が主張され、人々は管理の対象と置かれている。社会教育は、いわば福沢の「啓蒙と教化」の枠組みにおける啓蒙を担うものとしてとらえられていたといえる。その後、八〇年代をとおして、社会教育は学校教育の普及にともなって、学校教育を「補翼」するものとして位置づけられつつ、さらには保護者に対して、その子どもを学校に上げるよう督励する就学督励としての役割を担うものとして位置づけられることとなる。

この就学督励としての社会教育の展開はまた、当時の日本社会の状況を反映していた。学校教育は一八八〇年に教育令の改正によって就学義務が強化される。ところが、八一年の松方デフレによって生糸・米・繭の価格が下落し、農村は未曾有の経済不振におそわれ、また租税負担の増加によって多くの農民が小作へと没落していった。その結果、就学率は八三年をピークに減少していく。この状況を背景として、保護者に子どもの就学を督励するための教育として社会教育が重視されたのであり、その対象はいわゆる「下流の人」であった。当時、社会教育に当たる言葉としては通俗教育が用いられたが、それは普通教育の重要性を平易な言葉で「下流の人」に説くこと、つまり通俗的であることを意味していた。通俗教育は、その後、学校教育の普及にともなって、その性格を変え、八〇年代半ば以降からは、「一般人民」に対する教育や風俗改良・社会改良的な内容をともなって、国民形成のための教育としての一翼を担うようになる。[10]

学校教育の普及は、都市における下層階層をも取り込むことになり、〈わたしたち〉から排除されていた下層民衆が、学校教育をとおして〈わたしたち〉へと同質化されていくことになった。いわば、〈わたしたち〉とは異質な存在であった「下流の人」は、異質であるがゆえに認識され、排除される対象ではなくなり、同化され、均質化されるべき対象としてとらえられるようになるのである。一九二〇年代には、明治期の急速な産業社会の建設が生み出した大量の「下流の人」は、排除の対象から、同化つまり教育による矯正と国民化が可能な民衆として見いだされていくことになったのである。国家の領土内の民衆の均質化が見通されるようになったのがこの時期であり、ここにおいて、社会教育が通俗教育から行政用語としての「社会教育」へと転換していくことになる。文部省で通俗教育を管轄していた普通学務局第四課が社会教育課へと改編されたのは、一九二四年のことであった。それはまた、国家の内部に均質空間としての社会が形成され、旧来の「下流の人」が教化・統制の対象から教育・同化の対象へと組み換えられていったことと表裏の関係をなしている。いわば、〈わたしたち〉が社会に広汎に成立したのが一九二〇年代のことであったといえる。

このような社会の均質化において、新たな排除の対象となったのが、たとえば関東大震災直後の朝鮮人や中国人そして社会主義者など、非国民として表象が可能な、しかし不可視なものとして隠蔽されるべき人々であった。このことは、〈わたしたち〉が国家内部の社会を均質化することで、民主主義へと展開する一方で、それが国家内部の社会の均質化であることによって、異質なものを排除する全体主義的な傾向をも持つことにつながっていくことを示している。一九二〇年代が大正デモクラシーの時代でありながら、それが三〇年代のファシズム期を準備したことが、それを端的に表現しているといえる。

## (三)　町内会の生成・普及と国家の普遍化

さらに注目すべきは、この国内空間つまり社会の均質化が進展した一九二〇年代に、いわゆる住民の自治組織である町内会が、大都市部から自発的に組織されて、全国に普及したということである。この町内会は、家を単位とするもので、しかも空間として互いの範囲が重ならず、その範囲の総和が限りなく日本という国家の領土に等しいという特徴を持っている。(11) これはすなわち、国家内部の社会と国家の領土とがその総和において等しい、つまり国家内部が町内会という社会に分節されながらも、それらが積分されることで国家という空間と整合的に調和していく、いわば小さな国家としての役割を町内会が担っていったことを示している。町内会は、国家内部の社会という空間の均質性を前提として成立しながら、国内空間の均質性を強化し、政治システムとしての国家をその領土空間内部にくまなく普遍化していく装置として機能するのである。

ここに、既述のように明治期の町村が小学校区を単位として設置されていったことの意味を見いだすことができる。民衆は、自らを国民化する二重の装置、つまり空間的な均質性を前提として、自らを国家内部の社会空間に定位する戸籍を基礎とする行政制度と、自らを産業的身体とよりよき国民へと価値化する学校制度という二重の装置によって町内会という自治組織へと位置づけられ、国家の均質空間を強化する役割を自ら演じようとすることになるのである。それが、自律的な主体である国民である。民衆はこのシステムにおいて、国家─地方行政─戸籍という体系の中で、学校制度を利用して立身出世することで、よりよき国民として自らを形成していくことになったといってよい。

一九二三年の関東大震災を経て二四年に文部省内に社会教育課が設置されて後、二五年には各府県に社会教育主事が配置されて、社会教育の行政的な展開が強化される一方、翌二六年には、初等教育後の青年教育・訓練施設として青年訓練所が設置される。しかも、青年団・在郷軍人会さらには少年団や女子修養会などの社会教育団体・修養団体、そして明治末年から設立の気運が高まった学校後援会などの組織、このほか実業補修学校や前記の青年訓練所などの教育機関が、小学区制を基本的な範囲として、小学校を中心に組織されていった。いわば、小学校とその校区である空間、つまり住民の自治組織である町内会をその範囲として、民衆教育・教化・修養の組織・機関・団体が幾重にも重ねられてシステム化され、民衆を国民化するとともに、その国民を住民化しつつ、均質な地域住民を自治的に形成する施策と連動していたのである。[12] しかも、一九〇六年から行われた神社合祀政策により、神社の氏子区と町村の行政区とが重ねられていった。宗教的・地縁的な結合と民衆を国民化・住民化するシステムとが表裏の関係をなして、「社会」が形成されていったのである。

小学校は、一九〇〇年の「小学校令施行規則」改正で就学校指定つまり学区指定制度に改められており、一九二〇年代に至る過程で、公立小学校が地域社会の中核的教育組織として機能する性格を持ち始めていた。そこに既述のような「社会」の成立にともなう社会教育的な措置が重ねられることで、小学校区＝町内会は民衆の自治的な均質化空間として機能することになったといえる。

そして、このような均質空間の民衆への浸透は、逆に、均質化できない部分つまり朝鮮人や中国人、社会主義者、そして精神障害者など、いわば非組織・非定住の「非国民」をあぶり出すことにもなった。[13]

社会教育は、このような社会の均質化の対象を、学校教育の及ばない下層貧困層にまで拡大し、社会問題を解決可能つまり矯正可能なものとして再編し、人々を国家内部の社会へと結びつけ、配置していく役割を担うものとして機能した。そして、そのさらに下層には、〈わたしたち〉から排除された「非国民」が配置つまり隠蔽されることで、社会の均質性が保たれる構造を構築してきたのである。

この構造は今日においても基本的に変わってはいない。

## 五、社会の裂け目と社会教育

### (一)〈わたしたち〉の仮構の動揺

しかし、このように仮構される均質な社会は、常に自ら裂け目をつくりだし、それを縫い合わせ続けなければならない宿命を背負ったものでもある。たとえば、町内会と呼ばれる自治組織は、それが明治期の町村制と重ねられ、かつ学校区と重ね合わされることで、国家内部の社会を均質化する機能を担ったが、それはまた地域の住民が持つある種の疑似地縁共同体的な意識を内包しつつ構成されざるを得ず、それが常に社会の均質性を脅かさざるを得ない。そこでは、学校を中心とした自治民育が進められるが、国家的な価値を注入されることで、自らよき国民として立身出世しようとする民衆である個人は、地域社会を一つの枠組みとする地縁共同体的な意識とはズレを生じざるを得ず、そこに国民である個人が住民として立ち現れる契機が孕まれることになる。つまり、同じく社会において国家と町内会がズレ始めるのである。それはまた、〈わたしたち〉が国民としての私たち以外の部分を抱え込んでしまわざるを得ないものであることをも示している。

また、社会の階層上昇の唯一の手段であり、人材の社会的分配の機構である国家制度としての学校が普及することで、民衆は学校を利用して生活改善の欲求を満たそうとするが、それは一面で学校への集中と価値観の画一化、さらには学校への平等な機会の保障をとおして、均質な国民という幻想を組織し、〈わたしたち〉を形成することになる。しかし反面で、学校における過度の進学競争が社会的な秩序を乱し、〈わたしたち〉はある一つの価値基準によって相互に排斥し合う相対的な序列の関係へと組み換えられてしまい、不安定な集団として構成されざるを得ない。つまり、均質性の意味が平等・公平から一様序列化へと移行せざるを得ないのである。この集団を安定させ、均質性の仮構を維持するためには、常にそれまではより下層に置かれていた人々を均質化の対象者として召還せざるを得ず、また常に経済発展し続けることで、民衆の階層上昇への欲求を満足させ続けなければならず、それが困難な場合、社会的な選抜＝差別が強化されざるを得ない。それがまた〈わたしたち〉の仮構を動揺させざるを得ないのである。

さらに、都市部における町内会が農村部に展開することで、それはその地域社会に残る地縁共同体的な規制に強く影響された組織として構成されざるを得ず、それがいわゆる近代産業社会の求める秩序と齟齬を生じる一方で、市場経済の農村部への浸透によって、つまり国家の経済の発展・拡大によって、農村部における地縁結合が切断され、人々は都市労働者として離村し、また商品経済に組み込まれることで、地縁共同体の解体が進み、それが町内会の紐帯を切断することへとつながっていく。それを補填するために、農村部の行政が住民への福祉を向上させなければならず、そのためにはさらに農村部が商品経済に組み込まれ、市場化することによって、町内会を支える地縁結合を解体せざるを得ないという矛盾を抱え込むことになる。

## （二）　均質性と序列性のダイナミズム

これらは、次のように言い換えることができる。近代産業社会を基礎として構築される国家は、常に民衆を均質空間に位置づけつつ、産業的身体へと形成して、国民化つまり均質化・画一化することで、国家目的としての経済発展と個人の目的としての生活改善の欲求とを実現しようとする。しかし、それが均質空間の前提である人々の国民としての紐帯を切断するために、恒常的に福祉的な課題を抱え込まざるを得ない。つまり、「経済」と「福祉」は常に矛盾を来さざるを得ないが、そこに国家システムとしての学校教育が組み込まれることで、「経済」と「福祉」の問題は各個人の生活の様式とその認識、つまり「文化」の問題へと組み換えられ、管理と統制は規律と訓練へと変換されて、〈わたしたち〉という意識と新たな紐帯を生み出すことになる。

〈わたしたち〉は〈わたしたち〉であるがために常に相対的な序列化への圧力にさらされ続けざるを得ず、その圧力を縮減するためにこそ、常に均質化に向けた新たな不利益階層の備給と社会的な選抜＝差別の強化がなされる必要に迫られる。しかし、規律と訓練という教育にかかわる課題は、常に「経済」発展による階層上昇をともなわなければ民衆への訴求力を持つことは困難である。〈わたしたち〉として形成されればされるほど、つまり均質化されればされるほど、その均質性は序列性へと転換されてしまう。その転換を再度平等性へと転化するためにこそ「経済」が問われなければならず、その「経済」は地縁結合の紐帯を解体するために、「福祉」が問われなければならず、その「福祉」を新たに結び直すためにこそ、改めて〈わたしたち〉の均質性が求められる。

このような相互に矛盾しつつ自動的に展開するダイナミズムが、近代国家には組み込まれているのだといってよいであろう。学校教育を補填しつつ、民衆の国民化を促し、かつ地域コミュニティの生活レベルにおいて「経済」と「福祉」と「文化」がつくりだささるを得ないズレを修復しつつ、均質性を生み出し、均質性を次のズレへと橋渡しする、つまり「社会」の均質性と裂け目を相互に媒介するのが、社会教育なのである。その意味では、社会教育は、既述のような産業社会を基礎に持つ国家のダイナミズムの結び目に位置づくものであるといってよい。

## 六、システムからプロセスへ

### (一) 近代産業国家のダイナミズムの不全化

今日私たちが直面しているのは、前述のような近代産業国家のダイナミズムの終焉である。つまり、「経済」と「福祉」の問題を民衆の生活における意識や価値、つまり規律と訓練の課題へと組み換えて、社会の均質性と裂け目の生成へと媒介する「文化」、この三者が織りなすダイナミズムが機能不全を起こしているということである。そして、このダイナミズムの不全化は、基礎自治体においてこそとらえられる必要がある。なぜなら、このダイナミズムが実際に機能し、国家内部において社会をつくりだし、それが経済発展と国民の生活の改善、そして福祉の向上を実現しつつ、豊かな国民文化を生み出してきた現場が基礎自治体であり、またそのさらに下位に置かれる基層の住民自治組織だからである。

今やこのダイナミズムの終焉により、基礎自治体の再編が急速に進められている。それがいわゆる「平成の大合併」であり、それが招来した現実の姿は、疲弊しきった自治体とそれを支えてきた住民の自治組織の解体である。いま問われなければならないのは、地域社会における人々の生活を支える基本的な「経済」の再生と「福祉」機能の新たな形での組み換えと生成、人々の生活から生み出され、それを支えている様式としての「文化」の発掘・再評価と創造、そしてそれらの基礎であるべき地域社会に生きる人々相互の関係を相互の承認関係へと組み換えて、その関係の中できちんと生きている自分を認識し、またそのように生きている他者を認めることによる、相互の「存在」にかかわる認識の形成と、その認識に支えられる他者への積極的なかかわりの創造という、相互に絡み合う要素をとらえつつ、それらを改めて地域社会のあり方として構想することである。「経済」「福祉」「文化」という地域社会に生きる人々にとって欠くことのできない生活の諸領域が崩落しつつある状況下、これらを再び人々の「存在」において結びつけつつ、「価値」化し、新たな〈社会〉を実現する姿を描き出すことが求められているのである。

このとき注目すべきは、近代産業国家のダイナミズムの結び目に位置づいていた社会教育と、その展開された形である生涯学習の基礎自治体における実践のありようである。たとえば、既述のように合併町村地区の疲弊に苦しむ豊田市は、合併を機に、分権型都市への移行を模索し、旧豊田市も含めた全市において地域分権を実施するための組織体制を整備しており、その核となるのが中学校区に一館設けられた生涯学習施設である「交流館」である。豊田市は従来から交流館をコミュニティ行政の中核施設として位置づけてその整備に力を入れてきたが、合併後は、交流館は地域の住民が学習し、より直接的に自らの地域のあり方にかかわって、住民による自治的な地域づくりを進めるための拠点として整備されつつある。(14)

この施策では、住民によって組織される地域会議と、それと連携をとりつつ地域社会の再生に向けて自律的な活動を進めるさまざまな社会的アクターの育成が鍵となる。しかし反面この施策が、地域自治組織の解体を基礎自治体の行政サービスが補完してきたように、地域住民によって組織される新たなアクターが、都市内分権によって後退する行政サービスを代替する機能を持ち、穴埋めをしていくという性格を持つことは避けられない。それはまた、既述のような基礎自治体の疲弊を招いた近代国家の枠組みを継承することにほかならない。

## （二）生涯学習による多様なアクター育成と自治体再編

ここで問われるべきは、地域社会の持つハードウェアの大規模な組み換えや資源の再配分ではなく、住民を基本とした人々の相互承認関係を基礎に、人々が自らこの地域社会に息づき、きちんと位置づきつつ、役割を十全に果たすことをとおして、自らの存在の対他性を他者との〈関係態〉としての自己へと組み換えることで、地域社会が常に他者との相互媒介を基本とした新たな価値を創造し続けるプロセスとして構築されることの可能性である。このような地域社会の変容によって、経済的な営みが人的な関係を媒介として、それ自体が相互承認関係にもとづく信頼と信用に定礎された新たな市場をつくりだし、また生産における地域住民の相互援助と相互扶助を実現しつつ、人間関係に定礎された生産活動を生み出すことそのものへと転換していく。幾重にも重なったさまざまなネットワークからなるクラウド状の気遣いと見守り、そしてそこから生まれる信頼と安心が、新たな市場を構成する、より動的で生産性の高い経済プロセスへと地域社会を組み換えていくことになるのである。

これはまた、旧来の地方行政制度の基盤であった住民の自治組織が解体し、「社会」の配置において、裂け目＝欠落が生じるのを、基礎自治体が行政サービスとして穴埋めをすることで縫い合わせるという静的な地域社会のあり方ではなく、地域社会そのものが人々の「存在」を基礎とした動的で常に組み換わるネットワーク、つまり動的なプロセスとして平衡状態を保つ仕組みへと組み換えられていくことへと通じている。〈社会〉の一つの姿がここにある。

たとえば、筆者がかかわりを持っている飯田市は、公民館を基本とした豊かな社会教育実践の歴史と実績を持つ自治体である。もともと合併町村であった飯田市は、合併後も旧町村の自治単位に公民館を設置して専門職としての主事を配置するとともに、住民による学習を組織して、住民による学習活動の実践だけでなく、住民による地域のまちづくり実践の展開を保障するなど、極めて高い都市内分権のあり方を実現してきた。

しかし、既述のような社会的・経済的な構造変容は、飯田市の社会教育にも大きな影響を及ぼし、従来のような社会教育行政と実践の継続では対処しきれない問題に直面している。そこには、飯田市も例外ではない、地域の地縁組織に支えられた地域自治組織の疲弊と解体が存在している。この問題を解決するために、従来のような極めて強固な地域自治に支えられる公民館活動を基礎とした社会教育の実践と地域社会のあり方から、より柔軟な多様性を持った地域の住民組織との連携によって、旧来の住民の自治組織に代わる住民の自治をつくりだしていく方向性が模索されている。そのためにこそ、公民館を中心とした社会教育が地域住民との連携を強化し、新たな地域社会のアクターを育成していく中核的な役割を担うべきであるとされる。しかし、それは、いまだ模索の段階にある[15]。

そこでは、疲弊し、解体していく旧来の自治組織に代わって、住民の自発的な意思に基づく新たなアクターとしてのボランティア団体やＮＰＯなどの組織が、地域社会の人々を新たに結び直し、自主的で自律的な〈社会〉を生み出す可能性が模索される必要がある。しかし、それはまた、旧来の自治組織が解体した欠落を、いわばジグソーパズルのピースをはめるように代替する新たなアクターを準備するイメージに近いものであるといえる。しかも、新たなアクターはあくまで住民の自発的な意思にもとづく自主的自律的な組織なのであり、旧来の地縁共同体的な自治組織を代替し得るのかどうかはいまだ不明である。代替し得ない場合、地域社会そのものが機能不全を起こす可能性も否定できない。この意味では、新たなアクターの育成による地域社会の再生という方途は、従来の静的な資源配置のためのコミュニティ・システムを前提に考えられているものであるといえる。

## (三)　静的システムから動的プロセスへ――生涯学習の課題――

いま問われるべきは、このような静的なコミュニティ・システムそのものを組み換え、動的であるがゆえにその地域社会に住む人々が十全にその役割を果たし、その存在を他者との関係において承認し合い、その生を全うでき、そうすることで常にその地域の形態が変化し続ける、いわば関係性のプロセスとしての〈社会〉へと構築していくことであろう。それは、動的であることで平衡状態を常につくりだし、自らが変化し続けることで、地域住民の生活を保障し、彼らの人としての尊厳を認め、その存在を承認し続けることのできる〈社会〉の生成を、そのイメージも含めて、考えることである。

ここでは、旧来のような共同体規制から解放された自由で孤独な個人が、顔の見えない市場において生産と消費を繰り返す不安定な市場社会ではなく、新たな〈社会〉が構想されることになる。それは、人々が相互の承認関係にもとづき、地域社会に十全に位置づいているという感覚を基礎にして、自分がその地域社会において他者との関係を十全に生きているという自由を獲得しながら、自己を他者との〈関係態〉として形成しつつ常に組み換え、よりよい生を全うする営みを続けることが生産と消費であるという、安定的で、しかも動態的な、常に移行し続けることで、人々の生活基盤である「経済」「福祉」「文化」を人々の「存在」において結びつけ続ける〈社会〉である。この〈社会〉は、住民の「存在」において「経済」と「福祉」と「文化」が相互に媒介し合いつつ、住民の生活改善を実現し続けるダイナミズムを新たに生成し、自らのものとすることができる。

このような〈社会〉のあり方を模索し、実現し続けていくためにこそ、地域住民の学習を保障し、その拠点を整備する生涯学習が果たすべき役割を突き詰めていくことが求められる。それはつまり、動的であることで平衡状態を保ち得るプロセスとしての〈社会〉のあり方を、地域住民の尊厳と存在にかかわる生活の地平で構想しつつ、それを学習論として構成していくことである。それはまた、その学習論を実践へと展開することで、地域住民が自らを〈社会〉に十全に位置づけ、他者との相互承認関係を構築し、その〈社会〉を学習に基礎づけられる相互の多重なネットワークで覆いつつ、常に変化し続けながら住民の生活を十全に保障し得る体系へと構築していくことを意味している。それはさらに、私的な活動である学習が公共性を持っていることを、公的な保障の体系へと位置づけることを要請する。これこそが今日、生涯学習に課せられた主要な課題の一つであるといえる。

［注］

（1）データは総務省統計局『住民基本台帳人口移動報告年報』各年度版より。

（2）総務省の発表によれば、二〇一〇年四月一日現在の一五歳未満の「子ども」の数は約一六九四万人で、二九年連続の減少、総人口に占める割合は一三・三パーセント、内閣府の二〇〇八年一〇月一日の推計によれば、六五歳以上の高齢者数は二八二二万人、高齢化率は二二・一パーセント、六五歳から七四歳の前期高齢者の割合は一一・七パーセント、七五歳以上の後期高齢者のそれは一〇・四パーセントである。

http://www.asahi.com/national/update/0504/TKY201005040343.html

http://www8.cao.go.jp/kourei/whitepaper/index-w.html

（3）http://www5.cao.go.jp/j-j/cr/cr 04/pdf/chr 04_huzuhyou.pdf（二〇一〇年一一月一一日最終確認）。

（4）佐々木信夫『市町村合併』、ちくま新書、二〇〇二年。保母武彦『市町村合併と地域のゆくえ』、岩波ブックレット、二〇〇二年など。

（5）以上、牧野篤他「過疎・高齢地区における住民の生活と今後の課題―豊田市合併町村地区調査報告―」、東京大学大学院教育学研究科社会教育学・生涯学習論研究室『生涯学習・社会教育学研究』第三三号、二〇〇九年。牧野篤「過疎化・高齢化対応コミュニティの構想―三つの事例より―」、東京大学大学院教育学研究科社会教育学・生涯学習論研究室『学習基盤社会研究・調査モノグラフ1』、二〇一〇年などを参照。

（6）以上、牧野他、二〇〇九年、前掲論文および牧野、二〇一〇年、前掲論文を参照。

（7）たとえば、小田切徳美『農山村再生―「限界集落」問題を超えて―』、岩波ブックレット、二〇〇九年、四八－四九頁など。

（8）M．フーコー、田村俶訳『監獄の誕生　規律と処罰』、新潮社、一九七七年など。

（9）同前。

（10）松田武雄『近代日本社会教育の成立』、九州大学出版会、二〇〇四年。
（11）西澤晃彦『貧者の領域―誰が排除されているのか―』、河出書房新社、二〇一〇年、一一五頁。
（12）葉養正明『小学校通学区域制度の研究―区割の構造と計画』、多賀出版、一九九八年。
（13）西澤晃彦、前掲書、一一六頁。
（14）牧野他、二〇〇九年、前掲論文。
（15）筆者ら東京大学大学院教育学研究科社会教育学・生涯学習論研究室による飯田市への訪問調査（二〇一〇年三月一七～一八日）による。

# 第三章　「無償＝無上の贈与」としての生涯学習
## ―または、社会の人的インフラストラクチャーとしての生涯学習―

## 一、生涯学習をどうとらえるか

### (一) 実践の形式という枠組み

日本をはじめ世界各国で、生涯学習は政治的な課題として受け止められている。その背景には、経済のグローバル化の展開と少子化・高齢化の急激な進展が存在している。この二つの大きな変動は、また、経済のグローバル化の進展による一国の統合された国内市場の不要化・解体と雇用の不安定化がもたらす社会不安や、国家財政に依存する福祉の後退がもたらす社会の動揺などとして、国内的には現れている。またそれは、国家間関係を基本とする世界秩序が崩れ、民族間の対立と融和、さらにより小さなコミュニティ単位の経済とその競合・協調が課題として立ち上がってくるなど、世界全体を覆う国家中心の秩序の動揺・変容と結びついている。

国家中心の秩序の動揺・変容は、大規模な労働市場と消費市場を必要とする近代産業国家の時代から、人々の個別な嗜好に対応する情報・金融・サービス産業を中心とする、個人をターゲットとする流動的な市場の時代へと、地球規模で社会のあり方が移行していることと対応している。一つの大きな物語が存在し、その共有を人々に求めることで国家的な統合、つまり国内統一市場を形成し、国家経済の規模拡大を競う時代から、大きな物語が崩壊し、人々が個別の価値を持って流動することで経済的な価値を生み出す時代、すなわち多元的で流動的な市場の形成が求められ、それが世界的な単一市場つまり国家の障壁を越えた市場を求める時代へと社会は移行しているのである。

これはまた、次のようにいうことができる。知識を蓄えて共有することで、社会的な価値が高まる社会、つまり国家が認定した価値観にもとづいて選ばれた画一的な知識を学校で伝達し、各個人がそれを蓄えることで、社会が統合されるという学校中心の社会から、各個人が自分の価値にもとづいて、その都度、知識のあり方を組み換えて使うことで社会的な価値が生み出される社会へと、社会の知識伝達のあり方が変化しているのである。それは、知識のストックからフローへの組み換えであるといってもよい。

このような大きな社会変動の中で、注目されているのが生涯学習である。それは一般的には人々に、学校教育修了以降も生涯にわたって学習を継続することで、新たな価値を生み出し続け、生活を向上させる機会を保障することと、人々の継続的な学習実践そのものであると理解される。それゆえに、生涯学習は、人々の一生涯の生活や価値実現とかかわる、つまり人々の生活の質のあり方と深くかかわる、公的に保障されるべき権利であるとされる。すなわち生涯学習とは、個別の生を豊かに生きるという人々の自由権を保障するために、公的に保障されるべき社会権だというとらえ方である。

他方、生涯学習は既述のように個別化し流動化する個人の知識の組み換えの営みであるがために、単一の価値観やそれにもとづく知識の伝達であってはならず、いわゆる公的な事業として保障されるべき権利にはなじまないという考え方もある。教育や学習が公的に保障されるのは、産業社会が人々に画一的な価値を保有することを求めるがためであって、国家もそれを保障するための機構でしかないというのである。今や、産業社会を基本とする社会システムは解体しつつあるのであり、産業社会と同じように、画一的な教育・学習を人々に保障することは、価値の多元化と流動化を抑圧し、かえって人々の生活の質を損なうことになる。この論理では生涯学習は、近代産業社会の次に来る、価値多元的で流動的な社会に対応するものであり、人々が自分の必要に応じて市場をとおして調達すべき「商品」だと見なされる。そのため、生涯学習は自由権の一部としてとらえられ、「商品」購入の自由を阻害しないことが、公的な保障の一環であるとされる。この意味で生涯学習は、新自由主義的な市場原理と極めて親和的な一面を持っている。

生涯学習は、間違いなく、産業社会から次の社会へと移行しようとする世界において、社会的に要請されて生まれてきた新たな教育・学習のあり方（理念、制度、形式、内容、実践を含めて）である。しかし、生涯学習のとらえ方をめぐる議論に目を転じてみると、前述のように、いまだに産業社会の持つ論理、つまり公的保障か市場原理か、公共性か私事性か、平等か自由か、社会権か自由権かという二項対立の図式の中でなされているに過ぎないように見える。これは、新自由主義的な議論においても同様である。

問われなければならないのは、知識のフロー化という状況に対応するために生まれてきた生涯学習を、どのような枠組みでとらえるのかということである。その枠組みとは、近代産業社会の価値観が持つ二項対立ではなく、その二項対立を乗り越えようとする論理を持つものである必要がある。生涯学習のあり方として、公共性なのか私事性なのか、社会権なのか自由権なのかという議論ではなく、生涯学習における教育・学習の実践活動の本質とはいったい何であるのかということが問われなければならない。実践活動の本質とは、実践の形式がもたらすより普遍的な構造のことである。教育・学習の内容にかかわらず、上記の二項対立の枠組みを超える論理を導き得る形式そのものがとらえられる必要があるのだといえる。

## （二）「商品」としての教育・学習の陥穽

この実践形式の本質という観点から二項対立の枠組みをとらえると、この枠組みが導くのは、教育と学習、そして伝えられるべき内容を導き出す研究の持つ事後性の否定である。つまり、教育・学習や研究が常に事後的に過剰な達成であることが否定され、逆に、事前に決められた価値にもとづく知識を、規定通りに社会へと提供することが求められるということである。このことは、新自由主義的な教育・学習の「商品」化において、いっそう顕著であるといわざるを得ない。

このようないわゆる知識のサービス化はまた、研究や教育の規格化を求め、その結果、研究や教育・学習の自律的で自動的な進展や進化を阻害する。研究や教育・学習という営みは本来、常に予期せぬ成果によって次の段階へと展開していこうとするエネルギーを獲得するものである。このようなエネルギー獲得の根底には、人間そのものの持つ知的な探究や労働に対する過剰達成とでもいうべき性格が存在しており、その性格はまさに人間が集団生活において相互の贈与＝交換の関係に置かれることによって形成されているものである。この意味では、価値多元性と価値の流動化を主張する新自由主義的な教育の市場化論は、極めて画一的な教育観を下敷きにしているといわざるを得ない。「商品」としての教育・学習は品質が保証された上で多様な品種が準備され、消費者である学習者の自由な選択にゆだねられているように見える。しかし、その「商品」は、学習者の事後的で自律的かつ過剰な予期せぬ変化が、学習者自身の新たな進化を駆動する可能性を組み込んだものではなく、常に消費されることで、予定された満足を消費者にもたらすだけのものに過ぎないのである。

しかも、教育の「商品」化は、社会的な価値創造の基礎をも解体する。なぜなら、剰余価値説に依拠するまでもなく、この社会が富＝価値の創造によって再生産されていくことの人間的な基礎は、集団生活における贈与とその贈与に対する過剰な答礼だからである。価値の生産そのものが、この贈与と答礼との関係によって、事後的に私たちを過剰な交換の応酬という関係へと組み入れていくのである。私たちは常に、事後的にしか、研究や教育・学習そして労働など、他者と贈与＝交換の関係にあるものが私自身にもたらす意味を認識し得ない。私たちは、その認識をとおして、私がその贈与＝交換の関係においてこそ私であり得ることを心地よい感覚とともに受け止め、確認する。私たちは自分の存在をその関係において確認するがために、その場において自我を確立し、自分をより高次に確立し続けることで、他者との間で、過剰に贈与＝交換を続けよう、過剰に答礼しようとするのである。

私たちは、学ぶことによって自分に予期せぬ変化が起こっていることを、学んだ後に初めて感じ、わくわくする感覚を持つことで、さらに学びたくなる。また、教えることによって相手に予期せぬ変化が起こり、それを感じ取ることで自分がうれしくなり、もっと教えたくなる。これは、学ぶことと教えることとの相互作用において、教える者と学ぶ者の双方がより新たな変化を来していることを事後的に感受することで、その教え・学ぶという関係がより深化していくということでもある。それは、知的な探究においても同様である。私たちがあるものを探究することで、目的が達成されようがされまいが、事後的に自分の変化を感じ取り、常に内省的にその目的に向かって探究を進める自分が組み換えられていく、それをまた自分が感じ取ることによって、さらにその探究へとのめり込んでいく。こういう関係が形成されているはずである。生産労働も同様である。しかも、そこに自分を支え、自分に支えられる、自分と他者との集団的な関係が存在することで、このメカニズムはさらに強められることになる。この事後性と過剰性が、研究や教育・学習さらには生産の自律的な展開を支えているのである。

知的なものの探究や教育・学習という営みは、知識を提供・享受するにとどまらず、その知識を得ることにおける自分の変化を組み込み、かつ自分を社会に開いていくものである。だからこそそれは、事前に価値を評価できるものではなく、プライス・レスであるべき営みであるはずである。教育・学習という営みは私事性にもとづいていながらも公共性を持つものであり、それゆえに公的に保障されるべき性格を持ったものなのである。それなしでは社会的な価値の創造と再生産は成立し得ない、そういうものが教育・学習なのだといってよい。この意味で、研究・教育をサービス商品として評価する社会は、その人間学的な基礎を失い、自ら崩壊していってしまうものだといってよいのではないだろうか。

### (三)　私的であることが公的である枠組みへ

知識をストックすることが意味をなさない構成へと社会が移行している以上、私たちは従来のような教育機会の公的な一元的保障にとどまっていることはできない。機会保障という形式は、教育という営みにおいては、伝えられるべき内容およびそれを定礎している価値と深くかかわっているからである。つまり、一元的な知識伝達の機会保障は、価値の画一性を前提としなければ成立し得ないのであり、そのような知識伝達のあり方は、知識をストックすることで社会的な有用性を増す社会のあり方である。しかし他方、生涯学習を個人の好みの問題であると見なして、その機会保障を完全に自由市場にゆだねることにも無理がある。それは人間の贈与―答礼関係という社会を構成している根本的な基盤を掘り崩すことになりかねないからである。生涯学習をとらえる枠組みとして、「私事的であるがゆえに、公共的である」という論理の構築が求められているのである。今、私たちが直面しているのは、このような、ある意味で、社会史的な大きな課題であるといってよい。

本章で確認しようとするのは、結論的には、生涯学習における教育―学習実践の形式が持つ普遍的な構造とは、教育―学習による事後的な自己認識にともなう過剰な達成が、学習者と教育者双方を駆動し、さらに高次な学習へと誘うことで、それが媒介となって、人的なインフラストラクチャーをつくりだし、それが社会的な新たな価値の創造に結びついていくという、循環構造が存在しているのではないかということである。そして、この循環を促すような生涯学習の保障のあり方を考える必要があるのであり、それは、公共性と私事性、社会権と自由権という二項対立の図式でとらえられるべきものではなく、新たな枠組みを必要とするものだということである。以下、筆者がかかわったいくつかの実践から代表的な二つの事例を紹介し、初歩的な知見を導くことを試みる（以下の二つの事例は、第二節「大学における市民への授業公開プログラム」が拙著『認められたい欲望と過剰な自分語り』（東京大学出版会、二〇一一年）の第二章に、第三節「高齢者世代の価値観」が拙著『シニア世代の学びと社会』（勁草書房、二〇〇九年）の第一章に、それぞれ収録されたものの概要を再録したものであることをお断りしておく）。

## 二、大学における市民への授業公開プログラム(1)

### （一）プログラムの概要と受講動機・受講後の感想

#### a　プログラムの概要

本プログラムは、筆者が勤務していた名古屋大学大学院教育発達科学研究科で行われた、市民をモニターと位置づけて、学生・大学院生向けの授業の一部を市民に公開し、授業効果を測ろうとする試みである。それは、国立大学の法人化にともなって提起され始めた教育のサービス化の議論に対して、国立大学という公共性の高い教育・研究機関と市民社会との連携のあり方を模索し、大学における教育を私事性にもとづく公共的な営みとして構築するための基礎資料を得ることを目的に構想された。

この「市民への授業公開プログラム」は、毎学期六～八科目、三〇～四〇名（一科目五～六名）の定員で行われた。受講問い合わせ数は、毎回約二〇〇名、受講申込み者数は約一二〇名であり、各授業の開講目的と応募市民の受講動機とを勘案の上、三〇余名の受講者が各授業担当者によって選ばれ、受講を許可された。

受講者の男女比は約五〇パーセントずつであり、年齢その他については、おおむね五〇歳代、六〇歳代が多く、とくに団塊の世代の大量定年を迎えて、六〇歳代前半の男性が目立つようになっていた。

#### b　受講動機と受講後の感想

受講動機については、申込み時点で用紙に記入され、担当教員による受講可否判断の材料となった動機を、受講後のアンケートにおいて再度振り返る形で回答を得ている。このアンケートは、受講申込み時点での自分の認識を振り返りつつ、受講後に自分がなぜこのプログラムを受講しようとしたのかという意味づけを導くための措置であり、またそれは、大学における学びの事後性という点にかかわって、市民受講者の自分への気づきを誘うためのものでもある。

受講動機は、各授業担当者によって受講可否判断の材料に使われ、受講者は授業担当者のいわば価値的な判断の下で選ばれている。このため、アンケートに書かれた受講動機をもって受講希望者の動機の全体的傾向を分析することはできない。この点には留意が必要である。

アンケート回答者の受講動機に関する記述の大きな特徴は、個別の具体的な課題やテーマ、または興味・関心を持っており、自分に即した具体的な課題が、より深い社会的な課題や知的なものの探究へと深まることで、受講者自身がその意識の深みから自分をとらえて、動機を意味づけしているということである。受講者は、自分固有の課題に対する意識の深みから動機を意味づけ、また、このプログラムがその課題に応えるものであることによって、自分の内部で、予期せぬ変化を来しており、それを認識していることがうかがえる。彼らの課題の深さと教員が提供する授業の内容とがシンクロしつつ、彼らの新たな変化を導き出しており、その変化を心地よいものと感じるがために、自分に対して肯定的になっていく彼らの存在がそこにある。彼らは、このような自分への認識を繰り返すことで、さらに学ぶことへと積極的になっていくようであるし、そのような自分を心地よく感じつつ、大学の授業に対する評価を高める結果にもなっているように思われる。

このプログラムが、教育・学習の事後性（予期せぬ過剰な達成への気づき）を引き出していることがよくわかる。次のような記述がある（＊が動機、↓が感想）。

＊現在私は教育機関において教育相談を担当している。具体的には小・中・高校生とその保護者を対象にした電話相談、面接相談である。実際にケースにあたるごとに、見立てが大切だと日々実感している。アセスメントを学び、ケース理解に役立てたいと思った。

↓私は教員養成の学部出身なので、心理学を系統的に学んでいない。養護教諭として勤務しながら、修士課程で心理学を専攻した。だから、大学院では背伸びしながら講義を受けたり、ゼミに参加したりしていた。本講義を受講して感じたことは、基礎を積み重ねていけば、着実な知識として身についていくということである。現役の大学生と机を並べて学ぶという貴重な体験だった。

＊高度専門職業人コースの大学院で二年学び、修士論文を書いた。しかし、学び終えた感じが少しもせず、学び足りず、考え足りない感じばかりが残った。学びつづけ、考えつづける姿勢を自分の中で確かなものにするため、刺激の多い講義を定期的に聴くことは大いに意味があったと思っている。

→教育の問題が縦横に語られ、興味深かった。話題は、家庭・学校の内外を行き来し、子ども、青年の問題に限らず多世代にわたった。日本の国内、東アジア地域の問題にとどまらず、グローバルな視点からの話を聴いた。他では聴くことの出来ない話で、自身が直面する様々な問題の由来や背景を知ることが出来てよかったと思っている。

＊小学校で「心の相談員」として勤務していると、現在の子どもが抱えている悩み・考え・行動が見えてきます。相談員として子どもとどのように向き合い、どんな対応をしていくことが、子どもたちの心を開き、問題解決につながっていくのだろうか？ 専門的に心理アセスメントを学ぶことによって自分自身の考え方を深めてみようと思った。

→三二年ぶりの大学の授業にわくわく感と同時に子どもと同年齢の学生たちと席をともにすることに気恥ずかしさもあった。講義の中味は仕事とかかわりがあり、興味を持って臨んだので、久しぶりにノートをとり、先生の話を真剣にきく学びの時間がもてたのは、新鮮でした。名大の学生が大変まじめに講義を受けているのに好感を持ち、公開プログラムの人、科目履修の人とも友だちになれ、この人たちの向学心の熱さに驚き、共感し、語り合えたのも貴重な経験でした。

## （二） 自分の変化について

このように受講動機と受講後の感想を書いている市民受講者は、自分の変化をどのようにとらえているのであろうか。彼らは、さまざまな受講動機からこのプログラムに参加し、その受け止め方もさまざまである。しかし、彼らに共通しているのは、自分が事後的に変わっていることへの気づきと新鮮な驚き、そしてそこから発するさらに深く学問的な探究へと向かわないではいられない強い思いである。受講者は、次のように述べている。

＊子育てをし、家事に追われて過ごしていて、自分のために専門的な分野を大学という場所で学ぶということは、雑然としていた知識の中で、一本の道が開けたような感じがしました。大学に通うのも楽しかったです。学生たちが構内を歩く波に若さとエネルギーを感じ、意志を持って行動することは楽しいと感じました。改めて専門的な知識を学び、ノートをとったり、グループ討議することが新鮮で、「学び」の意欲が生まれたように思いました。同年齢の人と知り合い、探求心を持って生活している人と話すことで、自分もいろいろなことに興味を持って生きていきたいと思いました。

＊先生方の熱心で精力的な講義と多方面での教育活動。社会人を受け入れて開かれた大学をめざそうとする心意気。このプログラムに参加すれば自ずと共感し、感化される。これが講義を受け、謦咳に接する意義なのだろう。地域活性化活動に身を置く私は、愛知県主催「地域活性化プログラム」のコンペに企画書を応募し入選した。このメニューの一つとした地元小学校の総合学習に講師として参加した。これまで小学校にかかわったことがなく、自分の子供の教育は女房まかせ、ＰＴＡの会合ともまったく無縁であった私が、社会活動に参加し、学校評議員を引き受け、子供相手に小学校へ、いそいそと出かける。このように、自分自身を変えていこうとする姿勢は、この社会人参加プログラムで得られたもののように思う。

＊「結果」と「過程」、いつも悩まされてきた。ボランティア支援をしていたこともあり、「ワークショップ」を行うことがとても多かった。その時、いつも感じていたのが「結果」の出ない議論、「考え方の共有」「お互いを知ること」それがワークショップであり、参加者は結果までなかなか知ることができない。今回の授業の進め方も、ワークショップ形式であり、ストレスを感じるだろうと思っていたし、最初の方はストレスを実際感じていた。しかし、続けているうちに、これはこれでよいのだと感じるようになった。学生にとっては一つの答より、いろいろな人の意見・考え方を聞いて、そこからまた自分で勉強し、自分なりの答を見つけていけばよいのだから。「結果」重視で考えていた自分が少し考えさせられた感じがある。社会人と学生の大きな違いは「時間の流れ」だと思う。社会人には、仕事に対して期日がある。だからそこまでに「結果」を出さなくてはいけない。そのため、「結果」ばかりに目がいって、その「過程」をおざなりにしているところが少しあるように感じるようになった。「過程」を限られた時間の中で、どれだけ充実したものにできるかを考えていかなければならないと思う。

## （三）　大学の社会貢献について

さらに、大学の社会貢献のあり方についてたずねたところ、以下に例示するような回答であった。市民受講者は、大学のあるべき姿については、大学内部にいる研究者・教員とかなり近いイメージを抱いているものと見てよい。それはつまり、大学は、研究の論理に支配された自律的で自治的な組織として真理を探究し、その成果を学生教育をとおして社会に還元することこそが、その基本的な社会貢献機能であり、その上で、このプログラムのような市民への働きかけを基本とした知的な還元を行うべきだとするとらえ方である。このことは、研究と教育または学習という営みが、一見、私的な営みであるように見えながらも、その実、それは事後的に人々の過剰な達成を誘い、社会的な還元へと展開していく公共的なものであることを、受講者である市民が感じ取っていること、またはこのプログラムをとおして自己認識を深めることで、教育・学習が私事性にもとづく公共的営みであることに思い至っていることを示している。こうした市民たちと連携することによって、大学は研究の論理に支配された自律性と自治を、私事的な研究・教育機能を公共化することへとつなげ、教育をサービス化しようとする昨今の動きに対抗する知の公共圏へと自らを組み換えることが可能となる筋道が示されているようにも思われる。市民受講者は次のように書いている。

＊実際のところ、まずは大学がやらなければならないことは、勉強を行いたい学生を集め、その学生を社会にしっかりとした社会人として送り出す、これが一番の社会貢献だと思う。それには、名大としての校風、理念等、名大でないとできないことの確立が必要だと思う。正直、義務教育の延長で大学まで来ている学生も多いような気がする。だから今は、大学が大学としてやるべきことをしっかり行い、それを社会に認めてもらうことだと思う。それなしには、社会貢献活動を行っても、大学のイメージｕｐのためにやっているんだろうなとしか感じない。

＊社会生活を営む中で、私たちは様々な困難にであったり、疑問を持ったり、新たな興味の対象を見つけますが、その「根本」を知りたいと思ったとき、大学という場がそれらについて深く学び、新たな世界に出会える機会を与えて欲しいと思います。これから社会の戦力となる人を育てる役割と、社会人が物事の根本に立ち返る場を与える役割の、両方を果たしていくべきで

は、と思います。このプログラムは社会人が本格的に学び直そうかと考える時の良いきっかけ、入口になるかと思います。

＊大学一年の時、一般教養で受講した「学校保健」担当のA教授の人間や社会に対する真摯な姿勢は、教育に携わる者としていつも心にとどめている。A先生は臨床医（女性）であった。戦後、高知県下を巡回診療されたとき、「日本が復興を遂げるためには教育こそ大切である」と確信され、臨床医から教育学部の教授に転身されたということであった。大学は研究機関でもあるので、科学の進歩に貢献していただくのはもとより、次世代を担う若人を育てるという視点も大切にしていただきたい。創造性、人間性豊かな人材を育てていただきたい。

## (四)　本プログラムから見られる市民の意識

本プログラムの実施によって得られた知見は、以下のとおりである。つまり市民は、知識をサービス商品ととらえ、大学を教育サービスの提供機関と見なすのではなく、大学に対して学問研究の高みから市民生活の抱える課題の原理をとらえ、その課題を突き抜けて市民自身の存在そのものにかかわるような原理や哲学を提示することを求めており、しかも、そのような原理や哲学にかかわる研究の成果を、学生教育をとおして社会に還元してこそ、大学と社会との結びつきが確かなものとなるととらえているということである。すなわち、「大学は知の論理で社会と結ばれるべきだ」ということである。それはまた、学問研究が、極めて私事的なことであるのに、それが社会的に開かれていく、その橋渡しを大学の授業ができるということであり、これこそが、大学を社会に開くということだということである。

しかも市民受講者はこのプログラムをとおして、大学で学ぶことが私事的な学びからいかにして公共性を持つようになるのか、その筋道を彼ら自身の自己認識の展開において示してくれているといってよい。彼らは、大学での学びをとおして授業の内容に触れ、自分の目を開かれ、思考を啓かれている。また彼らは、同じ市民受講者とふれあい、学生たちと交わり、教員との間で刺激を受けることで、自分が大きく変化していくことを実感と驚きをもって受け止め、その変化を心地よいものとして感じ取り、さらに知的な探究へと向かおうとしている。この過程で彼らは、大学に対して自分を開き、社会に対して自分の役割を示そうとし、それがまた自己認識へと還っていく。こういう自己認識の循環が形成されているのである。この知的な自己認識の循環こそが、研究・教育・学習の事後性にもとづく過剰な達成の実態なのであり、それこそがこの社会を支える人間的な基礎なのだといえる。大学における知的な探究とその伝達は、私事的でありながら常に公共性へと展開し、その公共性が受講者自身の生活へと還ってくるという関係を創造するのである。この循環こそが、大学を、教育を私的なサービス商品としようとする動きに対抗する、私事性に定礎された公共圏へと形作っていくものといえる。この循環の節目に、市民が関与し得るのである。

このことを示している受講者のレポートの一部を以下に引用して、本節を閉じたい。

参加してみて、このプログラムの主催者に対する認識を新たにした。最近の国際化や生涯学習社会に向けて、私学例えば関西では立命館大学などが積極的である。一方、国立大学は一般にそうではないようであった。「教職員の意識低下、公務に安住し、研究の名の下にノルマ減少を主張している」とこれまでは言われていた。

しかし、このプログラムに参加して認識を改めた。ここでは、外国人留学生が多く、社会人院生も多い。時代の風が感じられた。

こうした空気を私は地元に持ち帰り、コミュニティ活動にぶつけてきた。時代の風に合わせて、二五年ぶりにコミュニティの組織替えを行い、規約を全面的に改めた。また愛知県の主催する「防災まちづくり活動」や「地域活性化プログラム」などのコンペに応募し、数々の入選を勝ち取った。それらの企画書は「防災まちづくり組織計画」「東部遊歩道利用計画」「わんわんパトロール」であり、愛知県より今年度新規に一〇〇万円の補助金を得た。このプログラムに参加しなければ、これらの活動は進展しなかった。

逆に、大学にとっては、社会人の受け入れは大きな刺激剤となり、新たな展開の突破口になれたら良いと思っている。つけ足し的に受け入れを許すのではなしに、むしろ大学の中枢部分として異質集団による新たな教育、研究の活動源として、大規模な受け入れの方向へと進むべきだろう。こうして、国、県、地域、そして民間の教育エネルギーの総合的な組織化へ向けて駒を進めていくべきだろう。その中心が、この学部であることを期待します。

## 三、高齢者世代の価値観

### （一）「つながり」への希求

次に紹介するのは、筆者がかかわっている高齢者向けのセミナー事業に見られる、高齢者の価値観と学びとの関係である。たとえば、堀薫夫は高齢者の学習ニーズに関する調査にもとづいて、次のように述べている。

> 高齢期には喪失の事実（生理的機能の低下、退職、子離れ、親しい人との離死別など）がより顕著になるとともに、人生の有限性の自覚がより現実的になるという実存的特徴があり、この高齢者特有の実存的状況が「つながり」へのニーズを生むと考える……。このつながりには、過去とのつながり・未来とのつながり（あるいは悠久なものとのつながり）・社会とのつながり・他者とのつながり・異世代（次世代）とのつながりという側面が考えられるが、それぞれの位相において独自の学習展開方法があると考えられる。(2)

堀はこれを整理して、表3-1のようにまとめている。(3)

また、堀は、この高齢者の学習ニーズを年齢階層別に調査し、「つながり」を求める学習ニーズは、質問項目の「ほとんどにおいて、六〇代よりも七〇代以上の者のほうに学習要求率が高いことが示された」

表3-1　「つながり」を軸とした高齢者の学習ニーズ

| ニーズ | つながりの方向 | 意味するもの | 学習の事例 |
|---|---|---|---|
| 親和的ニーズ | 他者 | 人間関係の充実化そのものが目的になる。 | 他の高齢者などとの交流活動 |
| ライフ・レヴューへのニーズ | 過去 | 自分の過去をふり返り、その意味と統合感を得る。 | ライフ・レヴュー活動 |
| 超越へのニーズ | 未来 | 身体能力の低下や余命の減少という制約条件を乗り越えたい。 | 古典・歴史・文学・芸術などとのふれあい |
| 社会変化への対応へのニーズ | 当該社会 | 急激な社会変動に遅れないようにしていきたい。 | 時事問題<br>ボランティア活動 |
| 異世代交流へのニーズ | 異世代 | 次世代と交流し、自分の経験や知識を伝えていきたい。 | 異世代交流活動 |

出典：堀薫夫「高齢者の学習ニーズに関する調査研究：60代と70代以上との比較を中心に」、堀薫夫編著『教育老年学の展開』、学文社、2006年（第6章）、p.124

という。堀は、これを高齢者の実存的な問題の表れであるととらえ、「高齢者の学習ニーズは、エイジングの進行にともない、……『つながり』において先鋭化する」のだと指摘する。(4)

このような堀の調査結果とそれにもとづく見解は、筆者の高齢者向けセミナー事業の実践とそこから導かれる知見とも、ある程度合致するものである。筆者は、岐阜市内で企業退職者を主な対象としたセミナー活動、自主グループの形成と活動の促進、さらに社会貢献活動への展開を支援するプログラムを二〇〇一年より実施し、今日でも継続している（現在は岐阜大学に引き継いでいる）。このプログラムにおけるアンケート調査と実践記録からは、高齢者の学習ニーズの基礎となる関心事は、基本的に「健康」「社会貢献・ボランティア」「趣味」「仕事」「家族」の五つの領域でとらえることができ、その各領域における高齢者の意識を貫くものとして「つながり」が存在していることがわかっている。

そこで明らかとなったのは、「健康」「社会貢献・ボランティア」「趣味」「仕事」「家族」に対する意識をとおして、一つのテーマが存在するということである。それは、自分が人として他者と結びついていることの感覚と、人間としての尊厳、生きがい、社会貢献への思いとが還流しているということである。以下、この五つの領域に対する高齢者の意識を概観しておく。

## （二）高齢者の関心事の構造

### a 「健康」を求める意識

「健康」は、高齢者世代にとって極めて切実なものと受け止められ、関心が高い。しかも健康は、健康そのものとして受け止められているのではない。彼らは、自分の存在が家族や知人・友人そして社会の見知らぬ人々の「おかげ」で生かされてあることに感謝し、だからこそ迷惑をかけたくないと思い、そしてその他者との間に生かされてある自分を感じ取ることで、自分の人間としての尊厳を思い、他者の幸せを願っている。この認識の営みにおいて、「健康」が意識されているのである。彼らは、次のように述べている。

＊三年前、脳溢血で入院しましたが、今では普通に健康で毎日元気にしておいて貰えて、家族楽しく暮らせまして、本当に有難うと感謝致しております。

＊健康でいられることを心から願っています。家族に迷惑をかけないで生きたいと思う。仲のよい家族がいて、いい友だちがいて、自分の好きな趣味がある。とても幸せです。

＊八三才です。皆様に迷惑をかけない様に健康に気をつけている位で何も出来なくて申し訳なく思っています。

＊いまからだの調子がよくありません。でも、ここまで生きてこられたのは人様のおかげです。このご恩に報いるためにも、ひとり暮らしの老人にボランティアでご飯を届けて、話し相手になっています。とても、喜ばれます。

### b　「社会貢献・ボランティア」と重層的ネットワーク

「社会貢献・ボランティア」も、彼らが極めて高い関心度を示すものである。この「社会貢献・ボランティア」に関する自由記述からは、高齢者世代が多様で重層的な人的ネットワークの中で生活し、そのネットワーク相互の間を軽やかに移動しながら、自分の社会的な役割を感じ取り、人生を楽しんでいることがうかがえる。社会貢献は、彼らにとって、自分の存在がそのネットワークの中で他者と相互に認めあうものとしてあり、この相互承認関係を基礎に、肩肘張るのではない強い責任感と倫理観に支えられた生きがいとしてあるのである。彼らは、「社会貢献・ボランティア」にかかわって、次のように述べている。

＊隣近所や社会の人々のおかげで、これまで生きてこられました。恩返しをするために、ボランティアとしていろいろな地域の活動に参加したり、これまでの人生の経験を子どもたちに伝えたりしています。

＊いま、私は老人保健施設でボランティアをやっています。そこで、お年寄りの世話を焼く傍ら、自分の経験を若い人たちに話しています。

＊私は一三年間の軍隊生活と五年間のシベリア抑留の経験があります。この経験を若い人たちに伝えたい。平和な世界を作ってもらいたい。

＊何か社会に役立つことをして、美しい心を作り出したい。いま、地域でお掃除の活動と子どもたちに本を読み聞かせる活動に参加しています。

### c 「趣味」の楽しみの構造

「趣味」に対する意識にも高いものがある。それは、趣味が第一義的に楽しいからであり、それが健康に結びつき、友だちに結びついているからである。「趣味」は、それそのものとして極めることで自分が高まることを実感でき、自分自身の存在をその中に見いだすものとして、まずある。そしてそれは、自分を他者へと結びつけるものとしてあることで、自分を社会的かつ歴史的に開いていくことにつながるがために、生きがいへと結びついていくものでもある。「趣味」について、彼らは次のように記している。

＊高齢となり、趣味を生かした横のつながりを大切にしています。横のつながりがあると友だちが増えます。横のつながりを通して、地域の活動に参加して、健康づくり或いは長生きに感謝して社会奉仕でご恩返しをしています。
＊社交ダンスをしております。とても楽しいです。友達が出来ます。
＊草花が好きで、山野草、球根・草花を交換して花の咲く楽しさ、人の和が広がって生きる楽しさを味わっています。趣味を通して、幸せです。
＊歌を聞いたり唄ったりすることが大好き、健康にもいい。習字を子供に教えることが生きがい、趣味をとおして子どもと仲良しになれる。

### d 「仕事」と責任感・倫理観

「仕事」も「趣味」と同様に、自分を社会的・歴史的に開いていくものとしてある。しかし、「趣味」と決定的に異なるのは、それが高齢者世代の人々一人ひとりのそれまでの生き方そのものの延長にあるということである。その意味で、「仕事」は泥臭いものとして継続されており、しかもそれが社会的・集団的に強い責任をともなうものとしてあり続けている。彼らにとって、「仕事」は、自分そのものであるがゆえに、自分の社会的・歴史的な役割や責務である。そして、その自分自身であるものが社会的・歴史的に開かれて自分へと還ってくるがために、それは「天職」なのであり、生きがいでもあって、自己の存在証明でもあるのである。彼らは「仕事」について、次のように述べている。

＊編み物をうちでやっています。編み物が大好きで、編み物は自分の天職だと感じています。お客さんにできあがったものをお渡しするときの笑顔に、とても幸せを感じます。

＊家で仕事（洋裁）をいただき、ほそぼそと頑張ってやっているのが楽しみで続けています。仕事をお客さんに手渡すときに、とても充実した感じがします。

＊現在妻と二人で市営住宅に住んで居ますが、福祉関係の仕事に従事して、妻はパート、自分は通所者（学園の分場作業など）の送迎運転手をして居る。健康で妻と共に同じ職場で働ける事が生きがいと思っています。

＊現役時代に取得した資格を生かして定年後、再就職している。パソコンで市のホームページ作成のボランティアや、写真を趣味とし、多くの友人とのコミュニケーションを図ることができ、健康にも恵まれ、今のところは充実した毎日を送っています。

### e　「家族」への複雑な思い

「家族」については、その家族が自分と切り離し難く存在していることによって、彼らには極めて切実に意識されている。彼らは、自分の存在と重なっているがために引き剥がせないその人が、自分から離れていかざるを得ず、自分もその人から離れて行かざるを得ない現実を受け入れることを強要されて戸惑い、うろたえている。だからこそ、彼らは子ども世帯との同居を望み、孫の世話をできることに幸せを感じる、つまり自分の命がつながっていくことに自己の存在を確認しているかのように見える。彼らは、「家族」を次のように語っている。

＊妻を亡くしてから生き甲斐を感ずることもなく、二年が経過しました。やっと趣味の魚つりや旅行にも行こうと思う様になりました。

＊はじめての孫が誕生したばかりです。とてもうれしくて、満たされた感じがしています。孫一人でこんなにも感じがちがうなんて、思ってもみませんでした。人生が変化して行くことでしょう。しっかりと、そしてきちんとした生活をしてゆかなければ。

＊三世代同居で自分が何とか動けるうちは息子夫婦、孫達に少しでも役にたてる事があればと。これが私たちの役目です。

＊夫は五年前に他界しまして息子夫婦は勤めに出ますので、家事と子守が私の大事な仕事です。おばあちゃんも孫の面倒がみれてうれしい！

## (三) 結びついていること

このように、自分の存在が社会的・歴史的に他者と結びついていることによって、自分の存在を位置づけ、感じ取ること、それが自分の人間としての尊厳や生きがい、そして社会貢献への思い・意欲へとつながり、それらが自分を社会的・歴史的に他者と結びつけていく、この循環ができているのが、高齢者世代の関心事への意識だといえるであろう。この彼らの意識は、何かものを所有することで満たされるのではなく、自分の存在そのものが自分と他者によって承認され、受け入れられることで自分が満たされる存在欲求の充足へと展開していく。ここに、彼ら自身の新たな生き方の鍵が存在しているといってよい。

この彼らの新しい生き方はまた、自己の存在そのものを自ら確認し、また他者によって承認されること、つまり社会的・歴史的に認められ、継承され、永遠化されることを求めている。彼らは、分業を基本とする産業社会の所有欲求を乗り越えて、自分の存在が生きていることそのものであり、自分の生活が生きていることそのものであり、自分の労働が生きていることそのものであるような、十全感を生きているといってよい。それは、ものを持つことに幸せを感じる生き方ではなく、人とつながっていることに幸せを感じる生き方を選択するということである。この生き方は、彼らの持つ人間関係をとおして獲得される自己への視点と、そこから導かれる他者との間に息づいている自己という相互性の実存へと統合されるものであるといってよい。

## （四）「自己の永遠化」へ

これはすなわち、社会の人間関係の中で生きてこられた、つまり人様のおかげで生きてこられた自分を感じ取るということであり、ここに生きていられる自分のあり方を人とのかかわりにおいて確認することで、感謝するということに始まる、自己確認の姿である。そこから、感謝の気持ちにもとづいて、つまり恩返しとして、社会に貢献したいとの強い思いが生まれ、その思いを抱いている自分を確認することで、彼らは自分を意味づけることができる。その上で、実際に社会貢献に歩み出ることで、彼らが新たな自分を見つけ出し、自分の社会的な意味をより豊かに生み出すことにつながる。しかも、このような高齢者世代の人々の自己確認の行動は、無理をして他人に尽くすというものではなく、自分にとってかけがえのないもの、生きがいを感じることができるものを極めていくことで、それが結果的に、人様の役に立っているという形で実現していることを求めるものでもある。

それはまた、自分という存在を、人様との関係に開き、自分と他者との間で相互承認関係をつくりだして、自分の存在欲求を満たすだけではなく、自分が次の世代にかかわることで、自分の存在を次へとつなげていきたいという欲求に定礎された、自己確認の行動でもある。これは、自分の人生を、人様とのかかわりの中で全うしながら、次の生へとつなげていきたい、自分が生きていることの証を同時代において確認するだけではなく、次の世代においても認めて欲しいという、自分に還ってくる確認の作業である。それは、同時代的な広がりと歴史的な連続性において自分が中心的な地位を占め、自分が生きていることを強く感じ取り、確認したいという、自己実現への欲求でもあるといえる。これは、自分は常に同時代的にも歴史的にも、人様との関係の中で生かされてあり、だからこそ、人様に対して「働くこと」ができ、その「働くこと」が人様からの認知を得ることにつながり、それがさらに自分を社会に生かしていくことにつながるという感覚である。

高齢者の意識には、常に、現実にいきいきと生き、人生のキャリアを他者との関係の中でつくり続けている自分の実存が息づいているのである。それはまた、自分を社会的・歴史的に位置づけ、生かしていこうとする、いわば「自己の永遠化」の作業にほかならない。

## 四、「無償＝無上の贈与」としての生涯学習と知識の社会循環へ

### （一）　学びの過剰性という「態度」

以上、筆者がかかわった二つの試みを概観した。そこでは市民は、大学における知識の還元を教育サービスの提供ととらえるのではなく、筆者たちが大学内部にいて自らに課すべき知識人としての立ち位置・態度と同じ観点を共有しつつ、大学における学びを経験し、学びの循環に参加できることを喜びと感じていることが示された。またそれは、市民自身が意識的にとらえていることというよりは、自分が学ぶことによって、事後的に自分が変化していることに気づき、その変化を心地よいものと感じることによって、よりいっそうその変化の方向へと自分を展開していこうとする、ある種の過剰性によってもたらされている彼らの「態度」とでもいうべきものである。そして、この「態度」は、高齢者の生き方そのものでもあった。

この「態度」こそは、私たちの社会を集団として価値の創造と再生産へと向かわせることになる人間学的な基礎、つまり他者との贈与＝交換の関係に入ることで、与えられたもの以上のものを答礼として返そうとしてしまうという人間存在のあり方を示し、かつ規定しているものである。しかも、この贈与＝交換の過剰な関係は、与えられるものが事前にわかっており、自分自身がそれを得ることで何を得ることになるのかがわかっている関係の中では、形成され得ない。なぜなら、それは消費のための関係であり、ものやサービスを得ることは、ある条件を満たすものでしかないからである。それは、満足を超え出て、自分のより大きな変化に対して、社会的な感謝や申し訳なさなど、いわば自分認識の心地よさと、そこから生まれる他者に対する何か返礼をしないと居心地が悪いという感覚をもたらすものではない。サービスの購入は、自ら求めるばかりであって、与えることを生み出すことはないのである。

## （二）　学びの過剰性と私たちの自我

贈与＝交換の過剰な関係は、実は私たちの自我の構造に深くかかわっている。自我の発生の当初から、私たちは常に、言語を用いて自己を認識することしかできない。私たちは、その言語が自分のものでありながら他者のものでしかあり得ないことによって、常に言語の自己言及性に制約された自分の言及できなさに苛まれ続けている。私たちは自分の言及できなさを事後的に知覚しつつ、その言及できない私を言及しようとして、過剰に他者から言葉を与えられることを求めてしまう。つまり、他者を欲望してしまう。それは自己の他者化でありながら、他者を自己化してその自己をとらえようとする行為である。そのため常に、認識しようとする自己、つまり他者に投影されている自己へと過剰に自分を移しつつ、自分を認識し返そうとする循環を繰り返さざるを得ない。これが、贈与＝交換の循環の基本的な機制である。贈与＝交換の循環は、自己認識を求めようとする私たちの自我が他者を求めざるを得ず、他者へと自己を差し出さなければ自分をとらえることができないという自我構造のありように定礎されているのである。私たちは、他者を認識することなくして、自分を認識することはできない。

本章で述べている自己認識の喜びとは、実は、知ることによる居心地の悪さ、つまり自己の言及できなさに気づかされることによる、もっと知りたいという欲望に定礎されているといってよい。それがまた、私たちを他者との関係へと歩み入らせることになる。贈与＝交換の過剰な関係は、このことを基礎としているのである。

それゆえに、知的な贈与＝交換の循環は、贈与を受ける者に自己とは誰であるのかという問いを発しつつ、自己を探究させ続けざるを得ず、贈与を行う者にも同様に自己を探究させることになる。この二つの私の探究がリンクすることで、教育―学習の場所は、人々を知識の探究と贈与＝交換の循環に組み込んで、社会集団の創造へと向かわせる基礎を構築することになる。それは単に、教員―学生・受講者という関係にとどまるのではない。教員が行う研究活動が知的な価値創造の営みであることの基礎も、研究における贈与＝交換の関係なのであり、そこにおいてこそ教員は社会的な責任を果たすことができる。また、学生・受講者が社会に出て知的な循環を形成し、知的コミュニティをつくりだして社会を変革していくことも、知識の贈与＝交換の循環関係を基礎に持っているのである。

この関係は、社会的な価値の創造と再生産においても同様である。社会が価値の創造と再生産を繰り返しつつ、人々相互の関係を再生産・創造して、発展していくための人間的な基礎として、この知的な贈与＝交換の過剰な関係が存在しているのである。

この知的な贈与＝交換の過剰な関係は、すでに明らかなように、教育をサービス化し、市民を知的サービスの消費者と見なして、売買の関係でとらえようとする「改革」と呼ばれる動きとは根本的に原理を異にするものである。なぜなら、贈与＝交換の過剰な関係の基礎はその事後性にあって、価値を事前に測れないところにあるが、知識の売買の基礎は価値評価の事前性にあり、過剰な互酬関係を形成することは不可能だからである。知識を売買するような「改革」は、その「改革」がよって立つ基盤であるはずの人々の社会関係を分断し、人々を孤立化させながら、社会的な価値の創造・再生産を不可能とする社会へと社会を解体してしまいかねないのである。

## (三)　社会のインフラストラクチャーとしての生涯学習

以上の考察から改めて生涯学習をとらえ返すならば、生涯学習こそが、社会の人的インフラストラクチャーの基礎であり、それは私事的な学習実践でありながらも、この社会の公共性の基礎である人間存在のつながりを生み出すものであるといえる。

しかも、この生涯学習においては、贈与を行う者が、贈与を受ける者と対等な立場にありながら、ともに存在していることが求められる。生涯学習は市民の孤立した、個別の必要にもとづいて消費される学習活動ではなく、市民が自らの必要にもとづいて、その必要を満たすためにこそ、他者を必要とするような関係の構築に赴く活動なのだといえる。これこそが学習の本質である。その意味で、生涯学習は、私事性―公共性、自由―平等、個別―全体、社会権―自由権といういわゆる近代産業社会がつくりだした権利の保障体系である二項対立の構図において理解されてはならず、この二項対立を架橋するものとしてこそ存在していると考えられるべきである。生涯学習の私事性こそは公共的に保障されなければならないし、生涯学習の私事性こそが社会の公共性の基礎となるべきものなのである。今後、この生涯学習の本質をその新たな枠組みへと構築するあり方と、その担い手の育成が問われる必要があろう。

［注］

（1）牧野篤「大学は知の論理で社会と結ばれる―市民への授業公開プログラム―（二〇〇五年度前期・二〇〇六年度前期）アンケート報告」、名古屋大学大学院教育発達科学研究科附属生涯学習・キャリア教育研究センター『モノグラフ・調査研究報告書』№5、二〇〇六年一〇月。牧野篤「おとなが大学で学ぶということ―知の社会循環をつくり出す―（名古屋大学大学院教育発達科学研究科「知の社会還元」の試み）」、名古屋大学大学院教育発達科学研究科附属生涯学習・キャリア教育研究センター『モノグラフ・調査研究報告書』№6、二〇〇八年三月などを参照。

（2）堀薫夫「高齢者の学習ニーズに関する調査研究：六〇代と七〇代以上との比較を中心に」、堀薫夫編著『教育老年学の展開』、学文社、二〇〇六年（第六章）、一二四頁。

（3）同前。

（4）同前論文、同上書、一二九頁。

# 第四章　「働くこと」の生涯学習へ

## 一、雇用劣化社会の問題

### (一)　雇用不安の時代

バブル景気が一九九一年にはじけた後、私たちは「失われた一〇年」と呼ばれる大不況の時代を経験することになった。しかし、その後も日本社会は不況の長いトンネルをぬけだすことができず、「失われた一〇年」はすでに「失われた二〇年」になろうとしている。

日本経済の不透明な先行きは、人々に生活不安を抱かせ、それが雇用不安として社会を覆いつつある。雇用不安を抱く人は、正社員で四七・五パーセント、パートタイマー四八・二パーセント、派遣社員六〇・九パーセントに上るといわれる(1)。働く人の実に半数が、将来失業するかもしれないとの不安を抱いているのである。

しかも、この雇用不安は雇用劣化とでも呼ぶべき状況と深くかかわっている。その象徴的な現象が、失業率の急激な上昇である。かつて全部雇用と呼ばれ、二パーセント以下の低い失業率を誇ってきた日本社会は、とくに二〇〇〇年代以降、四〜五パーセントの失業率を常態とするようになっている。バブル経済崩壊後の日本の経済成長率（ＧＤＰの対前年度増減率）を見ると、平均でわずかに一・〇パーセントであり、二〇〇八年にはマイナス三・二パーセントと戦後最大のマイナス成長を記録した。これは、極めて異常な事態だといわざるを得ない。なぜなら、産業社会を基本的枠組みとする国家の経済では、年率で約二パーセントの潜在的生産力の向上が見込まれるからである。これは何か特別な発明や新産業の勃興によってもたらされるものではなく、個々の労働者が自分の仕事に慣れ、また創意工夫を重ね、さらに企業が設備投資を進めて生産性を高めることで、それらが相乗的に作用して、おのずから実現される潜在的な成長なのだといわれる(2)。

それゆえ、バブル経済崩壊後の長期不況に陥った日本社会は、極めて負荷の高い社会となっている。つまり、潜在的生産力の向上比率に比して、社会の実質成長率が極めて低い場合、その差プラス二パーセントの労働力が余剰となり、労働市場が失業問題を抱え込まざるを得なくなるからである。社会が恒常的に失業問題を抱え込むことで、人々の生活不安が高まり、また社会そのものが安定性を欠くようになるのである。

このような低経済成長の社会では、端的に次のような構造的な変化が起こることになる。一つは、雇用なき経済回復がもたらされるということである。つまり、いわゆる体力のある企業が労働者を切り捨てつつ、内部留保を高めて、設備投資を繰り返して生産性を高めるため、低成長下であっても、その企業の生産性と収益率は向上するが、雇用は回復しない。しかも、設備投資を進めるだけの体力のない中小企業は、倒産または安価な労働力を求めて途上国市場へと出て行くことを余儀なくされ、その結果、多くの労働者が職を失うという構造がつくられていくのである。

二つめは、産業の構造が、低成長に見合った形へと組み換えられることである。つまり、労働力を雇用してものを生産し、市場で消費するという循環を形成することで成り立っているいわゆる産業社会から、ものを生産しない、むしろサービスを創出して、また既存のものをずらすことで価値化して、サービスや価値を消費することで経済が維持されるというような、大きな経済発展を必要としない、また生産性の向上を求めない経済のあり方へと、構造がシフトするのである。

三つめは、失業率の高止まりが人々の消費マインドを冷え込ませるため、市場が縮少し、それがさらに企業の投資マインドを減衰させるために、経済成長を抑制してしまうことである。

## （二）正規から非正規へ―雇用構造の転換―

その結果、次のような雇用構造の転換がなされることになる。バブル経済崩壊後、企業が採用した雇用のあり方を示す言葉に「人件費を変動費に」というものがある。それまで固定費であった人件費を変動費に変える雇用構造をとることで、低成長にも耐えられる企業組織をつくりだそうとしたことを示しているという。一九九〇年代初頭、働く人の八割は正社員だったといわれる。しかし、正社員は原則として解雇できないため、景気の大きな変動に耐え得る柔軟な組織構造を採用することが困難となる。そのため、バブル経済崩壊後の不況期に、従来の正社員の仕事を、非正規社員にもまかせることができるものへと組み換え、非正規社員を大量に雇うことによって、雇用の構造を調整可能なものとする施策が採用されることになった。事実、非正規社員の雇用については、人事部の管轄ではなく、調達部などの管轄にしている企業がほとんどであり、彼らの雇用にかかる費用つまり給与その他も、人件費ではなく物件費として扱われているのである。つまり、固定費ではなく、変動費として彼らの給与が計上されているのであり、彼らはものとして位置づけられているといえる。

この結果、一九九一年に一九・八パーセントであった非正規社員の割合は、一九九五年から急上昇し始め、二〇〇〇年に二六・〇パーセント、二〇〇三年には三〇パーセントを超え、二〇〇八年には三四・一パーセントに達することとなった。勤労者の実に三分の一が非正規社員なのであり、その数、一七六〇万人といわれる。(3) バブル経済崩壊後の非正規雇用者比率の推移を見ると、パート・アルバイト、派遣、契約、嘱託などの比率が男女を問わず、年々高まっていることがわかる。男性平均では、一九九七年に一〇パーセントを超え、二〇〇八年には一八・六パーセントを記録、女性平均では二〇〇三年以降五〇パーセントを超える高原状態が続いている。また、年齢別では、女性の非正規雇用者

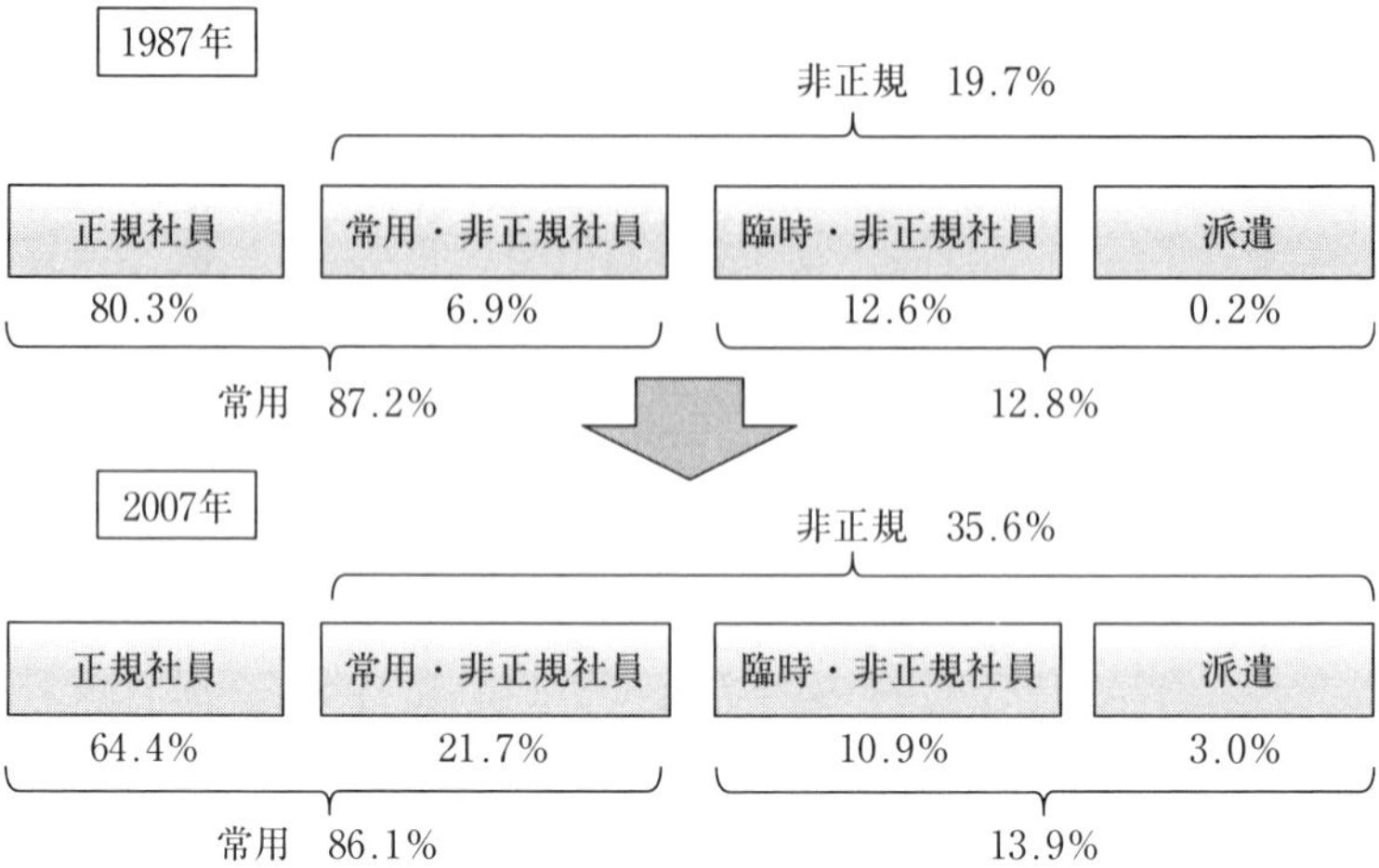


図 4-1　企業内人員構成の変化
出典：大久保幸夫『日本の雇用　本当は何が問題なのか』、講談社現代新書、2009 年、p.41

が高年齢に傾く傾向が強く、従来から指摘されているようなM字型雇用、つまり学卒で就労し、その後、結婚・出産で退職、子育てが一段落したところで再度パートなどで働きに出るという就労慣習が続いていることが指摘できる。しかも、この比率が高まっていることは、主たる家計支持者である夫の収入が減少傾向にあり、それを補うために、従来であれば家庭の主婦でいられた女性たちが非正規雇用者として就労する割合が高まっていることを示している。

男性については、高齢者の非正規雇用比率が高いが、むしろ注目すべきは一五歳から二四歳の若年層に非正規雇用者割合が高いということである。これは、新規学卒者の就労が抑え込まれた結果、いわゆるフリーターとして就労するしか方途がなかったことを示唆している。同じことはまた、女性の就労についても、若年者の非正規雇用比率が急上昇していることにも示されている。雇用構造の転換は、若年者の非正規雇用者化として立ち現れており、若年者に犠牲を強いることとなっていると考えられる。

このような雇用構造の正規雇用から非正規雇用への転換は、またいわゆる「派遣切り」などによる失業者の急増と表裏一体となっている。二〇〇〇年代半ば以降減少傾向にあった失業率が二〇〇九年には突如五・七パーセントへと跳ね上がっているが、事実、二〇〇八年に男性五九万人、女性八五万人であった派遣社員が〇九年には男性三八万人、女性七八万人と、合わせて二八万人もの減少を示しているのである。

雇用構造は非正規化へと大きく転換しているといえる。しかし、この構造をさらに「常用」と「臨時」とに分けてみると、かなり異なった構造が見えてくる。つまり、常用雇用者の中に「正規社員」と「非正規社員」の二つの層ができあがっており、常用雇用者と臨時雇用者の比率は、一九八七年が八七・二パーセントと一二・八パーセント、二〇〇七年でも八六・一パーセントと一三・九パーセントとなり、大きな変化は見られないのである（図4-1参照）。この意味では、企業内の人員構成は、雇用形態によって正規雇用・非正規雇用の二層構造ではなく、正規社員・常用非正規社員・臨時非正規社員（派遣含む）という三層構造へと組み換えられているといった方がより正確に事態を把握しているものと思われる。

このような企業内の人員構成の変容については、「非正規化は進んだが、常用雇用が減ったわけではない」「景気が悪くなったらいつでも切れる人が三分の一いるという調整弁をつくりつつ、働く現場を安定させるために常用雇用比率は落とさない」[4]と評価する向きもある。しかし、この構造が、成果主義の採用、さらに企業経営が株主利益の偏重へとシフトすることで、雇用構造の転換は、「解雇の津波」と呼ばれるような社会状況を生み出していくことにつながっていることに注意する必要があろう。[5]

## （三）職能給・成果主義の導入

長引く不況の中で、企業が採用した人件費抑制策は、既述の「人件費の変動費化」に加えて、いわゆる年功序列・終身雇用を中心とした職能資格制度からの脱却と成果主義の導入であった。職能資格制度は、職務遂行能力の向上に応じて職階が上がり、それにともなって報酬が上がるという仕組みである。それは、企業内における長期的視点にもとづく人材育成の基盤であり、年功序列賃金制度の基礎でもある考え方であった。それはまた、日本型の雇用が労働者の職務遂行に関する契約ではなく、ある企業への帰属を示すメンバーシップ的な性格を持っていたことと関係がある。職務の遂行能力、つまりその職務を行うことのできる労働力に対して賃金が支払われるのではなく、企業に帰属して幅広い業務をカバーし、企業に貢献することを求める意味で賃金が支払われる仕組みになっていたのである。しかし、この制度は構造的に人件費が膨らんでいくという性格を持ったものでもあった。つまり、ある種の「熟練」イメージを持つ職能資格制度では、長期不況の中で新規雇用を控えて人件費支出を抑えようとしても、すでに雇用されている中堅社員の年齢が上がるにつれて人件費も膨らまざるを得ず、人件費の抑制のためには、すでに雇用されている従業員の賃金を抑制する必要がでてきたのである。

そのために採用されたのが職能給や成果主義であるといってよい。職能給とは担当している職務ごとに決められた給与を支給する制度であり、職務を変わらなければ年齢が上昇しても給与は変化しないため、とくに管理職層を中心に導入された。また、成果主義とは仕事の成果つまり業績に応じて賃金やボーナスが決定される仕組みであり、全社員の給与の抑制を目的として導入されたものだといってよい。二〇〇五年現在で、従業員一〇〇〇人以上の企業の七二・四パーセント、三〇〇人から九九九人の企業の六一・〇パーセント、一〇〇人から二九九人の企業の四六・一パーセント、三〇人から九九人の企業の二五・六パーセントが成果主義を導入している。全企業の平均は三三・四パーセントである。(6)

成果主義導入についての評価はどうであろうか。日本能率協会の調査（二〇〇四年）によれば、成果主義を導入している大企業のコアビジネス部門トップの回答は次の通りだったという。「ビジネス競争力・業務効率の向上に役立っている」四五・八パーセント、「社員個人の能力向上につながる」四一・六パーセント、「社員の意欲向上につながる」四八・六パーセント、「組織力・チーム力の向上につながる」三二・四パーセントである。また、中部産業・労働政策研究会の調査によれば、成果主義を導入した企業と導入していない企業のホワイトカラー従業員の三年間の労働意欲の変化については、以下のような結果となった。「労働意欲が向上した」「変わらない」「低下した」それぞれについて、成果主義を導入した企業のホワイトカラー従業員の回答は四一・〇パーセント、三二・〇パーセント、二七・〇パーセントであったのに対して、成果主義未導入の企業のそれは四〇・〇パーセント、三四・〇パーセント、二六・〇パーセントであった[7]。

賃金抑制の効果については管見の限りではデータがないのが残念だが、成果主義については、使用者側・被雇用者側どちらもが、企業の業務遂行にとっては敢えて導入しなくても済んだ制度として受け止めているであろうことがうかがえる。しかし、この制度が人件費の変動費化への動きと結びつくことで、大きな問題を職場にもたらすことになった。

## (四)「働くこと」の誇りの剥奪

従来の日本型雇用慣行の核心は、「仕事の内容で報いるシステム」であったといわれる。つまり、「給料で報いるシステムではなく、……仕事の内容がそのまま動機づけにつながって機能してきたのであり、……日本企業の賃金制度は、動機づけのためというよりは、生活費を保障する視点からの賃金カーブが設計されてきた[8]」というのである。そのため、成果主義の導入は、職務の遂行と達成された満足の間に「金銭的報酬」という外的動機づけを介在させるものとなり、しかもそれが生活保障と密接にかかわる賃金カーブを否定するものとして作用することで、従業員のモラルハザードを引き起こすことへとつながっていく。

つまり、本来「職務のパフォーマンスが目的達成の手段であるばかりでなく、目的そのもの」であり、「個人は外的報酬とは無関係に、高いパフォーマンスからは満足を引き出し、低いパフォーマンスからは不満足を引き出す」のであるが、成果主義は「もともと職務遂行と職務満足とはくっ付いている」ものを引き剥がして、「金のために仕事をするようになってしまう」事態をもたらすのである[9]。その結果、評価によって金銭的報酬が低下したり、与えられなくなると、職務満足も得られなくなり、さらに次の職務も遂行されなくなってしまうことへとつながり、それがさらに雇用形態へと反映されることで、非正規化へと結びつき、生活の不安定化をもたらすことになる。その意味では、雇用構造の非正規化と成果主義の導入は、職場における働く喜びと生活の安定を否定するものとして従業員には受け止められるものであるといってよいであろう。「個人と企業の家族的な関係性は損なわれ、『成果を上げぬものは去れ』という声が聞こえてきてしまうのである。……個人が企業に対して信頼感を持ちきれないでいるということや、正規社員ですら雇用に不安を感じている[10]」状況が生み出されるのである。

その結果、従業員は自分の仕事に誇りを失い、社会に対して、また顧客に対して責任のあるきちんとした仕事をするのではなく、「しわ寄せは『お客様』に」といわんばかりの状況が生まれていく。[11]さらに、企業内の管理職も成果主義の導入によって、いわばプレイングマネジャーとして位置づけられており、同じチームのメンバーであってもライバル同士であり、個人業績をも追いかけつつ、部下の管理を進めなければならない。その結果、管理はするが、教えあったり助けあったりして部署として業績を伸ばすという風土が失われ、職場が殺伐とした人間関係に覆い尽くされることとなった企業も少なくない。それがまた、うつ病などの精神疾患が社会問題化するような状況をつくりだしてしまったのである。[12]

しかも、既述のように、企業は長期不況の下にあって、従業員のリストラその他による減量経営を進める一方で、新規雇用を手控えてきた。そのため、従業員の年齢構成が中高年者中心のアンバランスなものとなるに従って、企業は賃金抑制のための成果主義導入と雇用の非正規化を進めざるを得なくなるという悪循環をつくりだしている。その結果、熟練の中高年者のリストラ、職場での協力関係の解体、若年者の減少と相俟って、従来のような企業内部における長期的視野にもとづく人材の育成がなされなくなり、企業文化どころか技能や経験の伝承が途絶えてしまうことにもなった。

さらに、このような雇用構造を基本とした企業経営のあり方の大きな変容を招いたものの背後には、株主の変質が存在していることも指摘されるべきであろう。従来のように、従業員の生活を保障しつつ、社会のニーズに応えることで利益を出し、その結果株価が上昇し、また配当が得られることを企業に期待する投資家としての株主ではなく、株価の急激な上昇を求める投機家としての株主へと変質してしまっているのである。いわば、企業の長期にわたる存続と社会的ニーズへの対応を重視するのではなく、短期業績を重視し、株価の短期的な上昇を求める株主、つまり投機対象としての株の売買が目的化する株主へと変質していったのである。その結果、企業経営は利益の拡大と配当金の増加などによる株式価値の向上を求めるようになり、賃金への支払いが減少することになる。

企業の当期純利益率と労働分配率の推移を見ると、非正規雇用者の増加、リストラの進行（中高年層従業員の整理、低利用資産の整理）、企業の買収・合併等による企業価値の向上などが進み、企業の利益率が急回復し、その結果、労働分配率が急激に低下していることが示される。また、配当金シェアの上昇に見られるように、株式価値の上昇を目指した資金循環を目指す経営へと企業のあり方が変化していることも見て取ることができる。すでに、企業の業績の回復や成長は、雇用さらには従業員への利益還元とは結びついていないことは明らかであろう。

そして、このような株主の変質と企業経営者の株主重視の動きは、従業員に「本当に自分を大事にしてくれるのかわからない」という企業への不信感を増大させることにもなっている。それがまた、職場の劣化に拍車をかけることになっているといってよいのではないだろうか。

## （五）「働くこと」を問う社会へ

日本社会における雇用不安の背景には、「雇用劣化」とでも呼ぶべき状況が存在しているのである。そこには、日本型雇用と呼ばれてきた雇用制度および慣行の熔解と解体がある。しかし、一般にいわれるように、終身雇用と年功序列を基本とする日本型雇用制度・慣行が崩れることによって、雇用不安が社会を覆うようになったと考えることは、物事を単純化しすぎているきらいがある。なぜなら、従来の産業社会において有効に機能してきたはずの日本型雇用制度・慣行が機能不全に陥ったことの背景には、社会経済の構造的な転換が存在しており、さらに、この社会において就労し、賃金を得て、生活を維持しようとする人々の労働と消費にかかわる存在のあり方が流動化し、個別化していることが深く関係していると思われるからである。日本の経済構造が近代産業社会のそれから高度消費社会のそれへと移行する過程で、それに付随する人々の人格と思惟の構造が、人として、また国民としての共通性つまり普遍的な人間という観念を基礎に個別性を語る構造を持つものから、普遍的な人間であることを否定し、個別性を前提に差異を価値化する構造を持つものへと自ら変容して、社会の流動化を招いているのであり、この社会構造的な変動が雇用構造を変容させ、人々を不安に陥れているという一面を否定できないのである。

そうであれば、人々の雇用不安の背景には、雇用構造の変容とともに、それをもたらした社会の構造的な変動があり、人々が変動に対応する新たな働き方を得、流動化する社会における生活を確保するための社会制度の構築がなく、かつ企業における労働の新しい形が示されず、人々自身の新たな生活のあり方に関する認識が形成されていないがために、どのように人生を設計し、どのように生きていったらよいのかわからなくなっている、こういう人々の意識のありようが存在していると見た方が妥当であるように思われる。それはまた、「経済環境の悪化。企業への不信感。正規社員中心の制度の制度疲労。知識不足。そして、孤立」という要因が複雑に絡まり合ってできたものだということもできるであろう[13]。

それゆえに、雇用不安とは、単に雇用機会が保障されさえすれば、それでおさまるようなものではない。人々がこの社会で生活することにおいて、その存在に深くかかわるより本源的な価値と、それは相互に関係があるといえる。そしてここにこそ、人々の意識への働きかけと深くかかわる教育や学習の重要性が改めてとらえられる必要がある。教育や学習は、単に人々に雇用機会を得るための実用的な知識や技能を身につけさせるだけでなく、人々が自分の人生を設計し選択していくための、自分の存在にかかわる、より本質的な生活上の価値観をつくりだすためにこそ、必要なものなのである。

雇用劣化社会の問題は、ひとり雇用が劣化するということだけではなく、社会全体の構造と密接に結びついている。この意味では、雇用の問題を考えることは、単に雇用を増やすことのみを考えるのではなく、より広く人が存在することに対する「働くこと」の意味を深く問うことが求められる。

## 二、「働くこと」を問い返す

### （一）ニート・フリーターをめぐる諸論調

雇用劣化社会において人々が自らの人生を、納得のいく形で十全に生きていくためには、どのような手立てが必要なのであろうか。とくに、雇用が劣化することと、人々がその生存の意味を見いだすことが困難となり、この社会に生きる苦しみを感じることとが密接な関係を結んでいる昨今の社会状況において、人々が自らの人生の主人公として生きていくために、どのような支援を行う必要があるのだろうか。この問いに対しては、単に就労のためのスキル訓練や職業教育を施すだけでは極めて不十分だといわざるを得ない。むしろ、このような雇用劣化社会に生きることの意味を問い返しながら、人々が社会の中で自らの人生を意志を持って生き抜くための支援が必要なのだと思われる。しかし、現実にはそのような支援は十分になされてはいない。キャリア教育という名による職業訓練、エンプロイアビリティの向上、スキルアップなどの指導がなされているにすぎず、また社会的にそのような就労支援の必要性が説かれているにすぎないのである。

このことはたとえば、雇用構造の転換によって大量に生み出されているニートやフリーターという若年者の就労支援にかかわる論調に見ることができる。ニートやフリーターに関する論調は、概ね以下のように整理することができる。

第一に、ニートやフリーターという「働こうとしない若者」の量的な急増が取り上げられ、そのもたらす社会的な危機、とくに税収の悪化、社会保障制度への影響、最近では少子化の原因の一つ（未婚者急増・晩婚化傾向の進行）などから、その存在を疑問視する議論がある。この論理では、その要因として、若者の甘えや家族への依存などが問題視される。その典型的な例として、池田佳隆・日本青年会議所会頭（当時）の次のような発言がある。「ニートとは就職活動もしない、また就職してから生かせる勉強もしないという無気力、無関心状態に陥ってしまった若者のことの総称で、生きる気力もないのに親が毎日御飯を出している。そういうことを社会問題にして認め出している風潮自体が、ニートを増長させている」[14]。

原因を個人の問題に求めようとするこのような論調は、不況下における若年労働者の失業問題へと飛び火し、キャリアを「人間力」の問題としてとらえ、子どもたちに早くから職業経験を積ませ、職業意識を形成して、就労に誘導しようとする議論へとつながっている。論者は、青年の失業や非正規就労の問題を、社会が生み出した構造的なものであるとは認めようとしない。「人間力」が導くのは、ニートやフリーターは人間として劣っているから正規の職に就けないし、就くことを忌避しているのだという、責任を個人の人格にかかわるものへと還元するイメージである。

キャリアとは本来、単に就労し、職業生活を送るということのみに意味があるのではない。それは、働くことをとおして得られる、その人の社会的存在のあり方そのものであるといってよい。たとえば、アメリカのキャリア教育の父と呼ばれるK・B・ホイトは次のように語っている。キャリア教育においては「ライフスタイル全体における『働くこと』の意味を人間的に理解することが必要である。……人間はその人の行為を通して他者に理解される。人間はその人の『働き』を通して自分は何者かを他者に示すのである」[15]。

ニートやフリーター問題の責任を個人に押しつけようとする人々は、若者たちを労働力としてのみとらえて、彼らを「職業」へと導くために、本来評価できるはずもない人格を職業能力という観点からのみ評価しようとする。それは、雇用に適切な能力・雇用されやすさを使用者側から査定し、それをその人の存在そのものだとして指定して、「ほら、君は人間として劣っているから、就労できないのも仕方ないね」と彼らを排除することでしかない。

第二に、平成大不況の下、大企業を中心として設備投資と人員削減が進められる中で、若年者の就業パターンが崩れ、就職しようにもできない若者が急増して、それが彼らの就職への意欲ややる気を奪っているという議論がある。これは、玄田有史や小杉礼子らを中心にして、イギリスのNEETを日本版ニートとして翻訳導入した論者に共通する論理である。そこでは、たとえば、大企業は業績の悪化にともないリストラを進めたが、それでもすでに就業している中高年者を大量に解雇することはなく、むしろ若年者の新規採用を控えることで雇用調整をしてきた結果、若年者のやる気や職業展望を奪ってしまい、ニートやフリーターへと転落させていると説かれる。ある種の世代間対立を指摘する議論であるといってよい。ニートやフリーターは自分の職業生活において「生きづらさ」を抱え込まされた存在である。だからこそ、彼らに職業展望を持たせ、やる気を出させることが必要だとされ、若者に対する個別の支援を求める論理が導かれている。(16)

これに対して、第三に、自ら就職からおりてしまうニートではなくて、失業者としてとらえられるべきニートが急増している点を指摘し、ニートは社会構造的に生み出された存在であるからこそ、社会的に解決されるべきであることを強調する論理がある。たとえば、本田由紀は、就労支援を必要としている若者には大きく二つの層がある、一つは端的に就労機会を失っている層であり、二つは社会構造的に働く意欲がわかなくなってしまっている層だという。このどちらもが、労働市場の設計という問題と深くかかわっている。その上で、彼女は、社会的な不利益層である若者に対して、「学校経由の就職」が機能しなくなる一方で、「教育の職業的意義」が希薄なままである状態を指摘し、就労に関して若者への社会的・教育制度的な支援がなされていないことを問題視する。また本田は、ニートやフリーターという言説を社会的に広め、その原因を個人の態度の問題へと還元することで、若年者の失業や不安定就労を生み出し、働く意欲をそいでいることの社会的な責任は回避しつつ、彼らをお前が悪いのだとして社会から排除する一方で、「でも就労したいでしょ、だったら努力しなけりゃね」と、社会につなぎ止めておく言説構造が社会的に構築されていることを厳しく批判している。(17)彼女はさらに、キャリア形成の過程でこのような社会構造が、個人固有の人格をまさぐり、いじることへとつながっていること、つまり働くことを通して社会的存在へと成長するのではなく、企業に気に入られて、雇用されやすい自分となることを若者に強いていることをも指摘している。(18)

第四に、前述の三つの論点を押さえつつ、若者がニートやフリーターに転じていく姿を、「やりたいことの呪縛」と居場所論からとらえようとする乾彰夫らの調査研究がある。(19)乾らは実際に、都立高校卒業者への追跡研究をとおして、彼らが懸命に生き、職業生活を維持しようとしながらも、その思いに反して、社会的な不利益層へと転じていかざるを得ない姿を描き出している。その背景として、乾らがとらえたのが、格差社会の形成と「やりたいことの呪縛」、そして彼らの生活を支え、職業生活を生きぬくために必要なおとなや仲間との間で形成されるべき豊かで多様なネットワークの欠如、すなわち孤立化である。乾らのこの研究は、若者たちを社会的に排除する一方で、低賃金労働力として使用し、その上で彼らにその境遇を自己責任だとして受け入れさせようとする社会構造が存在しているが、しかし、そのような社会構造をうまく利用することを助言し、指導できる第三者の存在があることで、彼らは学歴を問わず、職業生活を自己実現へと結びつけていき得ることをも明らかにしている。

## (二)「人と比べてマシな自分を見つけようと死にもの狂い」の若者たち

第一のものは論外としても、第二から第四までのニートとフリーターに関する議論は確かに重要な指摘を行っており、傾聴に値するものであるといえる。しかし反面、それがニートやフリーターを社会問題として扱い、彼らに対する就労のための支援を進めることをよしとする立場、つまり正規雇用されることをよきことであるとする立場から、それを実現するための職業教育や職業訓練を説く傾向を持っている点に、筆者はある種の違和感を持たざるを得ない。社会はすでに、雇用構造を転換させ、非正規雇用を常態化する段階にまで変化している。この状況の下で、正規雇用をよしとする立場からニートやフリーターへの就労支援を行うことは、ある意味で、正規雇用に就けない彼らに、正規雇用を是とする立場から就労への強迫的な観念をもたらしつつ、非正規就労を悪しきものとして価値づけする危険を持っているとはいえないだろうか。ここではむしろ、非正規就労という働き方を肯定しつつ、彼らが「働くこと」の社会的な意味とそれがもたらす彼ら自身の存在に対する意味を深く問いながら、人がこの社会で働いて、生きていくとはどういうことであるのかが探究される必要がある。

そのことの必要を端的に示している学生たちの感想文がある。筆者が授業を担当したある大学の学生たちは、この社会に生きることを次のように語っている。

次の春に大学を卒業する予定だが、卒業後に就職するのが面倒くさくなって内定を辞退し、アルバイトで小遣いを稼ぐようになったら、私もフリーターだ。アルバイトも面倒くさくなって、しばらく親に甘えてしまおうと思ったら、私もニートだ。国公立大学を卒業したからといっても、国公立大学入学が就職のためではなかった私にとって、フリーターやニートという立場は、とても身近な気軽さで私を誘惑する。たまたま私の家が娘をニートにさせるような余裕がなかったから私は来春就職するが、いざとなればフリーターやニートでもまぁある程度は生きていけるんだろうな、という甘さが私の中には確かにある。こんな甘い人間にも生きる手段が残されているのが、今の日本社会なのではないかと思っている。そして、本当の飢えを知らないからこそ、こうした甘さで遊んでいられるんだろうな、とも思う。

しかも、このある意味で脳天気な就労観は、次のような不安感と表裏一体のものなのである。

「自己責任」という言葉も最近よく耳にする。いつの間にか何が起きても、自分で責任を負わなければならないという社会の空気を感じている。まわりの人や社会は助けてくれない、という何かピリピリした空気が流れているようだ。それを一番感じているのは、私たち若者かも知れない。失敗したら、責任を負わないといけない、失敗したくない、一度失敗したらやり直しがきかないと思いこんでいる。

格差社会がどんどん広がり、世間は人を勝ち組、負け組という分け方をはじめた。若者は、自分たちなりにそれを解釈し、将来に不安を覚えているのだ。このままだと、自分はどうなってしまうのか、どうしなければならないのか、よくわからない。だけど何とかしないと自分も負け組になってしまう。だから、自分より下の人を見つけ「こいつよりマシだ」とか「自分の方が上だ」という優越感で自分をなぐさめている。

問題は、「本当の自分」や「個性ある私」といった一種のまやかしのようなものが広まってきていることにあると思う。個性的であれという脅しを、私たちは、子どもの時から受けてきた。でも、個性的であることがどんなことなのかわからなかった。それでも、個性的でないと、負け組になるという焦りはある。だから、人と比べてマシな自分を見つけようと死にもの狂いなのだ。

## (三)「みんな」の解体と「地元つながり」に生きる若者

一九八〇年代後半以降、この社会では、〈私さがし〉つまり自分自身に投資し、自分を他人と差異化して商品化し、消費するゼロサムゲームの時代が到来した。その一方で、平成大不況によるリストラ、そして合理化によって企業の内部留保が高まり、それが生産設備への投資へと回されることでさらに人員削減が進められるとともに生産性の向上が図られるという循環がつくられ、雇用なき経済の回復・発展のレールが敷かれつつある。その結果、人々はさらに労働から遠ざけられることとなる。皆が同じように就労してコツコツ働くことで、皆が一緒に豊かになり、それが自分の生活の豊かさに結びついていると思える社会は過ぎ去り、働き方が多様化、個別化され、「みんな」であった人々は分断され、孤立化して、自分自身を価値化することを強いられるようになる。労働から遠ざけられながら、就労のための自己の価値化への強迫的な観念を煽られる社会がつくられてしまったといってよいであろう。

こうした社会状況が、若者にニートやフリーターを選択することを強いるだけでなく、若者たち自身と社会に生きる私たち一人ひとりにニートやフリーターに共鳴する心性を共有させてはいないだろうか。そうだとすると、ニートやフリーターだけを問題視して、彼らへの支援を主張していては、本当の問題は解決できない。彼らを含めた私たちの存在のあり方が問われる必要がある。

このような若者たちの状況に対して、次のような研究報告は、私たちにある種の希望を抱かせるものである。怠けているわけではなく、懸命に生きようとし、就労への強い志望を持っていながら、就労機会から脱落したり、就労先を退職したりして、フリーターやニートになった若者たちが、「地元つながり」とでも呼べるネットワークの中で、まったりと生きようとしているかのように見えるというのである。フリーターになった若者たちにとって「より重要なのは、……親の職業、経済力によって職業的な展望が異なる者たちの間で、場所、時間、金銭を共有することによって成り立つ文化―『地元つながり文化』―が形成されていたことである」。「大事なことは、彼らが地元つながり文化を形成することで、親の経済力とは独立して、『地元』で生活していくという将来展望を共有していることである」[20]。

このような一部の若者の動きは、前述の乾たちの調査研究でも明らかにされている。「小集団がどこかでつながっており、それが数珠つなぎのように『地元』でネットワークを形成している」。「フリーターになってからは、当初もっていた目標にこだわるわけではなく、むしろ『いま』の地元で友人とすごす時間に重点が置かれており、その日々の生活から将来を思い描くように変化が見られた」。「学校にも『会社』にも属さない彼女たちは、まさに『今』自分が属している『地元』で生きること、そしてその中で安定した生活を確保することが最も大事なことであり、それがあってはじめて『現在』とつながる『将来』を見通すことが可能となるのである」[21]。

上記の四つの議論では、ニートやフリーターがきちんと就労することこそが価値化されていたが、そうではなく、むしろ正規の就労をしないことで自分の存在を担保しようとするような、こちらの方を価値としてとらえ、ある種の癒しを受け取りつつ、安定した生活をも送ろうとしている若者がいるのである。そしてそれは、筆者がかかわっているいくつかの地域社会、とくに町内会レベルの社会でも見られる光景なのである。

## (四)　正規でも非正規でもなく―「働くこと」を改めて問う―

ここでなされなければならないのは、その人一人ひとりの人生の意味を豊かにするために、その人がどう生きるのかという、「働くこと」の持つ深い哲学的な意味を問うことである。それはまた、「働くこと」とは、ホイトがいうように、その人の人生において、組織と自分とのかかわりの中で自分の存在意義を確立する過程のことであり、自己実現に向けて、社会と自分との関係において、自己の価値を高めていく過程のことであるという視点を明確にすることでもある。「働くこと」とは、その人個人の成長や成熟にかかわる価値志向的な社会的な営みなのである。

それゆえに、ホイトは、「働くこと」を問うキャリア教育を社会運動であるとして、次のように定義している。「働くことを重んずる社会（work-oriented society）における諸価値に精通し得るよう個人を支援し、それらの価値を自らの価値観に組み入れ、働くことが誰にとっても可能となり、意義を持ち、満足できるような生活を送れるよう支援する、公教育および社会全体の運動[22]」である。そして、そうであれば、「働くこと」は単なる生活の糧を得るための就労とは異なることになる。ホイトは続ける。少々長くなるが、引用する[23]。

私が用いた「働くこと（work）」を正しく理解していただくためには、次のような関連概念の理解が必要である。／一．キャリア教育は、教育関係者のみによってなされるものではなく、社会全体の運動である。／二．働くことを重んずる社会においては、有給にせよ、無給にせよ、すべての人々が働きたいと願っている。／三．自分のなにがしかの行動は自分だけのために行っているのではなく、他の誰かから望まれてもいるという事実を知り、行動に移し、それを達成したいと願う人間の欲求を示す事例が「働くこと」であり、キャリア教育はこの理解を前提とするものである。／四．私たちは、有給・無給の別を問わず、生涯にわたる「働くこと」を通して、自分自身に対しても、他者に対しても、自分を最もよく表現することができる。／五．「働くこと」をめぐる価値観については、人はそれぞれの個人的価値観に最もふさわしいものとして選択して内面化する。／六．「働くこと」が可能な状態となるには、それをめぐる選択に必要なキャリア・スキルの獲得がなされていなくてはならない。／七．「働くこと」に意義を持たせるためには、自分自身の「働き」が、自分自身に対しても社会全体に対しても利益をもたらしているという重要な事実について理解する必要がある。／八．「働くこと」から満足を得るためには、働いた結果として得られる感覚を心地よいと感じる必要がある。

「働くこと」が社会的な関係の中に位置づけられ、それがその人個人の社会的な意義と存在価値につながるというかかわりの中でとらえられていることは明白であろう。そして、そのような社会的な関係の中で、人々が自己の存在意義をとらえることができるがゆえに、その社会は、働くことを人々が尊重する社会であり、その社会では、人々が働くということは、単に自分のためだけにカネを儲けるという行為ではなく、自分のためつまり自分の社会的な存在意義を獲得するために行うことが社会のためにもなるというある種の相互性の過程において、自己を実現しつつ社会をよりよく形成していく、その過程にかかわっている自分を感じ取ることができるということであるといえる。だからこそ、人々は金銭的な報酬の有無にかかわらず、働きたいと願う、そういう社会が実現するというのである。

## 三、「働くこと」を支援する―「中高年者のための人生・キャリア再設計セミナー」の試み―

### (一)　社会で「働くこと」を問い返す

雇用が劣化し、「働くこと」が従来のように自明のことではなくなった二〇〇〇年代、とくに「働くこと」における人々の存在意義が問われ始め、多くの若年者と中高年者が、自分がこの社会に存在し、働き、生きていくことの意味をとらえあぐねている。雇用劣化社会とは、従来であれば自明であったはずの、または問う必要のなかったはずの自分がこの社会に存在していることの意味や意義が、目の前の雇用と生活が不安定化することで、改めて問い返されざるを得ず、しかも人々が一人ひとり孤立した状態では、それを問うことすらできず、不安ばかりが昂進していく社会のことである。そのため、人々は社会の風評に煽られ、またマスコミの喧伝に乗せられて、闇雲に雇用されやすさとしての能力、つまりいわゆる職業スキルの訓練を受け、エンプロイアビリティを高めることに懸命になるが、それはまた、企業に使われ、捨てられるだけの技能や技術を持った労働力としての自分をつくりだしているに過ぎないという面がある。雇用不安は解消されず、不安に強迫される形で、新たな職業スキルを身につけ続ける、不安定な使い捨ての労働力へと自分を形成することができるのみなのである。

いま問われているのは、職業スキルの訓練も重要だが、それ以上にこの社会に生きることの意味をとらえる力、この社会を少し高いところから俯瞰しつつ、自分の立ち位置を確認し、自分がこの社会に生きて、働くことを意識し、自分を自ら価値づけすることのできる力を養うことなのではないか。それはまた、他者との間で就労の機会を奪い合うような孤独な競争をし続けることではなく、他者との間でお互いにその存在を認め合いながら、自分がこの社会で他者に支えられ、他者を支えて生きており、その他者との相互承認と相互支援の関係の中で自分の生活を営むことが、この社会で「働くこと」であるという実感を得る手がかりをつかむことなのではないだろうか。そして、自分の存在意義を探しあぐねている人々に対して、このような手がかりをつかむ支援を行うことこそが、知的なコミュニティとしての大学の役割なのではないか。

このような観点から、筆者が勤務していた大学で二〇〇四〜〇五年度に「中高年者のための人生・キャリア再設計セミナー」を実施したことがある。このセミナーにおいては、これまで述べてきたような社会の変化とその背景が受講者に伝えられ、受講者は自ら生きるこの社会を俯瞰する視点を獲得しながら、自分が生きることを、受講者仲間と一緒にとらえ返し、新しい人生へのきっかけをつかんでいった。以下、この試みの一端を紹介する。

## (二) プログラムの概要

このセミナーは、雇用劣化社会の中で、人生の意味を探しあぐねている中高年者を対象としたもので、実施の趣旨は次のように説明されている。「このセミナーは、大学の研究科として、近年注目されている中高年者の失業問題や『二〇〇七年問題』(『団塊の世代』の一斉退職)に役割を果たす必要があるのではないか、また、一般学生・若者の教育だけでなく、成人や中高年者の教育にも関心を向ける必要があるのではないかという問題意識から開催されたもので、人材会社やハローワークが行っている『就職のお世話』的再就職の技術教育ではなく、中高年者が就職やキャリア・人生の再設計を行うにあたって、じっくりと世の中と自分自身を理論的、客観的に捉える手助けをし、参加者が次の行動を起こすところまで支援することを目的としています[24]」。

この目的を達成するために、カリキュラムには次の内容が組み込まれた。つまり、就職のためのスキルを伝達することよりも、①自分が生きている社会の状況を理解するための目を養い、②自分を内省的にとらえ返して、どのような生き方をしたいと願っているのかを意識化させるとともに、③心と身体の健康を自ら管理するための視点と技法を伝え、

表 4-1 「中高年者のための人生・キャリア再設計セミナー」カリキュラム

実施期間：2005年2月3日～2月9日

**1．中高年者のこころとからだ**

第1講義　中高年のメンタルヘルス：不眠とうつ病について

（内容）日本人の4人から5人に1人は「不眠」に悩んでいる。年齢を経るにつれて睡眠は浅くなり、中高年者にとって「不眠」は身近な問題である。「不眠」に対処するためには睡眠をよく理解すること、誤解による不眠恐怖症に陥らないことが重要。「不眠」と切り離せない問題に「うつ病」がある。「うつ病」の一番の問題は自殺で、日本の自殺者の80%が「うつ病」傾向を示している。「不眠」と「うつ病」とを適切にとらえ、早期に対処する必要がある。

第2講義　若々しく生きるための体力管理

（内容）中高年者の健康維持のために日常の運動が必要であることは科学的に証明されている。しかし、どのような運動がどのような強度で必要なのかは個人によって異なる。体力レベルが低い人ほど軽い運動で体力の改善が見込まれる。体力レベルに影響があるのは、年齢・遺伝的素因・過去の運動経験・現在の健康状態・ライフスタイルである。このうち、自分の意思で変えることができるのはライフスタイルだけ。体力の維持・改善のためには、柔軟性を高める運動・代謝を盛んにする運動・筋力を強化する運動・巧みな身のこなしを鍛える運動が必要。若々しく生きるためには生きがいを持つことが求められる。

**2．中高年者の生き方とキャリア開発**

第3講義　中高年者の生き方

（内容）次の4つのテーマから構成。(1) 近代末期という社会、(2) おとなも子どもも生きづらい、(3) 交換可能な「私」／私は私である必要はない、(4) 意味よりも尊厳と生きがいを。「均質で平等な人間観」を基本とする近代社会は、競争と分業という制度を導入し、人々を取り替え可能な労働力として活用することで大量生産と大量消費を実現し、物質的な豊かさを実現した。物質的に豊かになった社会では、人々は生きる意味に飢えるようになる。私を私として立ち上げるためには、他者が存在していなければならず、他者との間に生きることが社会に生きること。この感覚と視点をつかむことが私の存在意義を確信することになる。

第4講義　中高年者の労働事情とキャリア開発の取り組み

（内容）次の4つのテーマから構成。(1) 中高年者の雇用市場、(2) 中高年者のキャリア形成の仕組み、(3) キャリア形成支援策、(4) 中高年キャリア形成の考え方。日本型雇用慣行が崩れたのは、1990年代から。とくに日経連が1995年に『新時代の「日本的経営」』で人材育成を「長期蓄積能力活用型」「高度専門能力活用型」「雇用柔軟型」に分けてから非正規雇用が急増した。中高年者のキャリア形成は、キャリアを業務とは異なった意味合いへとずらしながら、天職や天賦の才を追求することにつながる。

**3．再出発の経験と心構え**

第5講義　目標実現への心構え

（内容）次の4つのテーマから構成。(1) まず気持ちの切り替えから、(2) 自分自身の棚卸し、(3) 履歴書と業務経歴書、(4) 仕事の探し方。自分を内省し、かつ客観的にとらえる訓練を行う。その過程で、自分が何にとらわれ、何から抜け出せないでいたのか、概念くだきと呪縛からの解放を進める。

第6講義　再出発経験者の生き方体験談

（内容）多くの困難や障害を乗り越えて、変化の波に果敢に挑戦してきた再就職者4名の体験談を、人生の岐路にあたって「何を考え、何に気づいてきたのか」を中心に語っていただく。

**4．人生再設計（キャリア開発）の進め方**

第7・8講義（実習）目標の設定・実行計画の立案

（内容）受講者とともに「振り返りシート」「キャリア目標設定シート」「実行計画シート」を使用して、今後の人生を設計する。

さらに、④次の人生に一歩足を踏み出すために参考となる事例の紹介とそのための支援ネットワークの形成を行い、そして⑤受講者仲間とともに実際に自分の人生を思い描いてみる実習を進めるということである。具体的なカリキュラムは表4-1に示されるとおりである。

### (三) 受講者の動機

このセミナーの定員は五〇名であったが、とくに六〇歳以上の受講者が全体の三分の一を占めた。また、うつ病経験者や現在うつ病と診断されている人もかなりの数に上った。受講動機は、「定年後の過ごし方のヒントを得たい」「人生の見直し・自分探しと生きがいを考えたい」「人生の指針・方向性を見いだす機会にしたい」などがそれぞれ一〇名ずつなど、昨今の雇用不安の実情を示すような内容が並んだ。それをもう少し詳しく見てみると、次のような動機が語られている。

＊自分は父の地盤を引き継いで、自営業を二〇年やってきましたが、人生の半ばを過ぎ、自分の力を試したい、自分の夢実現のために思い切って仕事を辞め、新しい道に足を一歩踏み入れました。しかし、まだ、心の片隅で、モヤモヤ・不安などがあり、新しい世界を立ち止まったり、座り込んだりして、元気よく進んでいないと思います。このセミナーに参加して、もう一度、自分のこれからの人生の再設計ができればと思い、応募しました。(四〇代男性)

＊私は、営業系の企画、事務職を二五年務めましたが、社の配属方針と地元で両親の世話を続けたいという希望が合わず、昨年早期退職しました。正社員の就職先が見つからず、現在、嘱託社員として勤めています。正社員であればそのままずるずると無難に勤めていくのでしょうが、期間がある事は軌道修正もできるのだと考えました。今後一五年スパンでの自分が何をしたいのかまだはっきりしません。この講座が、きっかけになればと思います。(五〇代女性)

＊一貫したキャリアがなく、自分はこういう職業である、という自覚がない。等級もあがらず、会社からも職場からも必要とされていないため今の会社にいるのが苦痛になってきた。三五歳という転職のリミットを迎え今後どうしていけばよいかわからなくなった。(三〇代男性)

＊現在求職中ですが、やりたいことが見つかりません。一年間税理士を目指し、簿記検定などの資格を取得しましたが、パソコンが使えないとダメとの理由で、会計事務所への門が閉ざされ、現在パソコン教室へ通学中です。人間関係がうまくできず、事務系の職を探しているのですが、年齢のこともあり、なかなかうまく行きません。どうしたらいいのか解決の糸口が見つかればと思っております。（三〇代男性）

＊大学では児童教育を専攻した後、小学校教員を経て、結婚退職。英語を一年勉強して、二児の男子を出産後、大学院へ三五歳ではいり、塾経営のかたわら、八年、大学院生としての生活を送りました。多くの人に育てていただき培ったキャリアを社会に貢献する方法を模索しています。子どもも学費がかかるようになりますので、収入を得、暮らしを豊かにする道を思いますが、年齢のことも考え、あれこれ悩んでいます。人生を切り開くワンステップになればと思っています。（四〇代女性）

個人の動機はそれぞれ異なるが、誰もが自分の社会的な位置づけに悩み、自分が「働くこと」の意味をとらえあぐねていたことがよくわかるのではないだろうか。

## （四）受講後の変化

このような動機を持ってセミナーに参加した受講者たちは、積極的にセミナーに参加し、その過程で自分を再発見していく動きを、筆者たちセミナー担当者に見せてくれた。それはまた、彼ら自身が、セミナーで学ぶことで自分を内省し、対象化するという行為そのものの中に、自分を他者へと移行して自分をとらえるという視点を獲得し、また他者の存在を確認することで、自分がこの社会の中で生きていることの意味を感じ取っていく作業でもあった。つまり、自分は孤立しているのではなく、多くの人々の支えの中で生きているし、自分もその人たちの支えになっているのだという関係を確認することにつながっているのである。それはまた、自分一人が孤独に存在しているのではなく、〈わたしたち〉としてこの社会に存在していることの、再発見であるといってよい。

この受講者たちの変化は、写真４‐１と写真４‐２に示される写真にもよく表れている。写真４‐１は開講直後の写真、写真4-2は第七・第八講義あたりの写真である。受講者たちの顔が上がり、自分の経験や体験を他の受講者との間で共有しようとする意思が表れていることがよくわかる。彼らは、仲間との間で自分を共有することで、仲間に支えられてここに存在している自分をとらえ、さらに仲間を支えてここにいる自分を感じ取っているのだといえる。

それゆえに、受講後の感想にも次のような言葉が綴られているのだといってよいであろう。

写真4-1　人生・キャリア再設計セミナー受講の様子1

写真4-2　人生・キャリア再設計セミナー受講の様子2

＊さまざまな境遇の方が自らの人生に対して真剣に取り組まれていることを認識して、身が引き締まる思いだった。

＊大学に通うことで、受講者の方々だけではなく、セミナーに入ってくださった院生や学生の皆さんとも知り合えて、若返った感じがした。自分がこれまで悩んでいたことが、人間関係の中でこんなにも簡単に解決してしまうものなのかとちょっと拍子抜けしたような感じだった。これまで孤独だと思い込んでいたが、そうではないことがわかって、生まれ変わったような感じがした。

＊自分と同じような体験を持っている人のお話を聞くことができて、自分一人ではないことがわかって、勇気がわいてきた。

＊企業人から定年後の一個人になる場合、いかに自分を見つめることが大切かを実感した。そのときに重要なのが、家族や友人・知人だということもいやというほどよくわかった。このセミナーに通うことで、自分が本当に何を求めていたのかがよく

わかった。それは人とつながっているということだった。思い返すと、自分が企業にいる間ずっと孤独だったように思う。それが当然だと思っていたが、その孤独の中にうつ病などの芽が生まれていたのではないか。もっと早くに自分は人とつながりあって生きているのだということを実感できればよかった。いまからでも遅くはない。新しい人生に向けて、人との関係を大事にしていきたい。

＊仕事が自分の全人格だと思い込んでいた。でもそれは間違いで、仕事は自分の人格の一部でしかないことを再認識した。なんだか気が楽になった。これからは自分を支援してくれる「信者」を増やしながら、自分や家族の関係を大事にした生活設計をしていきたいと思う。

これらの感想からは、受講者が自分の意味に苦しんでいたこと、そして、このセミナーを受講して、自分を外から眺める作業を繰り返すことで、実は自分は人間関係の中で生きてきたし、生かされてきたということを発見することで、自分の今後のあり方を考えようとしているということがわかる。他者との関係に生きてきた自分を、他者への感謝の念をもってとらえ返すことで、自分が生きてきたという事実そのものに意味を見いだし、自分を再構築しようとする動きを示しているのだといえる。それはまたこのまま、ホイトのいう「働くこと」と重なり合うものである。

自分を外から眺めつつ、人とのかかわりにおいて生きてきた自分を発見し、自分の存在意義と生きていることの意味を再構築しようとする作業＝行動は、彼らをして自分のこれまでの人生を肯定した上で、今後の人生を納得がいくように十全に生きるためには何をすべきかという課題を考えるように仕向けている。それは、単に職業に就き、カネを儲けるという意味での就労ではなく、自分という存在を社会において生かしていく、その結果、他者との間で心豊かに生きていくことのできる自分を確認し、自分の人生を自分の力で全うする満足感を得ようとする、その意味での「働くこと」へとつながっていくものであるといえる。

## 四、「働くこと」の生涯学習へ

### （一）「政治災害」としての雇用劣化

今日の日本社会に見られる雇用劣化は、経済のグローバル化とそれにともなう社会の構造的な変容によってもたらされたものであるという性格を強く持っている。しかも、グローバル化に加えて、日本社会は急速に進展する少子高齢化と人口減少という、従来の国民国家を基本単位とした産業社会の成立要件を失いつつある。つまり、廉価で勤勉かつ均質な大量の労働力の供給を基礎に、品質の安定した製品を大量に生産し、それをまた均質な国内市場とアメリカを中心とした海外市場に大量に販売することで利潤を得るという産業のあり方を維持することが極めて困難な社会へと自ら歩みを進めているのである。その過程で、日本社会では、これまでのような製造業を基本とする国民の生活保障の体系、すなわち全部雇用と企業による福利厚生を基礎とし、また直接税を基本とする税制によって、社会的な負担の少ないセーフティネット、つまり最低限の生活保護と社会保険を整備するという雇用と福祉の政策を維持することが困難となり、また経済成長にとっては無意味とでもいえる状況を呈しているのである。この過程においては、産業構造は製造業を基本とする第二次産業から金融・サービス業を基本とする第三次産業へと移行し、経済発展は低成長を記録し続けるとともに、製造業の雇用形態であった正規雇用を基本とした全部雇用を維持することが困難となり、さらに企業の福利厚生が後退することで、労働者の失業と非正規雇用化が進展することになる。大規模な生産ではなく、消費者の個別デマンドに応じて臨機応変に組み換えられる機動力を持った小規模のベンチャー企業やネットワーク企業が産業の主流となる時代に入っており、雇用も流動化しているのが現実なのである。

このような社会への移行にともなって、雇用が非正規化し、労働市場も流動化しているが、それに対応する形で、政策的なセーフティネットが構築されることはなかった。産業構造の転換が進むにつれて、直接税を基本とする税制が機能しなくなり、また経済のグローバル化の進展は国民国家内部の産業振興策と市場の保護を無意味化するため、財政出動としての福祉を拡充することは、国家財政の赤字を招くだけでなく、国内市場の拡大と経済発展にとっても無意味化していくのである。そのため、国家は福祉政策に熱意を失い、従来、企業が担っていた福利厚生は国民一人ひとりの自己責任へと転嫁されることになった。

雇用が流動化し、非正規化・失業が増える一方で、福祉政策が十分なセーフティネットを整備することはなく、各個人の生活は自己責任として片づけられる社会が到来しているのである。この意味で、昨今の労働市場に見られるような雇用劣化による人々の生活破壊は、「政治災害」であるという一面を免れ得ない[25]。

## （二）「自立した強い個人」でなければならないか

しかし反面、このような時代にあって、正規雇用を是とする立場から失業者やフリーターたちを正規雇用へと回収しようとすることも、無理があるように思われる。それは一面で、彼らを生み出した社会構造を批判し、彼らの生活保障のための職業を保障することの社会的・政治的責任を問うことに向かう。しかしその裏で、彼らが現実の労働市場において正規の職を得るために、彼らに対してエンプロイアビリティを高めること、つまり彼らを労働から排除し、彼らを失業やフリーターなど不安定な生活を余儀なくされる境遇に追いやった労働市場に適した労働力として、自らを形成することを強いないではいない。

いや、そうではないという議論は当然あり得るであろう。たとえば本田由紀は、従来、学校教育において「教育の職業的意義」がとらえられてこなかったことを指摘しつつ、現実の職業生活への〈適応〉と〈抵抗〉のためにこそ、学校教育における職業教育が必要であると説く。彼女の主張によれば、労働者が不利益な状況に置かれた場合に、連帯し、その正統な権利を行使し得るための基礎的な知識を身につけること（つまり、〈抵抗〉のための職業教育）と、職業生活を自ら全うするための専門性、しかもこの流動する社会において、自らの専門性を柔軟に組み換え、高度化していくことのできる専門性を身につけること〈つまり、〈適応〉のための職業教育、この専門性を彼女は「柔軟な専門性」と呼ぶ〉が必要で、しかもその職業イメージの一つは職業生活において自在に変容していく職人的な専門性であるとされる(26)。

筆者は基本的に、本田の観点に同意したいと思う。しかし、以下の点で不安をぬぐい去ることができない。第一に、その実効性にかかわる問題である。本田が職業的意義を体現してこなかったと批判する学校教育において、このような本田の提言する教育を速やかに行うことは可能なのであろうか。周知の通り、学校制度は、近代国民国家においては国民形成と市場統合のためのイデオロギー装置として構築されているが、そうであるがゆえに、学校制度は民衆がその欲望を達成するための道具としても機能しており、単に学習指導要領を変更すれば教育課程の組み換えが進められ、新たな教育が始められるというものではない。そこには、社会の諸勢力が制度を利用することによって生まれる慣性力が働いており、それが容易に制度の内実の組み換えを許さない構造が存在している。このことは総合的学習の例を持ち出すまでもなく、明らかなことではないであろうか。また、既述のように組み換えられている産業構造＝雇用構造において、本田が提唱するような職業教育を学校で行い得たとして、その後、職業生活の過程で自らの専門性を柔軟に組み換え続けて、より高度な職業へと向上していく労働者を育成することは可能なのであろうか。むしろ、学校卒業後の職業生活における支援体制の構築の方が、より重要性を持つことになるのではないだろうか。

そして、この実効性は第二の問題としての労働者への見方つまり人間観へと結びついていく。本田の主張する〈適応〉と〈抵抗〉のための職業教育の背後には、その職業教育を受けることで自律的に職業生活を送り、自らより有利な職業を選択し、かつその職業生活において自らの専門性を柔軟に組み換えつつ、職場においても有用視されて、流動化する雇用情勢を背景に、自らの職業生活を自らの力で切り開いていける自立した強い個人が想定されているように感じられる。確かに、そのような個人を育成することができるのであれば、それはそれで望ましいことだと思われる。しかし、それはまた反面で、経済界が求める自己責任論と紙一重の表裏一体の議論をすることになるのではないだろうか。

しかも、柔軟な専門性という場合、そこでは単純労働にしかつけない人々の「専門性」は考慮されているようには思われない。それはまた、本田がいわゆる正規の学校教育を重視するのみで、彼女の議論には、職業教育をとおして若者たちに人生への見通しを持つことのできる力をつけようと苦しい努力を続けている専門学校の実践や大学その他のリカレント教育など、いわゆる中等後・成人教育へのまなざしを、筆者がとらえることができないこととも かかわっているように思われる。

それゆえに、本田の主張する学校教育における職業的意義を持つ職業教育の実施は、その重要性は十分に受け入れられるものであるといえる反面で、逆に若者に自立した強い個人となり、正規就労することを是とする強迫的な観念を抱かせることにもなるのではないかと危惧される。

そもそも、若者たちの就職難が招かれたのは、彼らの責任ではない。それはもっと社会構造的なものである。筆者の考えでは、いわゆる「失われた二〇年」の背景には、一九八五年のプラザ合意以降の急激な円高とそれに対応するための産業構造の組み換えと労働強化、それに少子高齢化の進展による生産年齢人口の減少と市場の縮小、そしてそれに追い打ちをかけるように行われた小泉政権時代の構造改革、すなわち財政支出の縮減による医療・教育と福祉など人々の生命や生活にかかわる予算の圧縮などが存在する。

急激な対米ドル円高は、製造業の海外移転を促すとともに、アジア新興国への技術移転を加速させて、新興国の製品の品質を向上させ、日本を輸出市場へと転換していった。日本国内の雇用機会が減少するとともに、製造業の市場そのものが海外製品に席巻される事態が招かれることとなった。その上、円高基調の産業構造に対応した労働強化は、とくに若年労働者から働くよろこびを奪い、働くことがもたらす生きる意味や社会的に存在する意義、そしてその基底にあるはずの他者とともに生きているという感覚を人々に失わせることとなった。

そこに、政府による医療・教育・福祉など人が生きることに深くかかわる財政の縮減と自己責任論の喧伝が覆い被さることで、人々は国民として、他者とともに、安心して生活していくという感覚を喪失することになる。

その結果、市場の消費マインドが冷え込み、自己防衛的な消費行動が市場に蔓延するとともに、それが少子高齢化の進展と相俟って、国内市場の縮小を誘うこととなった。このような状況下では、企業の投資マインドが減衰することは必至であり、それが産業全体の成長力を殺いできたことは否めない。

これらの結果、名目ＧＤＰの伸びは極端に低下し、デフレ基調のマイナス成長が続くこととなった。これが「失われた二〇年」であるといってよい。

日本の労働生産性が低下しているという。しかし、労働生産性が低下したことによって経済成長率が下がったのではなく、ＧＤＰの規模が拡大されないがために労働生産性が低下していると見えるに過ぎないのではないだろうか。そして、その基本的な要因は、人々の消費マインドと企業の投資マインドの冷え込みによる市場規模の縮小にある。

このような構造的な問題に対処するのに、とくに若者たちへの職業教育やキャリア教育を強調することでいったい何が得られることになるのか、筆者には理解できない。

ここで求められるのは、政府の財政出動による短期的な景気の刺激策とともに（中長期的には市場が自律的に景気回復することが望ましい）、新たな成長分野の創出による雇用の創造である。そして、私たちが担わなければならないのは、働くことが自らの社会的な存在を明確にし、他者とのあいだで、ともにこの社会をつくっている自分という存在を承認し合う関係に入ることで、人々一人ひとりがこの社会をつくりだし、自らの責任において、この社会を生きるに値する社会へとつくりあげていこうとする「思い」を紡ぎだし、社会をつくり変える方途をつくりだすことなのではないだろうか。

教育学がすべきことは、若者に対する職業教育やキャリア教育を声高に主張して、彼らに正規雇用を是とする、就労への強迫観念を植えつけることなのだろうか。それは、正規就労できないことの責任を個人に転嫁し、若者たちを自己責任のスパイラルへと導く、自己変革できない産業界と共役関係に陥ることを意味している。私たちが今しなければならないのは、地域経済の様々なアクターと協働しつつ、若者たちが自らの手で生きるに値する社会をつくりだす手助けをすることなのではないのか。筆者にはそう思えてならない。

## (三)　平凡な弱い個人が職業生活を営むために

ここで問題なのは、これまでのような製造業を基本とした産業社会の構造が壊れ、すでに高度消費社会に移行しているのにもかかわらず、いまだに就労の構造や労働力育成のあり方が、旧来の正規雇用を基本とする、製造業を中心として経済発展を追い求める時代の枠組みの中で考えられており、流動化する雇用情勢を自力で乗り切っていける強い個人が想定されているということである。今日の日本においてはむしろ、正規雇用であることが是であり、非正規雇用であることが非であるという議論ではなく、また、いわゆる強い個人を想定することでもなく、誰もが「働くこと」において、自分の人生を自分のものにできるだけの保障を得られる社会をつくりだすことが求められている。それは、単純労働にしかつけぬ、強い個人でもない、いわば平凡な弱い個人が、それでもなお職業生活を営むことができ、職業生活をとおして自分がこの社会において生きていることの実感をわがものとする、そのための支援をどのように社会的に構築していくのかということであろう。

このような観点からは、問われるべきことは、正規雇用か非正規雇用かということではなく、ましてや強い個人の育成でもなく、正規も非正規も、同一価値労働であれば同一の賃金を得ることができる労働制度の設計と、誰でもが自分の生活を安定させつつ、納得のいく人生を自分の力で生きていくことのできる力をつけることができる教育・学習の保障をいかに進めるのかということであるといえる。

それは、人々が孤立して、自分がどのような生き方をしたらよいのかもわからず、使い捨てにされる職業能力と呼ばれるスキルを闇雲に身につけ、かつそれを更新し続けることを支援することではない。必要なのは、人々が自分をこの社会にきちんと位置づけ、生きていることの意味と意義を確認でき、それが他者との関係つまり社会における相互承認関係へと展開して、自己認識へと還ってくるような教育と学習の提供である。それは、単に機会の保障ではなく、教育と学習の場とプログラムの提供であり、その教育と学習をとおして、人々が他者との共存の中で、自分がこの社会において位置づき、役割を果たしていることを実感できるように保障すること、すなわち「働くこと」を生涯にわたって継続的に支援するプログラムの提供と「働くこと」そのものの保障である。

それはまた、一人の弱い自分が、他者との「つながり」において自己を認識することであり、その「つながり」において存在し、その「つながり」において自己をとらえることができる活動のあり方、つまり「働くこと」を各個人が自分のものとするための教育と学習である。それは、次のような言葉によって表現され得ることであるといってよい。「私たちが真に求めているのは自由ではない。私たちが欲するのは、事が起こるべくして起こっているということだ。そして、その中に登場して一定の役割をつとめ、なさねばならぬ事をなしているという実感だ」。「私たちは、自己がそこに在ることとの実感がほしいのだ。その自己の実在感は、自分が居るべきところに居るときに、はじめて得られる」[27]。

自分がいるべきところにいるとの実感を得ること、他者と十全な「つながり」を共有していること、自分と社会とが過不足なく一体となっているということ、これがすなわち自分の存在が自由であることそのものであるといえる。いま私たちに求められているのは、「働くこと」の教育が「つながり」、つまり社会を生み出すことそのものであるような生涯学習のあり方をつくりだすことであるといえるだろう。それはまた、いわゆる堅い制度である学校ではなく、柔軟に組み換えが可能なノンフォーマルな形態を特徴とする生涯学習の可能性を示すものであるともいえる。

## (四)「働くこと」とフロー化する学び

このような生涯学習のあり方とは、どのようにつくりだされるものなのであろうか。この問いの中に、「働くこと」と生涯学習が結びつきつつ、相互に組み換え合うことの可能性が見えてくる。つまり、新しい社会の労働とは、コミュニケーション能力であったり、自律性・能動性・創造性そして流動性という、従来の産業社会では顧みられることのなかった新しい人としての資質を求めるものであり、それは、雇用形態としては、いわゆる非正規雇用の形態をとりつつ、労働自らを流動化していくものとしてある。それは、労働力の育成という面を担う公教育のあり方に対しても、従来のような私事の組織化されたものとしての公教育（堀尾輝久）といういわばストックをイメージするような教育のあり方ではなく、私事的であることとそのものがそのまま公共的であるかのようなイメージをつくりだしつつ、新たな形態としての教育のあり方を求めざるを得ない。それは、つまり、流動し、常に自らが自律的、生成的に再組織化され続ける学習という形態への教育の組み換えを要請する。

学習こそは、人々の私事的な営みでありながら、それそのものが労働という営みの新しい形式をつくりだしていき、その労働の形式によって人々を媒介しつつ、人々そのものを流動的に結びつけていく相互媒介的な営み、つまり公共的な営みとして存在し続けるものである。ここでは、人々は、知識や経験をストックすることで自分であることを担保し、その自分であることを前提として労働に参加する存在ではなく、常に変化し続けることで、他者との関係を生成的に組み換え続け、労働の場を常に生成的に変容させながら、社会を構成的に組み換えていくフローとしての私へと存在形態を変えていく。

このとき、雇用は、流動的となり、労働者を企業へとストックする、つまり従属させるのではなく、正規・非正規の区分を無意味なものへと組み換えつつ、働く人々を多面的な自己を活用しつつ、職場を流動し、多様な収入を得るフローな存在へと再構成するものとしてとらえ返される。働く人そのものによって、「働くこと」のあり方がフローへと組み換えられるのである。

ここにおいて、学習とくに生涯学習は再定義・再構成されることになる。学習は、知識を人々がストックすることで、自立した自己へと自らを形成する、いわゆる個を基本とする営みであることを自ら終えることになる。人々は、私事である学習つまり文化的な活動を進めることで、他者と結びつき、常に精神と身体が活動し続け、その活動において生活の糧を得ていくように社会を構成する。そこでは、フォーディズムにもとづく労働のように、生活と労働とが分断されることもなく、時間によって身体が分割されることもない。労働そのものがポスト・フォーディズム化していくことによって、労働と余暇との間は曖昧となり、時間と身体とが分断されることはなくなる。この社会で生きることそのものが労働であり、社会を常に再構成しつつ、自らの身体と精神を組み換えて、人生を文化的に生成させ続ける存在、つまり〈わたしたち〉として人々は自らを生成させ続けることになる。このとき、労働は〈わたしたち〉がともに社会を生成的に構成していく「働くこと」へと展開し、かつ私たちはこの生成し続ける社会において、互いに支え合いながら、社会を構成し、変革し続ける、〈わたしたち〉として他者とともに生きることができる。ここでは、学習は個人の営みではあり得ない。それは、個人と社会とを媒介しつつ、個人を社会との間に立ち上げる社会的な営みであるほかはない。極めて私的な営みに見える学習は、その営みそのものにおいて、生成的に社会的つまり公共的なものでしかあり得ないのである。

ここにおいて、私たちは、既述のようなニートやフリーターに共感する若者たちの問いかけに応答することができる。つまり、関係性そのものを労働へと組み換えていく、そして労働そのものこそを社会へと生成していく〈わたしたち〉という存在を生み出し続けることが求められているのである。このためにこそ、生涯学習は再定義されなければならない。学ぶことが社会を生成的に再構成しつつ働くことであるように、学ぶ自分と他者とが互いの間に立ち上がりながら、生成的に社会を構成していく、その営みそのもの、それが生涯学習なのである。学ぶことにおいて初めて、人々は自分の所在なさに苛まれて、〈私さがし〉に呪縛されることから解放されるのである。

[注]

（1）大久保幸夫『日本の雇用　ほんとうは何が問題なのか』、講談社現代新書、二〇〇九年、三頁。
（2）飯田泰之「『経済学っぽい考え方』の欠如が日本をダメにする」、芹沢一也・荻上チキ編『日本を変える「知」——「二一世紀の教養」を身に付ける』、光文社、二〇〇九年、七四頁。
（3）大久保幸夫、前掲書、一八－一九頁。

（4）　同前書、四〇頁。
（5）　竹信三恵子『ルポ　雇用劣化不況』、岩波新書、二〇〇九年。
（6）　中村圭介『成果主義の真実』、東洋経済新報社、二〇〇六年、一六頁。
（7）　同前書、一八頁、二〇頁。
（8）　高島伸夫『虚妄の成果主義―日本型年功制復活のススメ』、日経ＢＰ社、二〇〇四年、四頁。
（9）　同前書、三二―三三頁。
（10）　大久保幸夫、前掲書、二八頁。
（11）　竹信三恵子、前掲書。
（12）　大久保幸夫、前掲書、二八頁。
（13）　同前書、七頁。
（14）　二〇〇六年六月七日の発言。http://ja.wikipedia.org/wiki/%E3%83%8B%E3%83%BC%E3%83%88
（15）　Ｋ・Ｂ・ホイト編著、仙崎武・藤田晃之・三村隆男・下村英雄訳『キャリア教育―歴史と未来』、社団法人雇用問題研究会、二〇〇五年、七四頁。
（16）　玄田有史・曲沼美恵『ニート―フリーターでもなく失業者でもなく』、幻冬社、二〇〇四年。小杉礼子編『フリーターとニート』、勁草書房、二〇〇五年。玄田有史『働く過剰―大人のための若者読本』、ＮＴＴ出版、二〇〇五年。玄田有史・小杉礼子・労働政策研究・研修機構『子どもがニートになったなら』、ＮＨＫ生活人新書、二〇〇五年など。
（17）　本田由紀・内藤朝雄・後藤和智『「ニート」って言うな！』、光文社新書、二〇〇六年。
（18）　本田由紀『多元化する「能力」と日本社会―ハイパー・メリトクラシーのなかで―』、ＮＴＴ出版、二〇〇五年。
（19）　乾彰夫編、東京都立大学「高卒者の進路動向に関する調査」グループ著『一八歳の今を生きぬく―高卒一年目の選択』、青木書店、二〇〇六年。
（20）　新谷周平「ストリートダンスからフリーターへ―進路選択のプロセスと下位文化の影響力」、『教育社会学研究』第七一集、二〇〇二年、一六五―一六六頁。
（21）　乾編、前掲書、二四九頁、二五〇頁、二五二頁。

(22) K・B・ホイト編著、仙崎武・藤田晃之他訳、前掲書、六二頁。
(23) 同前書、六二―六三頁。
(24) 名古屋大学大学院教育発達科学研究科附属生涯学習・キャリア教育研究センター『中高年者のための人生・キャリア再設計セミナー実施報告』（モノグラフ・調査研究報告No.2）、二〇〇五年、二頁。
(25) 竹信三恵子、前掲書。
(26) 本田由紀『教育の職業的意義―若者、学校、社会をつなぐ』、ちくま新書、二〇〇九年。
(27) 福田恒存『人間・この劇的なるもの』、新潮文庫、二〇〇八年（六刷改版）、一七頁、一六頁。

# 第Ⅱ部　自治組織再編と生涯学習

# 第五章　地元社会の再編と生涯学習の課題
## ―愛知県豊田市の合併町村地区を一例に―

## 一、豊田市合併町村地区の課題を考える基本的枠組み

### (一)　豊田市合併のモチーフ

日本社会の構造的な改革により、各地で市町村の合併が進められた。一九九九年に三二三二あった基礎自治体は、二〇〇六年四月には一八二〇、二〇一〇年二月には一七七一にまで再編されることとなった。この合併は地方自治体の必要から自発的に行われたものというよりは、むしろ国政課題として、なかば強制的に進められてきたものである。

今日のいわゆる「平成の大合併」に先立つ「昭和の大合併」は、戦後改革において、新制中学校の設置管理、社会福祉・保健衛生の市町村事務化、市町村消防・自治体警察の創設など、いわば住民生活の基盤を整備する諸事務が自治体の役割とされることにより、新制中学校の設置単位である人口八〇〇〇名を基本とする自治単位＝町村を創設し、効率的に行政事務を処理することを目的としていた。しかし、これまで述べてきたような社会構造の変容によって、住民生活の基盤整備と維持、とくに福祉を保障する意味と客観的な条件が崩れ始め、従来の行政システムに替わる効率性と自己決定・自己責任を基本とした広域的な行政システムの形成が国主導で進められることとなったのである。市町村合併

に先立って進められた消防・警察および福祉・衛生の広域化、そして合併にともなって急速に進められている学校の統廃合がそのことを如実に物語っている。これが「平成の大合併」である。福祉・衛生・安全・教育という人々の生活そのものに直接かかわる行政領域の効率化、つまり行政的な負担軽減が目指されているのである。

それゆえに今回の合併は、合併を行う自治体がどのようにして住民生活を保障し得るのか、そして住民自身が自らの自治体の負担を軽減しつつ、いかに自覚的により自治的な市町村をつくりだしていくのかという点が問われざるを得ない。しかし現実は、政府の必要から半ば強制された合併であるがために、自治のあり方についてのコンセンサスを、基礎自治体レベルで得ることが困難で、現在のところ、どの自治体も合併に成功しているとはいえない状況にある。

このことは、本章で取り上げる豊田市においても例外ではない。豊田市は、昨今のトヨタ自動車の業績低迷の影響で、税収の大幅な減少にあえいではいる。しかし、財政力のある中核都市としての豊田市が過疎と高齢化に悩む周辺の町村を合併し、その後、都市内分権を推し進めて住民によるまちづくりを実現し、新たな分権型都市をつくりだすこと、つまり行政的な効率と住民自治の向上を両立させ、自立的な住民生活を実現することが試みられている。これが、豊田市の「平成の大合併」の基本的モチーフである。

## (二)　分権型都市への模索と生涯学習

豊田市の合併は、中核都市である豊田市が、同じ水系を共有し、かつ豊田市を経済圏とする北東部六町村を合併するもので、二〇〇五年度の財政力指数一・五七で地方交付税（普通交付税）を受けていない、圧倒的な経済力を誇る人口三六万余名の都市が、過疎と高齢化に悩み、約四万四〇〇〇名の人口が旧豊田市の約二倍の面積の地域に散在する町村を吸収するものである。その結果、豊田市は人口約四〇万四〇〇〇名で、愛知県の七〇二万七五〇〇人の五・八パーセントにすぎないにもかかわらず、面積では九一八・五平方キロメートルとなり、愛知県五一六二・一五平方キロメートルの一八パーセントを占める広大な自治体へと変貌した。この合併は当然、旧豊田市にとっては、とくに税収など経済的な面で、不利な合併であると見なされ得るが、豊田市は合併の理念を中核都市としての責任と矢作川水系の環境保全であるとして、二〇〇五年四月に合併を実現している。

この合併の際、豊田市行政の基本的な枠組みとして採用されたのが都市内分権である。都市内分権については、合併の基礎作業の過程で、次のように説明されている（豊田加茂合併協議会「新市建設計画」）。

都市内分権とは、「地域で可能なことは地域に任せ、その地域で不可能または非効率なものは新市が施行する」という補完性の原則を基本に、地域がある程度の権限をもち、住民が主体となって地域の課題を解決していく新しい自治の仕組みです。

都市内分権による住民自治の強化や行政と住民との共働を推進するため、市域をいくつかに分け、地域自治区（仮称）を設置します。そこに地域の課題などについて地域の皆さんで意見を出し合い、取りまとめる地域会議（仮称）を設置します。

新市では、それぞれの地域で育まれてきた歴史・文化・観光・コミュニティ活動など、地域の個性や特色を活かした市民参加によるまちづくりを進めていきます。

この新たな自治の仕組みを実現するための鍵は、住民の自治意識の高まりにあることは明らかであり、それなくしてこの都市内分権による個性的で多様な価値を持つ新市を実現することは不可能だと認識されていた。

豊田市は、従来のコミュニティ政策を実施するにあたって、社会部に設置されていた社会教育・生涯学習関連の部門を二〇〇〇年に教育委員会へと移管して、学校と地域社会との関係を処理しつつ、新たなまちづくりに着手していた。しかし、新たな分権型都市を建設するために、二〇〇五年四月に再び生涯学習課を社会部へと移管して、生涯学習と自治振興とを組み合わせつつ、新たな分権のシステムを担う住民の意識形成に向けて行政システムを組み換えている。この時、合併町村地区で都市内分権システムを実質化するために、住民への働きかけの拠点として位置づけられたのが、旧町村時代の中央公民館やコミュニティセンター施設である。これらは、新市になってから生涯学習センター「交流館」へと位置づけ直された施設であり、その管理運営を支所にゆだねることで、生涯学習を総合行政的に組み換えて、地域住民の自治意識を高めることが予定されていた。

しかも豊田市は前述の「新市建設計画」において、全市域を地域自治区へと改編し、そこに地域会議を設置して、市民参加によるまちづくりを目指すと明言しているように、市町村合併によって合併町村地区に住民主体の自治を求めるだけではなく、旧豊田市における行政システムの組み換えをも見通して、新たな市を構想しているのである。

しかし現実には、合併町村地区においても、また旧豊田市の地区においても、合併以前にすでに大きな行政課題となっていた高齢化や地域間の格差の拡大、そして住民の自治組織の動揺・解体と行政サービスの後退という問題に、有効な回答を示すことができないまま、市町村合併にともなう新たな分権システムの構築という課題が、さらに覆い被さってきているような状況である。これらの課題を集約的に解決するものとして提起されているのが、都市内分権であり、その具体化のための組織としての地域会議というアイデアだと思われる。しかし新豊田市の行政は、この新たな都市内分権システムのアイデアをどのように実質化して運用し、住民の自治意識を高めて、都市内分権を実質的なものとして実現していくのか、そのためにどのような具体的な施策があり得るのかという点においては、暗中模索の状態だといわざるを得ない。むしろ現状では、十全な財政力を持つ豊田市においても、合併後の施策のありように対する評価は、全国各地の合併自治体と同じように、地域住民と行政との距離感が増し、十分な行政サービスを受けられなくなったと住民が語るような厳しいものとならざるを得ない状況が生まれているのである。このことは、市町村合併によって生まれた新たな自治体を真に住民のためのものとしてつくりあげていくものは、単に財政力の向上にあるのではなく、むしろ地域住民がいかにして自らの住む地域社会に主体的にかかわりつつ、その地域社会を大きな自治体の中の自治集団として自律的に形成していくことができるかという点に、大きく依存していることを示唆している。

## 二、豊田市の抱える課題

### （一）広がる地域間の格差―合併以前から抱える問題―

豊田市は合併前から、他の自治体から見れば羨ましいほどの財政力を持ち、地域住民の自治活動や自主活動も活発な都市であった。しかしそこにはすでに、無視できないさまざまな問題が存在していたことも見落とされてはならない。それはまた、自動車産業を中心とする急激な都市化と人口の流入に対応するために採用されていた旧来のコミュニティ施策が機能不全を来し、新たな課題に対応しきれなくなってきたことをも意味している。この諸課題は、豊田市だけの問題ではなく、全国の自治体が抱え込んでいる問題でもある。それは端的に、地縁型地域社会に基礎を置く自治組織の疲弊・解体であり、それにともなう地域間格差の拡大である。

この課題の背景には、日本全国の自治体を覆っている大きな問題が存在する。それは、本書で述べてきたような大きな社会変動の波が、日本の基礎自治体を洗っているということである。より具体的にいうと、従来の製造業中心の実体経済に基礎を置く産業社会から、サービス業・金融経済中心の経済のサービス化・知識社会への移行にともなって、従来の地域社会で共有されていたある種の共通の価値観が解体し、人々の意識の個別化・分散化が進行しているということである。つまり、人々は勤労を価値と置く労働者的な価値観から、消費を美徳とする消費者の価値観へと観念を切り替えてきているのである。そのような感覚の中では、地域社会を形成する共通の価値観は解体し、人々は分散化し、助け合い、気遣い合うという関係は切断されてしまう。いわゆる大衆消費社会であり、また成熟社会である。人々は地域の住民としてではなく、ひとりの孤独な消費者として、自分の価値観で消費行動をとることがよいことであるとされる社会の到来である。

他方、前述のような価値観の変化に地域組織が柔軟に対応しつつ、自らを組み換えることができない場合、地域組織の持つ秩序や規範そして人間関係は、住民にとって煩わしいものと感じられることになり、それがさらに人々の地域からの離反を促すことになる。

このような社会では、当然ながら地縁組織である婦人会・女性会、青年団、消防団、子供会などは衰退し、解体してしまう。そこには、既述のような価値観の変化とともに、サラリーマン化して地域の地縁関係からは切れてしまう多忙な青壮年や、地域社会に自足するのではなく、自家用車を運転して、郊外の大手スーパーで買い物をするなど半径の広い消費行動をとる主婦たち、さらには女性の労働者化など、地域社会から人々が離れていくという生活の大きな変化がかかわっている。そしてさらにこの背景には、長引く不況と雇用情勢の悪化、さらには構造改革の一環として行われた規制緩和による雇用形態の多様化、すなわち不安定雇用層の急増・長時間労働の常態化や、大規模店舗の出店規制撤廃による地域小売店舗の再編などが存在している。

また、急速に進む少子高齢化も地縁型地域社会の解体を促している要因である。豊田市は自動車産業を中心とした経済力のある若い都市であり、旧豊田市の高齢化率は二〇〇〇年には九・九パーセントにすぎず、日本全国の平均値一七・二五パーセントと比較して、極めて低い数字であった。合併町村を算入しても二〇〇〇年の国勢調査の数字では一一パーセントにすぎず、豊田市にとっては高齢化は問題とならないかのように見える。しかし実態は、かなり異なることに注意しなければならない。

つまり、全市平均で見ると人口構成が若い豊田市も、各地域ごとにはかなりのはらつきがあり、とくに高度経済成長期に豊田市に就職し、そのまま定住したいわゆる団塊の世代が集中している団地・住宅地などは、急速な高齢化が進展しており、ある地域全体が一斉に退職年齢を迎えるというところも珍しくないのである。

さらに、前述のような経済状況を背景として、地域の地縁関係が解体することで、人々の孤立化がいっそう拍車をかけられる形で進展している。また、家計の格差拡大と婚姻構造の急変が、いわゆる貧困家庭や母子家庭ほかの要保護家庭を急増させており、彼らが集住する地域を形成している。そこにはまた、高齢化した貧困家庭や独居老人なども住んであり、ある地域全体が貧困でかつ孤立している状況を呈している事例が生まれてきている。

その上、経済のグローバル化と少子高齢化が招くことになった産業構造の再編は、自動車産業都市である豊田市に大量の外国人労働者を招き入れることになった。つまり、勤勉で廉価な労働力としての外国人、なかでも日系ブラジル人労働者が、とくに中小企業にとってはなくてはならない存在として受け入れられ、豊田市に集住することになったのである。トヨタ自動車本体はいまのところ正規の現業労働者として外国人を雇用してはいないというが、そのグループ企業や下請けにあたる中小企業では、すでに大量の外国人労働者とくに日系ブラジル人労働者を雇用しており、彼らの存在なくして、日本での経営の維持ができないほどまでに緊密な関係ができあがっている。

そしてこの彼らが、社会的には底辺層として、前述のような日本人の底辺層の集住する地域に割って入るような形で集住を始めており、外国人集住地域が形成され、生活習慣、文化などの違いから、近隣日本人との軋轢が生じることになっているのである。

加えて、既述のように多様化し、分散化する住民の意識とは裏腹に、地域社会の基本となっている地縁組織・地縁集団の世話役の観念は閉鎖的で、内向きなものであることが多く、しかも、地域社会の維持のために形成されてきたさまざまな「お役」が、人々の生活上の負担感として重くのしかかり、住民の離反・嫌悪を招いてもいる。地縁組織は多元化し、多様化していく住民の意識を反映しつつ、自らを変革していく力を失ってきていたのである。

過去の高度経済成長期に地域外から大量の若年労働力を受け入れて急速に拡大した豊田市は、地域の人間関係が希薄で、住民相互のコミュニケーションがとれない都市化現象とそれがもたらす青少年の非行問題に対処するために、コミュニティ施策をとり、公民館施設を拡充して、地縁組織・集団を基本とした住民相互のふれあいを行政的につくりだすことで対応してきた。しかし、いまやそのようなある一定の階層に固定化できる日本人向けのコミュニティ施策だけでは、行政的な対応ができなくなる事態が招かれているのであり、さらに、日本人住民そのものの価値観の多様化に対応しつつ、価値多元的な社会をつくりだす活力を欠くようになっているのである。

それは、端的にいえば、次のような重層構造を持った社会の拡散化である。つまり、①市民の価値観が新しい消費社会に対応した形で個別化、分散化して、豊田市民としての強いつながりの感覚が失われていく。②生活における行動半径の拡大と就労構造の変容によって社会全体の拡散化が促されるなかで、グローバリゼーション、少子高齢化、そしてそれらがもたらしかつ促している雇用の不安定化・長時間化などから、社会において格差が拡大し、いわゆる貧困層がある地域へ集住する。③生活習慣も文化も異なる外国人労働者が、貧困層としてある地域に集住するようになることで、社会全体が多元化し、拡散しつつ、格差を拡大する方向へと展開していく。④この変化に旧来の地縁型地域社会が対応できないでいるうちに、その地域そのものが社会を安定させる機能を失いつつあるということである。豊田市の社会は、極めて不安定な方向へと動いていたのである。

## (二)　過疎・高齢化と行政の疎遠化―合併後の新たな問題―

豊田市は、二〇〇五年四月の合併によって、さらに新たな問題を抱え込むこととなった。それは、北東部六町村との合併によるもので、合併町村地区の持つ問題がそのまま新豊田市の行政課題となっただけでなく、合併することによって旧町村では問題となっていなかったことが行政課題として顕在化してくることになったのである。

第一は、過疎化と高齢化の問題である。合併町村地区は、合併以前から過疎化と少子高齢化が進んでおり、過疎化と少子化が高齢化を促し、それがさらに少子化を促すという悪循環が形成されている地域が多い。たとえば、旭地区や稲武地区の高齢化率は合併当時すでに三五パーセント前後を記録しており、稲武地区では出生者数はここ数年一〇名台で二〇名を超えたことはないという(1)。その結果、さらに過疎化が進むのである。合併後には、コミュニティ・バスの新設など、住民の利便性を向上させる施策が実施されて住民の好評を得ている一方で、学校の統廃合などの合理化が進められることで、地元社会における住民の精神的中心と文化的求心力が失われている。それがさらに、住民の地域からの流出を促すことになり、過疎化が進展するという結果を招いている。

また、従来は自治体の境界が意識されていたがために、安易な離村はなかったといわれるが、合併後は一つの自治体としての心理的なバリアの低下によって、生活環境の悪化や学校・医療施設の不備などが、過疎化をさらに進展させる危険は大きいといわれる。

このような状況は、合併町村にいわゆる産業の集積がなされておらず、生活基盤が不安定であることが一つの背景としてあるが、過疎化の進展は、豊田市の合併の理念の一つである矢作川水系の一体性と水系保護を足元から否定する作用を及ぼすことになる。合併町村で過疎化が進み、水源地区の森林を保護する人々が減少または不在化するなかで、水源が荒れ、結果的に水源再生や保護に膨大な経費がかかる可能性も十分にあるのである。

その上、合併後、合併町村は自治体としての法人格を失い、「地域自治組織」として設置されたため、以前の役場がなくなり、豊田市役所の支所が置かれることとなった。この措置が、住民と行政との距離感を広げることになり、さらに、自治区（いわゆる自治会）の設定を旧来の集落単位から概ね小学校区単位へと切り替えたため、自治区の区域が拡大した。そして区長が多忙化するなかで、十分な行政サービスを住民に届けることが困難となったり、支所長と区長との間の関係の調整が難しく、住民と行政との関係が疎遠となることで、行政への不満が昂じるという事態を招いてもいる。

その上、このような過疎・高齢化問題と行政の疎遠化問題は、旧豊田市と合併町村との間に存在していながらも、自治体の境界によって行政課題として問題化していなかった格差問題を、合併後、白日の下にさらすことになった。経済的にもいわゆる家計の維持にとっても、また教育や医療、福祉などの施設や措置についても、行政的な補助がなければ、圧倒的に旧豊田市の方が有利であり、旧豊田市と合併町村との間には雲泥の差ともいえるほどの格差が存在していた。しかし合併町村地区は、合併前には独立した自治体として、国の地方交付税や各省庁の補助金を獲得することで行政的にこの格差を穴埋めして、住民に手厚いサービスを提供し、住民生活を保護することによって、自治体を維持してきたのであった。しかし合併後、豊田市は、このような手厚い住民サービスを廃止して住民に自立することを求め、住民の自発性を促すことで、地域社会の自治を達成する都市内分権を実施している。その結果、新豊田市という一自治体の内部で、行政サービスの差と経済格差・生活環境格差が厳然と存在することを顕在化させることとなったのである。いわば、各地の合併市町村で生じている、①広域化したため「顔の見えない行政」となり、きめ細かなサービスが困難になった、②規模が大きくなって、住民の声が届きにくくなった、③合併自治体の内部で「地域格差」が生まれた、④財政が困難になった、⑤地域の求心力が低下したなどの問題が[2]、豊田市でも顕在化してしまったのである。それは、行政の合理化による、憲法第二五条第一項に規定される「健康で文化的な最低限度の生活を営む権利」の格差として顕在化している面がある。しかも、憲法第二五条第二項には次のように規定されており、本来このような格差が生じないように福祉を向上させるのが国の務めであったはずなのである。「国は、すべての生活部面について、社会福祉、社会保障及び公衆衛生の向上及び増進に努めなければならない」。しかし、「三位一体の改革」以来、国のこの責務を、国の保護から放置される地方自治体が肩代わりをせざる得ない状況に追い込まれており、それがさらに、以下に述べるような現場レベルでの、市民個人の努力によって支えられるような状況が生まれているのが現実なのである。豊田市においても例外ではない一面がある。

## (二)　自治組織の機能不全と自治区長・民生委員の負担増、生活格差の拡大

既述のような重層的な構造を持つ社会の流動化と格差の拡大は、これまでの豊田市の行政を草の根で機能させていたさまざまな自治組織の疲弊・解体を導いている。その端的な事例が、機能不全を起こし始めた自治区の存在である。

豊田市では合併後、行政システムの組み換えがあり、市役所本庁の他に一一の支所（うち六支所は合併町村の旧役場単位に設置）単位に地域自治区が設けられた。そして、地域自治区内におよそ中学校区を基本単位とする地域会議が設けられ（現在二六地域会議）、さらに地域会議と同じ区域を共有するコミュニティ会議が設置されている。コミュニティ会議は、旧豊田市が市域外から大量の労働者を受け入れて高度成長を続けていた時期に、市民相互の結びつき

が弱く、一体感を生み出しにくかったことや、青少年非行に対応するために、旧来の地縁組織や地域団体、さらにはＰＴＡや消防・警察などの関係者が連絡調整を行う青少年健全育成組織として立ち上げられ、その後、地域自治区内の中学校区を単位とする、さまざまなコミュニティ活動の連絡調整を行う会議体へと組み換えられて現在に至っているもので、中学校区に一館設けられている交流館に事務局が置かれている。このコミュニティ会議の下に、いわゆる自治会・町内会組織として自治区が設定され、行政に協力して、住民生活の安定に寄与している。現在、豊田全市で三〇四自治区が設けられている。

この自治区の一部が機能不全を起こし始めているのである。その大きな理由は、自治区の設定のされ方を見てもわかるように、校区を基本単位として住民を区分し、その区域内の住民に対して、世帯を単位として行政サービスを提供するというつくられ方となっていることである。これは全国のどの基礎自治体においても基本的に同じであろう。しかし、既述のように地縁組織が解体し、さらには基礎単位である家庭そのものが溶解しているなかで、自治区そのものが地縁的な関係を基礎につくられていることが、自治区のさまざまな機能を剥落させ、住民の生活を保障する機能を低下させることにつながっているように思われる。

自治組織の機能が低下する原因には、次の諸点を挙げることができる。第一に、価値観の多様化と住民生活の流動化によって、自治区に加入しない世帯が急増することで、行政サービスが届かない家庭が増えていること。第二に、同じく価値観の多様化や生活の困窮・多忙化によって、また高齢化の進展や外国人の流入によって、自治区の役員のなり手が減少し、それが役員の多忙化をもたらすために、さらに役員担当が敬遠されるという悪循環が生まれていること。第三に、自治区全体が高齢化したり外国人集住地域になることで、自治区そのものが住民の自治組織として機能しなくなっているところがあること。第四に、安定している地域でも、価値観の多様化から、自治区に対する住民意識の求心力が弱まり、地元社会のことを住民自身が考えようとする動きが低下していること。第五に、合併町村地区で、旧来の集落単位の行政区が解体され、小学校区を基本とした自治区に再編されたために、住民の行政への距離感が増し、また住民としての一体感を保つことが困難となったこと、等である。

合併後、豊田市は二〇〇五年一〇月に「豊田市まちづくり基本条例」を制定し、NPM（New Public Management）の考え方にもとづいて、市民と行政との「共働によるまちづくり」の推進を掲げ、「自己決定・自己責任」原則にもとづいて、市民に対して「地域のことは地域の住民が自ら考え実行する」（第一七条）ことを規定し、市民に応分の負担を求めている。しかし、この「基本条例」の理念を実現するための基礎組織が機能不全を起こしているのである。

この機能不全を起こしている自治区において、それを下支えしているのが各自治区の区長であり、民生委員である。区長と民生委員に、住民生活上の諸問題解決のための負担が集中し、彼らを極めて多忙な状況に置いているのが現実なのである。

## （四）地域類型と自治組織の特質・課題

筆者の調査グループは以前、豊田市への訪問調査にもとづいて、自治組織をその置かれた地域コミュニティの特質に応じて、①自治創造型地域、②小規模農村型地域、③集住混在型地域の三類型に分け、その実態を次のように指摘したことがある。[3]

### ①　自治創造型地域

この地域は、トヨタ系関連企業従業員の家庭を中心とする、高学歴でホワイトカラー層を中心とした世帯で構成されているところが多く、高齢化が進んではいるが、比較的元気な高齢者によって担われている。役員については、役割分担をしつつ、持ち回りで役職を担っているところが多い。もともと新たに開発された団地が多いため、一から皆でつくりあげた地域という感覚が強く、団結力もあるが、反面、豊田市そのものへの帰属意識は希薄で、多様な価値観を持った人々の集合体という地域社会でもある。自治組織は、地縁関係というよりは理性的に担われており、地縁組織である青年団や女性会・婦人会が機能するよりは、各種の目的志向型のサークルなどが活発だという特色を持っている。また、高齢化の進展にともなって、老人クラブなどの高齢者組織が活発に活動を進めているが、これも地縁組織的な集団として形成されているよりは、一種の高齢者のサークル活動と住民が意識的に担う高齢者の親睦組織という性格を持っている。

現在のところ、この地域で自治組織が急速に衰退するという問題は起こってはいないが、今後、急激に高齢化する均質な地域であり、住民が高齢化して自治活動が衰退し、行政サービスが後退する前に、住民のネットワークづくりや今後の福祉的なケアのあり方などを検討しておく必要に迫られているといえる。しかも、いくつかの地域では、権利意識の強いところであるがゆえの利己的な動きが目立つようになってきており、区長や民生委員が、行政との橋渡しではなく、行政の肩代わりをしていたり、地域の苦情処理係のような役割を負わされたりしている例が見られるようになっている。

また、行政も前述のような「まちづくり基本条例」の基本的な立場を反映してか、区長や民生委員の訴えかけを真摯に受け止めるのではなく、地域で処理するように要請したり、さまざまな部署をたらい回しにしたり、さらには行政が担うべき業務を地元に丸投げしていると受け止められているところがある。地域社会に深くかかわりつつ、その地域を大切に思うがゆえに、区長や民生委員を引き受けている人々が孤立化、多忙化し、それが結果的に自治意識の高いこれらの地域の力をそいでしまい、高齢化の急激な進展がそれをさらに促してしまう危険をはらんでいるように見える。

② 小規模農村型地域

この地域は合併町村に多く見られるタイプで、高齢化率が三〇パーセントを超えるところがほとんどであり、さらに少子化が高齢化を促し、かつ人口減少と過疎化が急速に進んでいるところでもある。しかも、中山間地域であるため、これらの悪循環が形成されている地域では、生活の基盤にかかわる産業、とくに農林業の後継者不足が深刻化しており、それがさらに若年者のみならず、高齢者の離村という現象へと結びついているように見える。

この地域は旧町村時代の行政区の感覚が生きていて、集落ごとに緊密な人間関係が形成されているため、相互の助け合いのなかで地域社会と住民生活が維持されている。この意味では、自治的な活動は活発であるといえる。しかし反面、高齢化と過疎化によって自治区の役員の担い手がいなくなり、行政の末端としての機能を果たし得なくなったり、合併町村地区で旧来の行政区を小学校区単位の自治区へと再編した結果、住民の生活感覚と自治区とがずれてしまい、自治活動に支障を来したり、さらに金銭的な負担が増大することで、自治区の活動が住民にとって負担となるなどの弊害が出始めている。加えて、高齢化の急激な進展と住民の減少は、住民どうしの助け合いという旧来の人間関係の中で処理されてきたさまざまな福祉的な問題の解決が困難となることを示唆している。

単純な再編合理化では自治区本来の活動が進まないケースが目立ち、住民の生活感覚や行動半径とのかかわりで、自治区のあり方を考える必要があるといえる。

③　集住混在型地域

この地域は、市営住宅や県営住宅を抱えている自治区が多く、これらの公営住宅においては、その入居者の多くが福祉的課題を抱えているのが普通である。場所によっては「福祉住宅」と呼ばれ、高齢者世帯、生活保護受給者、母子家庭、身体・精神障害者、そして低所得の外国人などが集住し、これらの人々がもたらす問題の解決に民生委員や区長がかかりきりになるという状況が出ている。既述のように、民生委員は、行政的に十分な支援を得ることなく、物的・精神的に多大な犠牲を払いながらこれらの人々の支援を続けており、行政もこれら現場の面倒な問題への対処を民生委員に丸投げしているような状況も見られる。

さらに、これらの人々が集住する公営住宅などでは、自治区の役員の担い手がいないために、自治区が機能しなくなったり、自治区への加入者が減少して、行政サービスが、それを最も必要としているであろう人々に行き届かなくなったりするという問題が表面化してきている。実際、現在のところは自治区が機能しているところでも、区長の自己犠牲的な働きによってかろうじて活動を維持しているところが多く、「自分が辞めたら自治区は終わりだろう」という声も各地で聞かれる。

現在のところ機能しているかのように見える自治区・自治組織においても、その自治の基盤は極めて脆弱であるといわざるを得ない。つまり、地縁的な人間関係の中で、住民のその地区への暗黙の思いによって現在の自治区は維持されている面が多分にあるといってよいであろう。そのため、このような各自治区の状況が、豊田市内の地域社会相互の生活水準と治安などの社会的安定性の格差を拡大しており、それが自治組織の機能不全に拍車をかけ、区長や民生委員の負担を増加し、それが地域間の格差をさらに拡大するという悪循環が生まれる可能性は高いといってよいであろう。将来、現在、現場で踏ん張っている区長や民生委員が辞めたとき、この状況がさらに悪化することは容易に想像のつくことであり、それが社会のリスクとコストを極めて高いものとすることは疑いを得ない。

## 三、合併町村地区の概況

このような豊田市の中で、とくに大きな問題を抱えているのが合併町村地区である。それは、既述の自治区類型でいえば、主に②小規模農村型地域にあたる。以下、その抱える問題を焦点化するために、合併町村地区の状況を概観する（③集住混在型地域の抱える課題も深刻であり、本書では第八章で扱う）。

### （一）人口・世帯状況

二〇〇〇年国勢調査によれば、合併町村地区（旧六町村地区、つまり藤岡・小原・足助・旭・下山・稲武地区）の合計人口は四万四一八〇人、一九八五年と比べて約八〇〇〇名の増加であるが、そのほとんどは藤岡地区の人口増加によるものであり、ほかは人口減少が進行している。表5-1は、二〇〇〇年国勢調査から見た旧豊田市と合併町村地区の人口および面積の状況である。人口は、一九九五年と比しても、旧豊田市で二・九パーセントの増加、藤岡町（現藤

表5-1　面積・人口の状況（2000年国勢調査より）

| | 面積（km²） | 人口（人） | 人口伸び率［1995－2000年］（%） | 高齢化率（65歳以上人口比率）（%） | 人口密度［人口／面積］人／km² |
|---|---|---|---|---|---|
| 豊田市 | 290.11 | 351,101 | 2.9 | 9.9 | 1,210.2 |
| 藤岡町 | 65.58 | 18,005 | 17.2 | 9.2 | 274.6 |
| 小原村 | 74.54 | 4,302 | −5.3 | 29.2 | 57.7 |
| 足助町 | 193.27 | 9,852 | −4.5 | 28.7 | 51.0 |
| 下山村 | 114.18 | 5,349 | 0.2 | 21.4 | 46.8 |
| 旭　町 | 82.16 | 3,504 | −8.8 | 35.6 | 42.6 |
| 稲武町 | 98.63 | 3,111 | −6.1 | 32.9 | 31.5 |

出典：2000年国勢調査（豊田加茂合併協議会ホームページ http://www.city.toyota.aichi.jp/gappeikyougikai/）

岡地区）で一七・二パーセントの大幅な増加であるのに対して、下山村（現下山地区）で〇・二パーセントの微増である以外は、足助の四・五パーセントの減少から旭の八・八パーセントの減少まで、五年間でかなり大幅な減少を来しているといえる。下山地区で人口が微増なのは、旧豊田市街に近い同地区西側の宅地開発が進み、旧豊田市のベッドタウン化が進行したためだといわれる。

合併町村人口の構成の推移と今後の予測を見たものが図5-1である。推計では、二〇一五年前後まで現在の人口増は続くが、その後は急激な減少に見舞われること、しかも人口増は藤岡地区によってもたらされるものであり、そのほかの五地区は人口減が急速に進んでいくことが予測されている。

さらに、各地区の高齢化率を見てみると、二〇〇八年六月現在の高齢化率は図5-2に示す通りである。二〇〇〇年と比べて、すべての合併町村地区で急激な高齢化が進展していることがわかる。

次に、世帯状況を見てみると図5-3のようになる。藤岡地区の人口が多いことが一目瞭然であるが、ここで問題としたいのは、一世帯あたりの人数である。藤岡地区が三・四人、小原地区が二・九人、足助地区三・三人、下山地区三・三人、旭地区三・二人、稲武地区二・八人である。これと高齢化率の高さを重ね合わせると、藤岡地区を除いて、高齢者のみで構成されている世帯、または高齢者の独居世帯がかなりの数に上っていることが推測される。

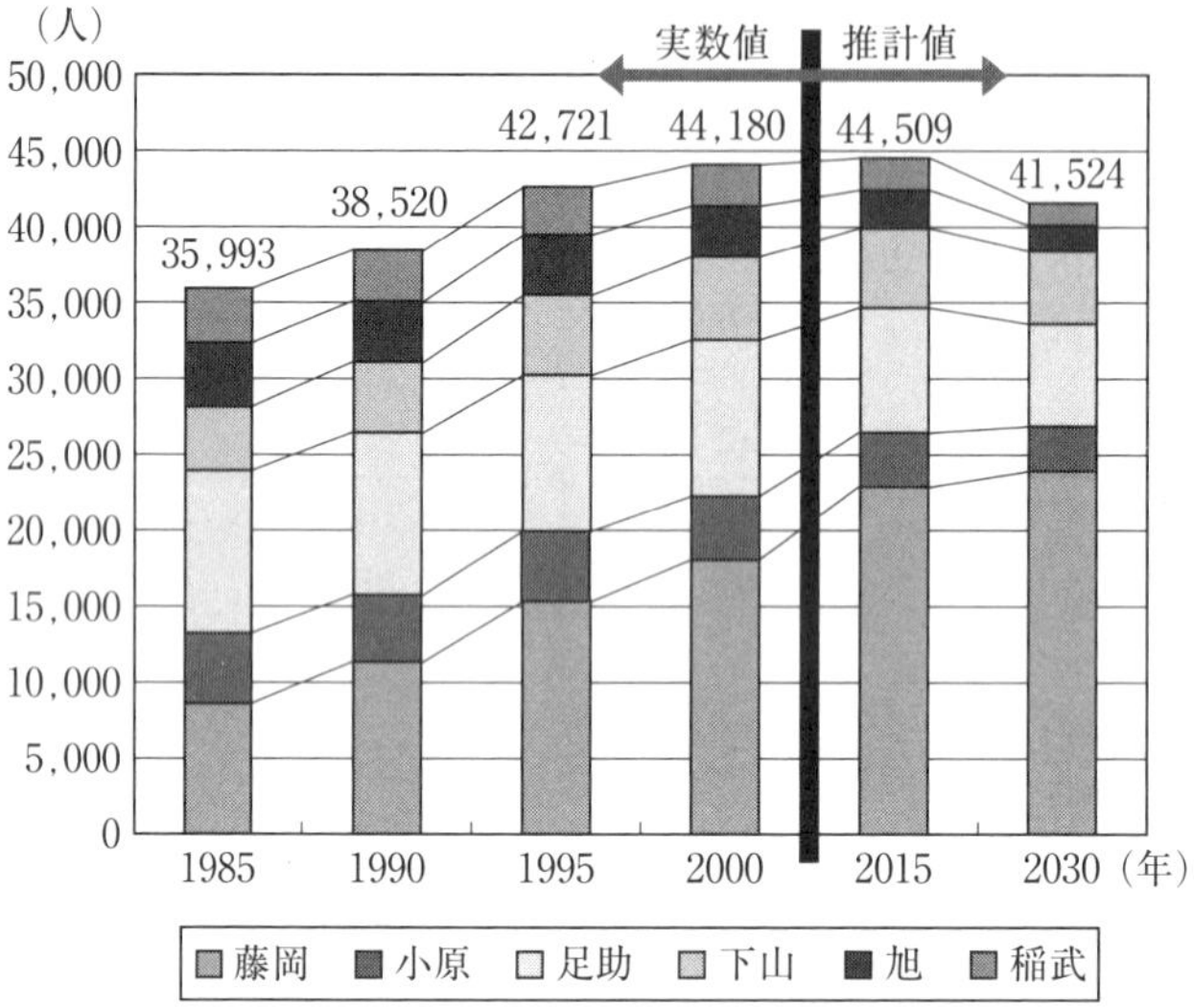


図 5-1　合併町村地区人口の推移および予測
出典：国勢調査より作成

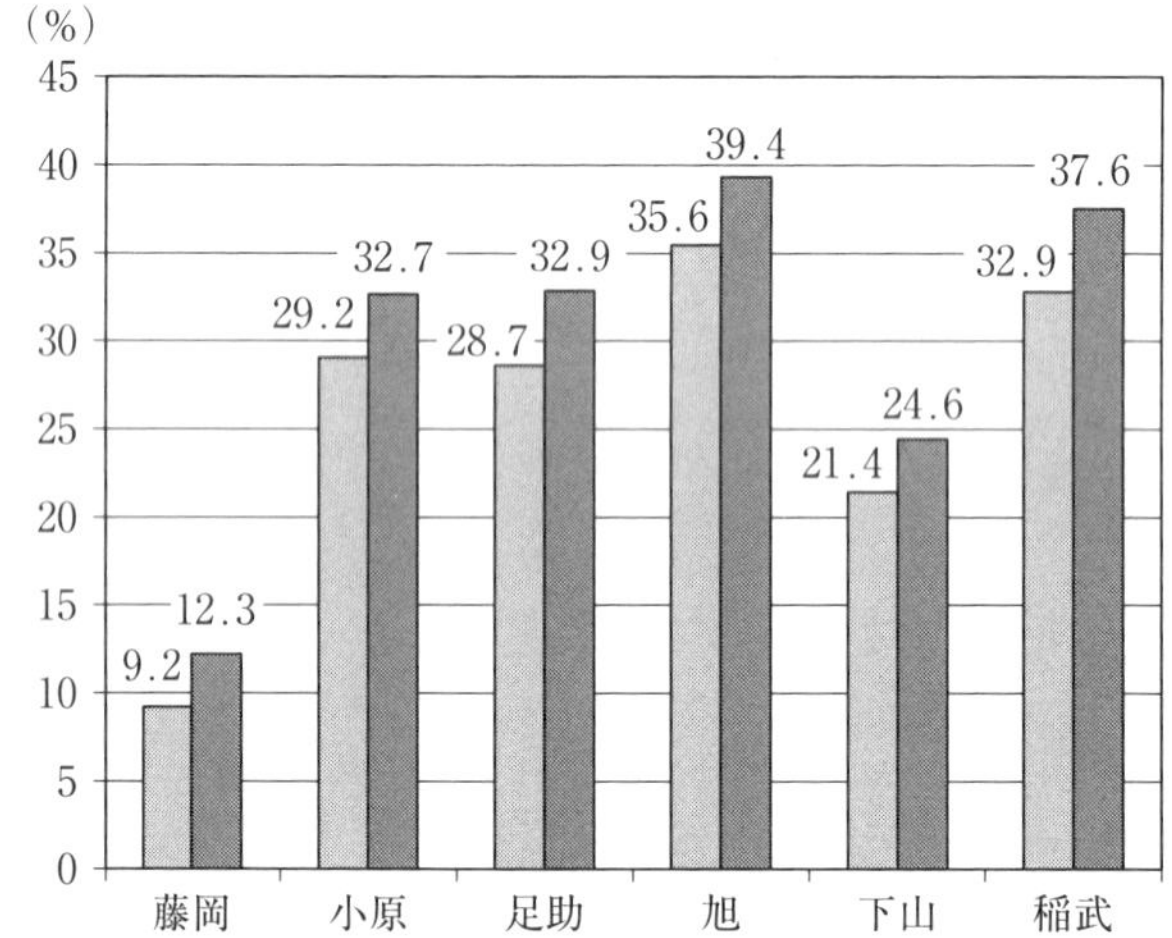


図 5-2　合併町村地区 2008 年高齢化率
出典：豊田市提供資料・国勢調査より作成

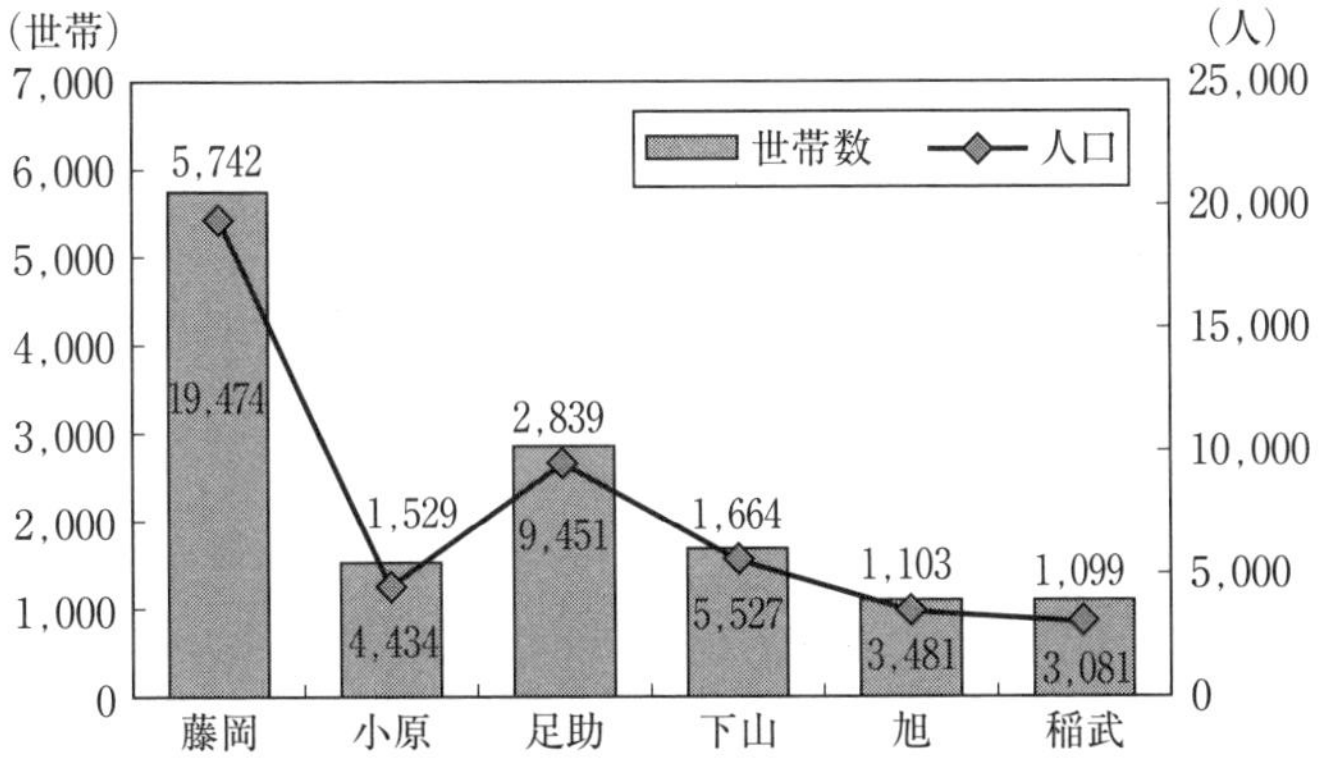


図5-3　合併町村地区世帯数と人口比較

出典：豊田市総務部庶務課資料（2006年9月1日現在）より作成

さらにこれを高齢化率五〇パーセント以上の集落に限って見た結果が、表5-2である。豊田市の提供資料によれば、高齢化率三〇パーセント以上の集落は一九〇あり、そのうち高齢化率五〇パーセント以上の集落は老人ホームのある足助地区追分自治区岩神町集落を除いて二〇、これらの集落の平均世帯員数はすべて三以下であり、高齢者のみの世帯、または高齢者の独居世帯がかなりの数を占めていることが示されている。高齢化率三〇パーセント以上の集落の平均世帯員数の分布を見たものが図5-4である。高齢化率三〇パーセント以上の集落の平均世帯員数は三・一二人、すでに集落や世帯の維持が困難な状況にあると見てよいであろう。

## (二)　産業の状況

合併町村地区の産業の状況を見ると、その構成は図5-5に示す通りである。藤岡地区が、旧豊田市街のベッドタウンとして急速な拡大を示し、またトヨタ系関連企業が進出してきているため第二次産業の比率が高く、かつ第一次産業の比率が極めて小さなものとなっているほかは、合併町村地区は共通して第二次産業の比率が低く、第三次産業への依存度が高いこと、さらに農林業を中心とする第一次産業が各地区経済の基幹であることが示されている。そして、ここに合併町村五地区の問題が存在している。それは、高齢化と過疎化が招く農林業の放棄という問題である。

表 5-2　高齢化率 50%以上集落の状況

| 旧町村 | 自治区 | 集　落 | 世帯数 | 平均世帯員（人） | 人口（人） | 65 歳以上人口（人） | 高齢化率 |
|---|---|---|---|---|---|---|---|
| 足助地区 | 椿立 | 漆畑町 | 5 | 2.80 | 14 | 8 | 57.1% |
| | | 大蔵連町 | 4 | 1.50 | 6 | 3 | 50.0% |
| | 追分 | 岩神町（老人ホーム有り） | 117 | 1.47 | 172 | 100 | 58.1% |
| | 足助大見 | 山ノ中立町 | 7 | 1.57 | 11 | 10 | 90.9% |
| | | 戸中町 | 12 | 2.50 | 30 | 20 | 66.7% |
| | | 有洞町 | 10 | 2.50 | 25 | 13 | 52.0% |
| 小原地区 | 矢作 | 百月町 | 8 | 1.88 | 15 | 9 | 60.0% |
| | 小原東 | 岩下町 | 11 | 1.64 | 18 | 10 | 55.6% |
| | 小原中 | 小原大倉町 | 20 | 2.60 | 52 | 27 | 51.9% |
| | 旭 | 雑敷町 | 6 | 2.33 | 14 | 10 | 71.4% |
| 旭地区 | 築羽 | 旭八幡町 | 14 | 3.14 | 44 | 25 | 56.8% |
| | | 坪崎町 | 6 | 2.67 | 16 | 9 | 56.3% |
| | | 伊熊町 | 29 | 2.86 | 83 | 45 | 54.2% |
| | | 余平町 | 13 | 2.77 | 36 | 18 | 50.0% |
| | 小渡 | 小滝野町 | 1 | 3.00 | 3 | 3 | 100.0% |
| | | 万町町 | 18 | 2.22 | 40 | 27 | 67.5% |
| | | 田津原町 | 31 | 2.58 | 80 | 41 | 51.3% |
| | 敷島 | 万根町 | 11 | 1.73 | 19 | 11 | 57.9% |
| | 浅野 | 上中町 | 20 | 2.40 | 48 | 29 | 60.4% |
| | | 下中町 | 23 | 2.43 | 56 | 29 | 51.8% |
| 稲武地区 | 川手 | 川手町 | 49 | 2.65 | 130 | 67 | 51.5% |

出典：豊田市提供資料より

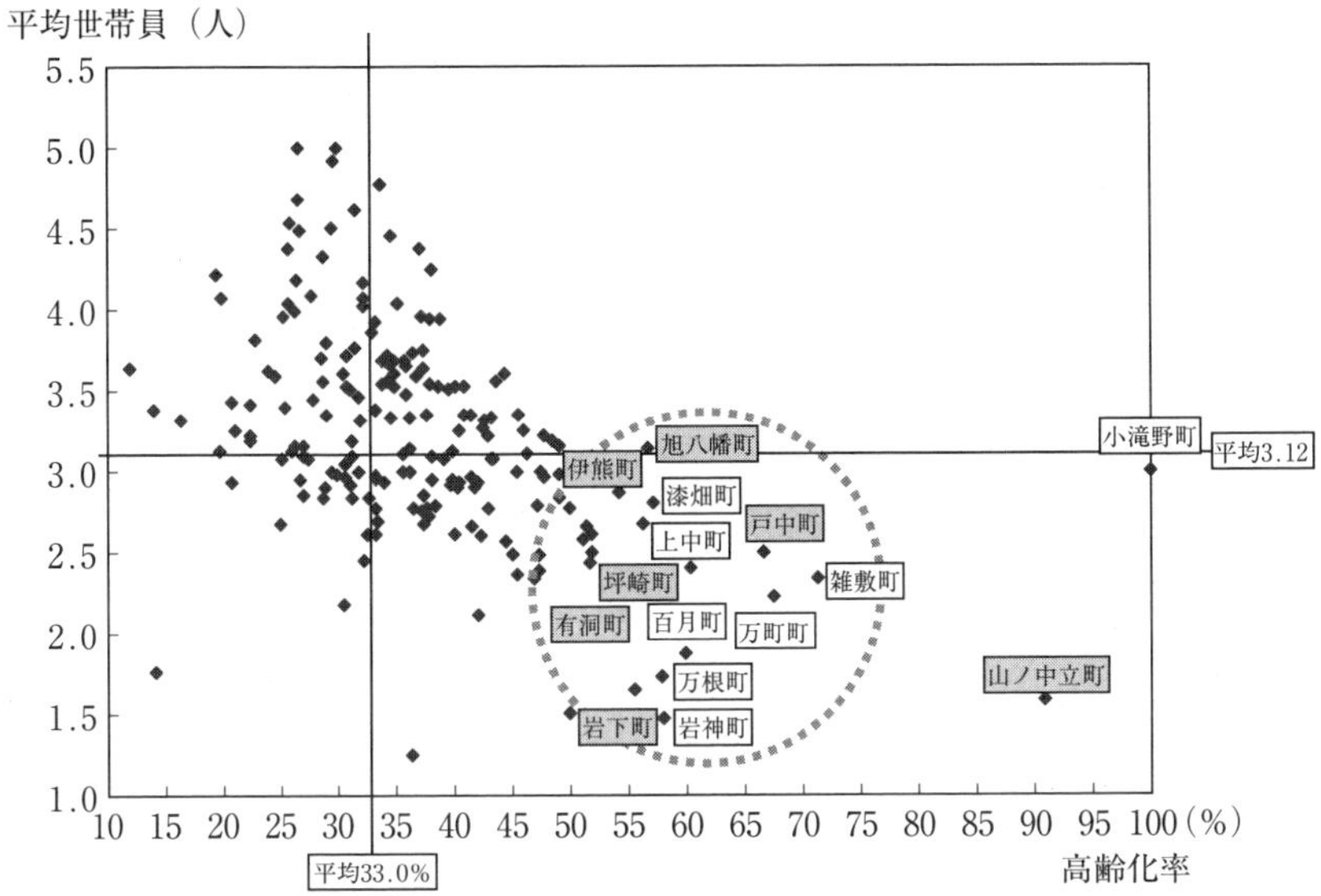


図 5-4　高齢化率 30%以上集落の平均世帯員数の分布
出典：豊田市提供資料より

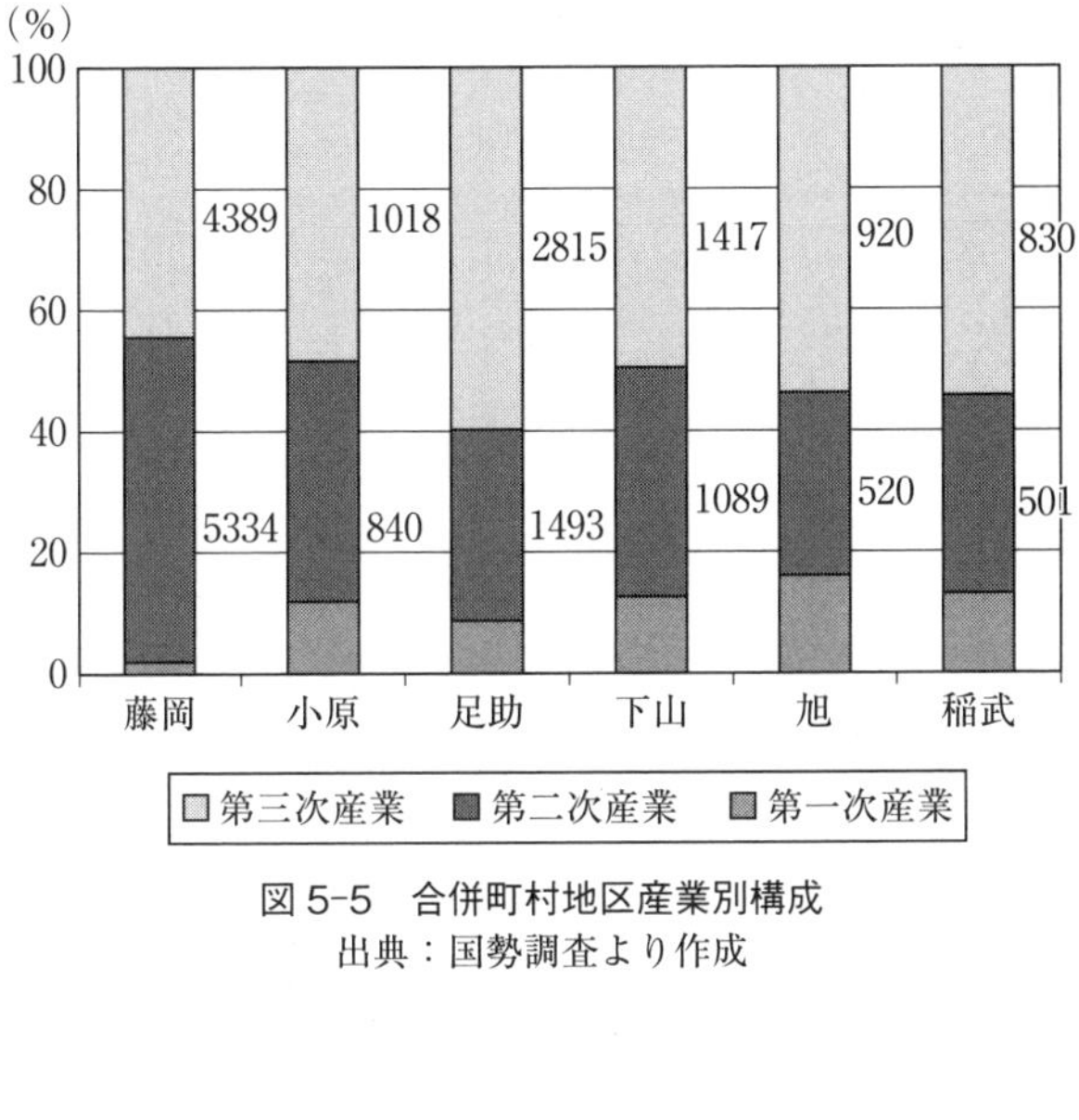


図 5-5　合併町村地区産業別構成
出典：国勢調査より作成

図5-6は合併町村五地区のうち、一例として小原地区を取り上げ、その農家人口と農業就業人口の推移を見たものである。一九七〇年と比して二〇〇五年は、農家人口は約半減であるにもかかわらず、就農人口は五分の一にまで減少している。これは農家の世帯規模が三五年間で約五分の二にまで縮小していること、それは農家の高齢化を示していること、また農家とはいっても専業農家はほとんど存在しておらず、第二種兼業農家さらには自給的農家（自宅で食べる分だけ作付けをしている農家）が大多数を占める状況であることを示している。

この傾向は、耕地面積と経営耕地面積の推移を見ることで、より鮮明にとらえることができる。図5-7は小原地区の耕地面積と経営耕地面積の推移を示したものであるが、耕地面積の急速な減少と経営耕地面積の急激な縮小を見て取ることができる。合併町村地区の農地の多くは農振法（農業振興地域の整備に関する法律）上、宅地転用が制限されている地域であり、図5-7に示される期間に宅地に転用されたとは考えられず、耕地面積と経営耕地面積の急激な縮小は、耕作放棄地の急激な拡大を示しているといってよい。

このことは、農業（さらには林業も含めた第一次産業）の衰退のみならず、次のような問題をもたらすことにつながっている。

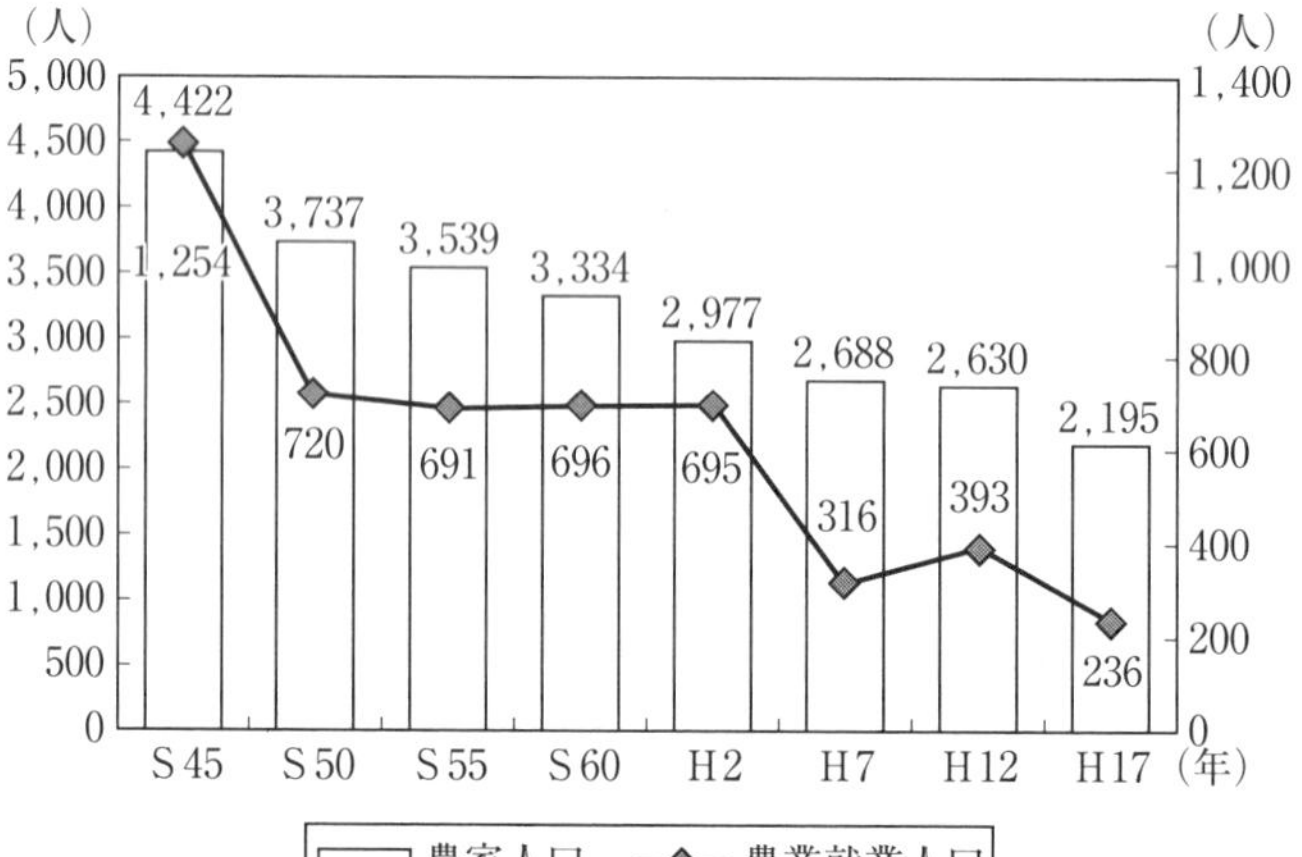


図5-6　小原地区の農家人口・農業就業人口の推移
出典：豊田市提供資料より

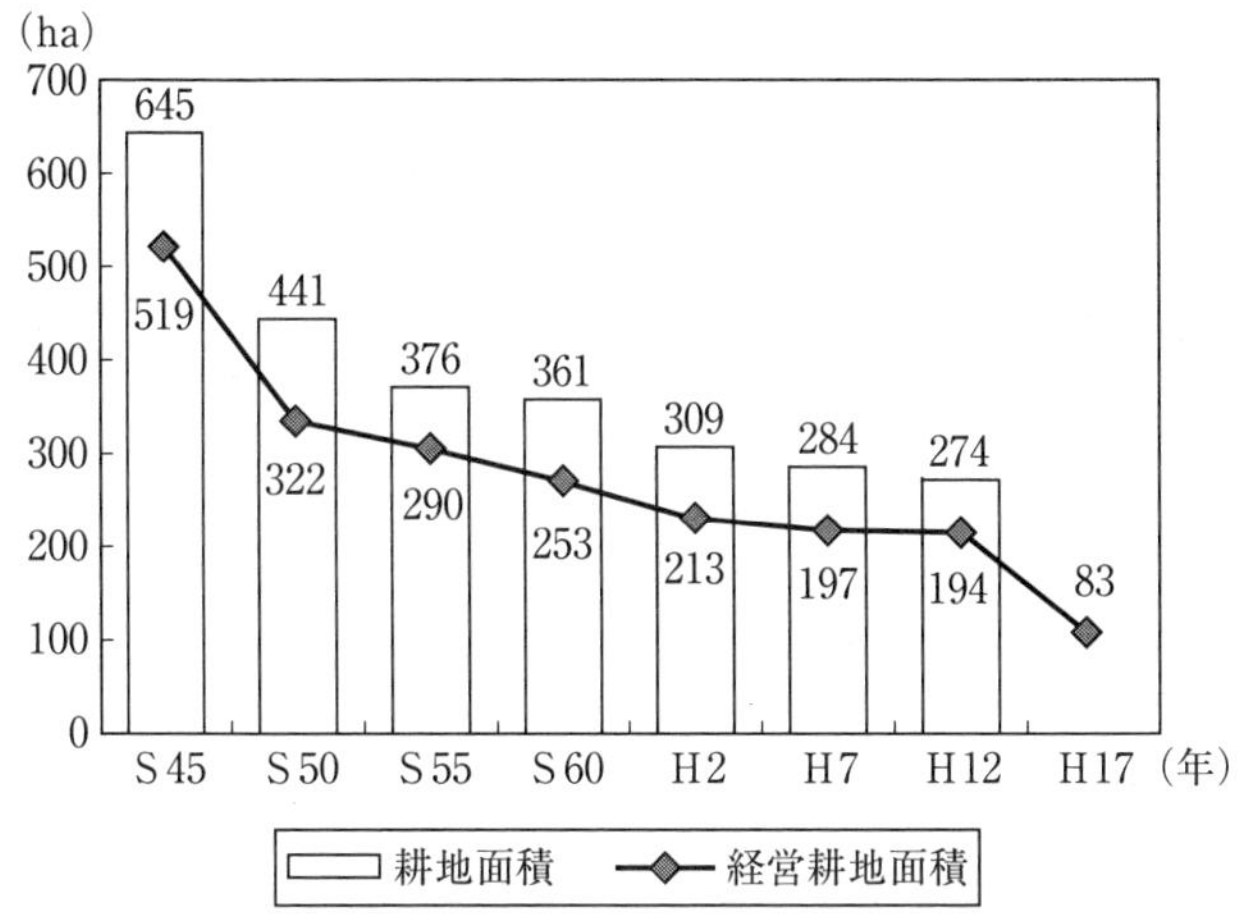


図 5-7　小原地区の耕地面積・経営耕地面積の推移
出典：豊田市提供資料より

つまり、①耕作放棄地の増加により、農地が荒れ、人の手が入ることで保たれていた美しい田園風景が失われていくこと、②林業の衰退によって山林が荒れ、水源としての山林の保水力と水質浄化力が損なわれること、③植林された杉・檜が管理されないことで痩せて商品価値を失い、それがさらに山林の放棄につながること、④間伐されたまま放置された樹木や立ち枯れした樹木、表土の流出などが、山の保水力を損なって水害を招くこと、⑤大量の流木と土砂が流域河川へと流れ込む災害をもたらすこと、である。しかも、山林の荒廃は、木の実のなる低木の生育を妨げるため、イノシシなど野生動物の餌不足を招き、それが里山付近の農作物の深刻な獣害を招いてもいる。

単に農作物や材木を生産する農林業が衰退するだけでなく、美しい田園風景としての農山村が消滅し、自然災害をもたらし、さらに農作物の獣害を増加させるという地域資源全体の枯渇をもたらす負のループができあがってしまっているのである。

### (三)　地域の人間関係

さらに、ここでは詳述しないが、合併町村地区において農林業を基本とした生活を営むために形成されてきたさまざまな地域社会の慣習や制度化された「お役」、さらにはいわゆる長老支配ともいわれるような年長世代の権限の強さと地域社会の閉鎖性なども、とくに若い人々を中心として、住民が当該地区から離れていく要因であることが指摘される。

一九五〇年代半ば以降、貨幣経済が農山村にも急速に浸透し、またトヨタ自動車の急激な事業拡大に代表される製造業の発展にともなって、農山村人口の産業労働者化が進んだが、それはまた合併町村地区のような農山村そのものが労働力の供給源として、農林業を放棄する方向へと住民生活のあり方を切り換えることを意味してもいた。今日、農林業を守っているのは、もっぱら、自らもかつては産業労働者であった退職した高齢者たちであり、その子ども世代である住民は、当該地区に住んでいようとも、農林業に従事してはいない。農林業を守るためにつくられてきた経験を重んじる地域の慣習や「お役」、さらには年長者を重視する人間関係のあり方の持つ合理性が、産業労働者としての若い住民の持つ合理性とは相容れなくなってきており、若い住民の反感や離反をもたらすことにもなっているのである。

### （四）文化的中心の喪失

また、合併にともなって進められる学校の統廃合がもたらす影響についても触れておく必要がある。各地区は旧町村時代には、基礎自治体として教育委員会を持ち、少なくとも義務教育段階においては最低一校の中学校と集落の分布に合わせた複数の小学校を設置、運営していた。しかし、合併にともない、法人格を失って旧町村役場が廃止となり、教育委員会も豊田市教育委員会へと一元化されて解消されることで、小学校の統廃合が進められることとなった。子どもたちは、長距離の通学となるため、スクールバスでの送迎が行われるなどの代替・補償措置がとられている。

小学校の統廃合については、子どもの学習権保障などの側面から議論されるが、同時に、この問題が地域住民に対して持つ意味を考えておく必要がある。地域社会のおとなたちにとって、学校は自分の子どもや孫が通う場所であるのみならず、自分が通った懐かしい母校であり、さらに年中行事である運動会や授業参観その他のさまざまな催しの時には、地域総出でかかわりを持つ地元社会の文化的な中心でもある。このような地域住民にとっての文化的・精神的な中心が、経済合理性を理由とする学校統廃合によって失われることで、地元社会が住民の求心力を失っていくことにもなっている。それは結果的に、合併町村地区を経済的に負荷の高い地区へと変えてしまってもいるのである。

## （五）合併町村地区をとらえる視点

以上のように、豊田市の合併町村地区は、社会の構造変容の中にあって、藤岡地区を除いて、すでに自治組織としての体をなさないほどにまで疲弊した集落を抱え込みながら、高齢化と過疎化にあえいでいるといっても過言ではない。このとき、課題となるのは、各地区住民が当該地区においてどのように生きようとしているのかを問うことであり、その問いをとおして、豊田市の行政として何ができるのかを、より大きな社会の動きの中で検討し、具体的な施策として実施していくことである。

この視点からは、合併町村地区の活性化を、従来のような「規模の経済」の論理でとらえて、産業の振興など量的な拡大を求めるのではなく、住民の地元への感情や思いを基礎とした自治の新たなあり方を模索する中で、まず自治組織としての機能を組み換えつつ、人々が相互にその生存と文化的な生活の保障を得ることができ、地元で安心して老いることができる仕組みを考えることである。そしてさらにそれを保障するための、またそれを保障した上で、地域の経済のあり方を構想することが求められる。この作業においては、高齢であること、ゆっくりであることや、地域の人的ネットワーク、さらに農業・林業などが新たな生活の価値として再創造され、それを経済的な価値創造へと結びつける仕組みを考えるという方向が導かれることになる。そこではさらに、地域住民相互の学び合いや、それをもとにした地域の伝統に根ざした生活の工夫、伝統工芸品や伝統的な加工食品などが新たな価値を持つような経済的な仕組みをつくりだすことが求められる。

それは、地域の住民の生活に即して、彼らの暮らしぶりを新たな経済的な価値へと組み込むことで、高齢化し、過疎化する地域社会を再価値化し、持続可能な社会を創造するということである。それはまた、こうした再価値化の試みをとおして、地域社会の求心力を高め、地域社会の魅力を高める方途を探るということでもある。

## 四、自治体合併と生涯学習の新たな課題

人々が生活を営む場所には、経済が生まれ、そして文化が形づくられる。この二つは相互に絡み合いながら、人々の感情を規定し、また感情によって規定されるものとなる。この経済・文化・感情の三者が相互規定の関係をつくりだし、それが人々の生活を豊かにしていく環がつくられるとき、その場所は人々にとってかけがえのない故郷となる。しかし、この故郷はひとり孤立して、閉塞的に存在することはできない。それは常にその場所を取り巻くより大きな経済の動きや文化に規定されながら存在し、その動きの影響をその場所へと持ち込むものが、人々の生活に対する思いや感情であるという関係が形成されている。人々は常に、自分の生活の持つ論理にもとづいて、その時々でもっとも合理的な判断をしながら、より大きな経済や文化の動きを取り込んで生活を営み、それがまた故郷の経済と文化を豊かにしていく。このような連環がつくられているとき、その故郷である地域社会は、人々にとっての生活世界全体となる。

ところがこの連環は、地域社会とそれを取り巻く外部社会との経済構造のずれによってゆがみが生まれ、人々の生活の論理が外部世界の発展の論理を採用することで、破綻へと歩みを進めることになる。人々の生活の論理とそれにもとづく感情が、外部社会の論理を取り込みながら、地元の経済と文化を組み換えるのではなく、より大きな経済の構造的な変容が、地元経済と齟齬を来すとき、または地元が依拠している経済のあり方が構造的に古く弱いものとなっていくとき、人々は故郷であったはずの地元を放棄する形で、自らの生活を豊かにする方向へと足を踏み出すことになる。このとき、人々の帰属は、故郷ではなく国となる。それは、つまり、都市化の論理が社会に貫徹しつつ、その動向に後れを取った地域社会が切り捨てられていく過程でもある。都市は国家であり、農山村は常に都市化せざるを得ないのである。ここにおいて、住民は国民へとその軸足をずらしていくことになる。

それゆえに、この過程においては農山村の疲弊は必然となり、かつ国家全体の都市化によってそれは賄われるべきこと、つまり国家的な保護・保障の対象として、利益分配を受けるべき存在へと農山村は転じていくことになる。従来の地方交付税と補助金を基本とした農山村への利益分配と人々の意識の動員は、そのことを如実に物語っている。これがいわば第二次産業、製造業を中心とする産業社会をベースとした国家のあり方であった。そこでは、農山村居住者は、産業労働者つまり工場で働く賃金労働者になることで、生活の糧を得、農山村社会には貨幣経済が浸透して、廉価な労働力の供給源であると同時に、都市の市場として機能することが期待された。

そしてさらに国家は、民衆の欲望を組織しながら、次の段階へと歩みを進めていく。つまり金融と消費を基本とする金融経済・大衆消費社会ベースの国家へと展開し、トーキョーが国家化し、国家はグローバル化しながら、トーキョー以外の国内地方を切り捨てていく。都市化した農山村が、都市もろとも地方化され、周縁化されるのである。これが昨今のグローバリゼーションと構造改革の一つの形であり、「平成の大合併」の姿でもある。

このような動きは、人々が生活の改善のために選択を重ねた結果、疲弊してしまった農山村をさらに崩壊へと導くだけでなく、人々が故郷を捨てながら自らの帰属先として選択していった国家そのものを解体へ導く。つまり、国家の保護が後退するため、人々は外部世界へと開かれているはずの感情を閉じ、内部へと閉塞していくこととなる。その一つの表れが、本章でも指摘した合併町村地区の自治区長、さらには高齢者たちの閉塞感であり、またあきらめにも似たかたくなな守旧的な態度・感情であるといってよい。

しかし、このような構造的な変動は、地域住民が感情を国家から回収し、自らの足元である地元社会へと置き直しながら、従来の産業社会において整備されたインフラを利用して、都市化した農山村を公共財としての都市・自然の共生空間へと組み換え、自立的で持続的な社会を構成していくことにつながる可能性を秘めたものでもある。それこそが、国家中央から切り捨てられ、自立を迫られて、否応なく合併を選択させられながらも、合併の理念を実現していこうと呻吟している、それぞれの地域社会の持つべき力なのではないであろうか。ここに地域住民の生活と深くかかわる学び、すなわち生涯学習の新たな地平が広がっているといえる。生涯学習は、この地域社会を、地域住民が生きるに値する〈社会〉へとつくりだすためにこそ存在する必要がある。

[注]

（1）牧野篤・上田孝典・松浦崇・古里貴士「生涯学習と都市内分権―交流型コミュニティの構想―（豊田市合併町村地区交流館施設調査報告）」、『名古屋大学大学院教育発達科学研究科紀要（教育科学）』第五三巻第一号、二〇〇六年、一九二頁、一九七頁など。

（2）たとえば、保母武彦『「平成の大合併」後の地域をどう立て直すか』、岩波ブックレット、No.693、二〇〇七年、六頁など。

（3）牧野篤・松浦崇・上田孝典・古里貴士・鈴木希望・水野真由美「自治体改革における分権型社会構築の課題・方向と生涯学習―豊田市『分権型社会における地域力向上調査』報告―」、『名古屋大学大学院教育発達科学研究科紀要（教育科学）』第五三巻第二号、二〇〇七年三月、上田孝典の整理による。

# 第六章　住民自治組織の再編と公民館の役割――長野県飯田市の改革を一例に――

## 一、基本的課題

### (一)　飯田市公民館への着目

一部大都市を除いて、日本全国の基礎自治体があえぎ始めている。すでに述べてきたように、日本の地方行政＝自治制度は、いわゆる近代的な国家システムとしての地方公共団体＝自治体制度と、旧来の地縁関係に定礎された地縁共同体的な住民の自治組織の二重の構造をとり、そこに住民である民衆を国民へと育成する単位、つまり学校（校区）が介在して両者を結びつけることで、住民自治として機能してきたともいえる性格を有している。しかし、近年、この住民による自治が急速に後退している。それはまた、地縁的な基層の住民自治組織の急激な疲弊として表出している。

筆者が飯田市に注目するのは、その公民館を基本とした社会教育実践の歴史と実績にある。もともと合併自治体である飯田市は、合併後も旧町村の自治単位に公民館を設置し、専任職員としての主事を配置するとともに、住民による学習を組織して、学習実践だけでなく、住民による地域のまちづくり実践の展開を保障するなど、極めて高い地域自治のあり方を実現してきた。それはまた、旧来の町村が強固に持ち続けてきた地縁的な共同体の論理を、公民館を中心とする学習の拠点において組織し返すことができていたことを示している。

しかし、社会的・経済的な構造変容は、飯田市の社会教育にも大きな影響を及ぼし、飯田市も従来のような社会教育行政と実践の継続では対処しきれない問題に直面しているように見える。飯田市ではこの問題を解決するために、二〇〇五年の合併を機に、行政のあり方を、これまでの地域自治を基礎として、分権型に切り替える試みが進められている。そこでは、従来のような極めて強固な地域自治に支えられる公民館活動を基礎とした社会教育の実践と地域社会のあり方から、より柔軟な多様性を持った地域住民の組織との連携によって、旧来の住民の地縁的自治組織に代わる住民の自治をつくりだそうとする方向性が模索されている。そのためにこそ、公民館を中心とした社会教育が地域住民との連携を強化し、新たな地域社会のアクターを育成していく中核的な役割を担うべきであるとされる。この過程で、疲弊し、解体していく旧来の自治組織に代わって、住民の自発的な意思にもとづく新たなアクターとしてのボランティア組織やＮＰＯなどの組織が、地域の協議会へと組織化されて地域社会を新たに結び直し、自主的で自律的な地域社会を再生する可能性が探られているのである。

### (二)　地域自治組織導入の試み

この一つの形が、地方自治法にもとづいて二〇〇七年四月に制定された自治基本条例と、この条例によって行われた地域自治組織の導入である。この地域自治組織は、①地域自治区と②まちづくり委員会とからなり、①地域自治区には市の組織として地域協議会とその拠点である自治振興センターが設けられ、②まちづくり委員会には住民組織として、従来の自治会などの自治活動組織が委員を選出している。

地域協議会には、地域住民の自発的意思にもとづくさまざまな組織・団体の代表者や個人が市長からの委嘱により参加しており、地域自治区の運営についての議論を重ね、行政による施策や事業を審議する機能を担っている。また、まちづくり委員会には従来のいわば地縁的な自治組織である自治会や区・常会などが代表者を選出して、各地域の実情や課題に即して組織される委員会に参加し、各地域課題を解決するための活動を進めることとなっている。公民館も地域の団体としてこの委員会に参加している。その上で、まちづくり委員会の代表者が地域協議会にも参加し、地域協議会との連携が図られている。飯田市の新しい地域自治の仕組みでは、いわば、旧来の自治組織とその連合体、それに新しい地域協議会との三重構造がとられているといえる。しかし、この三重構造をとる地域の自治的な組織のあり方がどのように機能すべきなのか、いまだ模索の段階にあり、今後の展開は十分に見通されたものとはいい難い(1)。

この試みは、旧来の基層の自治組織が解体し、また行政的な補填が後退することで生じる社会の欠落を、一方でまちづくり委員会という形で旧来の住民組織を改めて組織化して地域課題対応型に切り替えつつ、他方で、より自主的で自発的な組織の協議体によって地域社会を覆うことで補おうとする、またはいわばジグソーパズルのピースをはめるように代替する新たなアクターを準備しようとするイメージに近いものであるといえる。しかし、地域課題対応型の組織は、何を地域課題とするのかによって、課題の取りこぼしを起こしやすく、地域住民の生活全般をカバーするものではない。また、新たなアクターはあくまで住民の自発的な意思にもとづく自主的・自律的な組織なのであり、旧来の地縁共同体的な自治組織を代替し得るのかどうかは不明である。これら住民の自主的・自律的な組織が旧来の自治組織を代替し得ない場合、地域社会そのものが機能不全を起こす可能性も否定できない。

この意味では、飯田市においては、極めて強固な地域自治に支えられる公民館活動を基礎とした社会教育の実践と地域社会のあり方から、より柔軟な多様性を持った地域住民の組織との連携による、自らを組み換え続けることによって住民の自治をより確かなものとしていく社会教育実践への展開が求められているものととらえられる。それは、静的な資源配置のためのコミュニティ・システムから、動的な、常にそれ自らが変化し続けることで、新たな仕組みを構築し続ける、関係性としてのコミュニティ・プロセスへの展開が求められてもいるということであろう。この意味では、前述のような三重構造をとる地域の自治組織が、三重の構造をとるがゆえに常に対流の関係を形成して変化し続けることでこそ、地域の安定を生み出すことにつながるようなあり方をつくりだすことが求められる。

## (三)　新たな〈社会〉の生成と公民館

この論理においては、旧来のような共同体規制から解放された自由で孤独な個人が、顔の見えない市場において生産と消費を繰り返す不安定な市場社会ではなく、相互承認関係にもとづく、地域社会に十全に位置づいているという感覚を基礎にした、自己がその地域社会において他者との関係を十全に生きているという自由を獲得しながら、他者との〈関係態〉である個人が常に関係を組み換え、よりよい生を全うする営みを続けることが生産と消費であるという、安定的で、しかも動的な、常に移行し続けることで、人々の生活基盤である「経済」「福祉」「文化」をその「存在」において結びつけ続ける〈社会〉を構想することが求められる。それは、住民組織を地域の課題に限定してとらえるのではなく、むしろ地域社会を、人々をその「存在」に即する形で結びつけていくための柔軟で重層的なクラウド状の組織として構想することである。そしてそれは、住民の「存在」と深くかかわっているということにおいて、すぐれて生涯学習の課題なのだといわざるを得ない。

このような〈社会〉のあり方を模索し、実現し続けていくためにこそ、住民の学習を保障し、その拠点を整備する公的な社会教育・生涯学習が果たすべき役割を突き詰めていくことが求められる。それはまた、動的であることで平衡状態を保ち得るプロセスとしての〈社会〉のあり方を、住民の尊厳と存在にかかわる生活の地平で構想しつつ、それを学習論として構成していくこと、そして、学習論を実践へと展開することで、地域住民が自らを地域社会に十全に位置づけ、他者との相互承認関係を構築し、地域社会を学習に基礎づけられる相互関係の多重なネットワークで覆いつつ、常に変化し続けながら住民の生活を十全に保障し得る体系へと構築していくことを意味している。このことは、私的な活動である学習が公共性を持っていることを、公的な保障の体系へと位置づけるように、改めて要請する。これこそが今日、公的な社会教育・生涯学習に課せられた主要な課題の一つであるといえる。そして、この社会教育・生涯学習の地域における拠点が公民館なのである。

## 二、飯田市公民館制度の特徴

### (一) 公民館の位置づけ

飯田市公民館制度の特徴を一言で表現すれば、極めて高度かつ強固な地域性と自立性であるといってよい。飯田市の公民館体制は、連絡調整館的な役割を果たす飯田市公民館の他、合併町村地区ごとに一館、合計二〇の地区公民館から構成されている。地区公民館は独立並列方式、つまり独立設置でありかつ相互に対等並列の関係として配置され、さらに、地区公民館の下に地域住民の基本的な生活単位ごとに配置される分館が合計一〇五館設置されている。飯田市公民館は、これら地区公民館の連絡調整と新たな地域課題や生活課題に対応したさまざまなモデル的事業を展開し、地区公民館への普及を図ったり、社会教育事業の指導者の育成などを行うことが主な役割とされる。

地区公民館には、住民から選出された非常勤の館長と、同じく住民から選ばれた委員から構成される「文化」「体育」「広報」等の委員会が置かれ、事業の企画運営を行っている。また、市の職員として専任の公民館主事が、すべての地区公民館に一名ずつ配置されている。

公民館の位置づけについては、一九七三年にまとめられた運営基準があり、そこでは次の四つの原則が掲げられている。①地域中心の原則、②並列配置の原則、③住民参画の原則、④機関自立の原則である。この四つの原則は、相互に補い合う関係を形成しているが、それを飯田市公民館制度の特徴に照らして解釈すれば、基本的には、①地域中心の原則を頂点として、それぞれが直前の原則を保障する関係の体系をとっているように読める。それゆえに、この体系の中では、④機関自立の原則が公民館の位置づけにとっては極めて重要な土台として作用することになる。

機関自立の原則とは、公民館は社会教育法上に明記され、かつ飯田市の条例によって規定される社会教育施設であり、一般行政いわゆる首長部局からは相対的に自立した教育行政、つまり教育委員会によって管理される施設であることが前提となる。つまり、公民館そのものが一般行政からは相対的に独立した教育機関として認識され、その活動は地域住民によって主体的に企画運営されることが保障されなければならないのである。しかも、公民館はその設置のいきさつから、旧町村を基本的単位とした自治組織に立脚して、地域社会への極めて強い指向性を持っており、地域社会は公民館を一つの地域自治団体として受け止めてきたという歴史がある。それゆえ、この原則が提起された当初は、公民館は市の教育委員会からも相対的に自立していることが含意されていたといわれる。公民館は、強固な地域性を基礎に、一般行政からだけではなく、市の行政そのものから相対的に自立した教育機関として位置づけられてきたものといえるであろう。しかも、公民館のこの位置づけの背景には、後述するように、公民館を施設というよりは地域住民の生活を支える活動の結節点、つまりハコモノではなくヒト、さらにはそのヒトが織りなす活動の「〈場〉＝団体」であると受け止めてきたという、地域住民の意識が存在しているように見える。

このため、二〇〇七年の行政機構の再編にともなう地域自治組織導入にあたっては、公民館を教育施設から地域の自治的団体へとその性格を移行させることの是非が問題となったほどであった。そしてここでも、前述四つの公民館の位置づけが機能したように見える。つまり、公民館を教育施設から地域自治団体へと移行させることで、その所管が首長部局に移り、その結果、一般行政と地域自治との間で教育行政がバランスをとりながら公民館の自立性を保つ関係が崩れ、一般行政が関与することで公民館の自立性が損なわれ、結果的に地域の強固な自治が揺らぐことが危惧されたのである。つまり、行政機構上は施設であり、住民意識としては団体であるという公民館の位置取りが、その高度な地域性と自立性を担保してきたのだが、その位置取りを保障してきたのが、一般行政から相対的に自立した教育行政つまり教育委員会所管という行政上の公民館の位置づけなのであった。そのため地域自治組織の導入にあたっては、このような公民館の性格の確保が第一義的に重視され、公民館は地域の自治的団体が構成する任意団体であるまちづくり委員会のメンバーとして一団体の扱いを受けつつも、教育行政の下にある教育施設として、その行政的な自立性は確保されることになった。これはまた、公民館主事の性格づけともかかわる問題である。

## (二)　公民館主事の「専門性」と地域社会

飯田市の地区公民館には、既述のように専任の公民館主事が一名ずつ配置されている。この公民館主事配置の体制は、「行政の公民館化」と呼ばれる行政方針にもとづいて進められたといわれる。つまり、合併自治体である飯田市は、合併後も旧町村の自立性を高度に保つ行政を展開し、その拠点として公民館を位置づけてきた。このとき、公民館は地域住民の文化的な中心であるだけでなく、生活課題解決のための学習拠点であり、また日常的な住民の交流ネットワークの拠点でもあった。この公民館に専任職員としての主事を配置することで、主事が地域住民との関係の中で、いわば地域課題への接近力を培い、住民とともに課題を解決する手法を身をもって体得し、それを行政へと持ち帰ることで、飯田市の行政全般が市民生活の現場への接近力と問題解決力を高めることが期待されてきたのである。

そのため、飯田市の公民館主事は教育専門職として位置づけられるものではなく、一般行政職員が、教育委員会発令により教育委員会へ出向することで各公民館に配置されている。そして、このような公民館主事の行政上の位置づけが、また公民館の自立性を高めることとなっている。つまり、一般行政職員である主事は、一般行政職員として首長部局の管理下にある職員でありながら、公民館主事である期間中だけは教育委員会の発令による公民館に勤務する教育行政職員として、一般行政からも教育行政からも、その相対的な自立性が保障されることになるのである。この主事の自立性が公民館の自立性と相乗効果を持つことで、公民館が地域住民により近いところでさまざまな事業を展開することを可能にしているのである。主事の自立性は、彼ら自身の口から聞かれるように、自分の頭で考えて、自分の判断で課題を見いだし、自分で考えて行動するということを基本としている。

主事の養成に関しては、公民館主事会および主事と地域住民との関係が大きな役割を果たしている。公民館主事会は、地区公民館の主事と飯田市公民館の主事とで組織され、公民館事業について話し合う定例主事会（月例会）の他、年四回の「主事会報」の発行などをとおして、主事の力量形成とその向上を図っている。また、一九九三年からは主事会としての重点課題を決めてプロジェクト・チームを発足させ、社会の変化に対応し得る主事の力の育成を図っている。

主事と地域住民との関係については、公民館の配置と分館活動など施設整備のあり方が深くかかわっている。既述のように、旧町村を基本的な単位として配置されている地区公民館はすべて独立館であり、地域住民にとっては、地域の文化や精神的な中核的位置を占める施設であるとともに、常に生活課題を持ち込んでは、その解決のために住民が知恵と力を出し合う場所として機能している。そのため、公民館主事は地域住民にとっては公民館をその地域のものとして運営するために重要な存在である。それはまた、公民館主事に対しては、地域住民から公民館が本当にその地域の側に向いているのかどうか厳しい視線を向けられるということでもある。このため、住民の公民館へのかかわりも積極的であり、筆者らの訪問調査でも「主事は地域が育てる」との声が各地で聞かれている。主事は、一行政職員然としていることはできず、地域住民とのかかわりにおいて、公民館という地域の拠点施設を運営し、地域の住民の生活課題に真正面から向き合うことが求められ、地域住民とかかわる力を身につけるよう迫られるのだといってよい。公民館を運営し、地域住民を指導・教育するのではなく、地域住民によって育てられ、住民生活に敏感になり、地域課題を掘り下げて、住民とともに解決の方途を探ることのできる市職員として力をつけていくということであろう。

また、市内一〇五か所の分館がすべて住民によって運営されていることも、地区公民館の主事と住民との距離を縮める役割を果たしているものと思われる。

そして、行政内部では、公民館主事経験者相互の連携がとられることで、「行政の公民館化」つまり住民課題への接近力を強め、課題解決のために動ける行政組織を作ることが進められるという構造がとられている。

地域住民が公民館主事をいかに重視しているのかは、次の逸話からもうかがい知ることができる。二〇〇七年度の地域自治組織導入時に、飯田市連合自治会の役員から、公民館を教育委員会所管からはずして、地域団体へと移行させ、地域住民による運営に切り替えるよう要求が出された。公民館を条例公民館から自治公民館へと移行する要望が出されたのである。この要求に対して、市長が、「では、公民館は首長部局が管轄する地域団体の施設として運営されることになるので、公民館主事を廃止して引き上げる」と話したところ、公民館を地域団体へと移行する要求は取り下げとなったのだという。地区公民館を自治公民館として地域住民による運営へと切り替えるよう要求が出された背景には、一部の地区で、①公民館長の任命・処遇のあり方への疑問、②教員出身者が館長に任命されることが多いことによる、館長の持つ教員文化の閉鎖性や地域課題への無理解に対する不満、③公民館専門委員会の長や委員の選任プロセスの不透明性への不満や、④地域住民のまとまりの欠如への危機感などが表面化していたことがある。しかし、地区公民館に配置されている主事については、自治会役員をはじめとして、地域住民は高く評価していたのである。

以上のように、飯田市では公民館の位置づけと公民館主事の位置づけの双方において、一般行政と地域住民との間を教育行政の相対的自立性が媒介することで、一般行政とはつかず離れずの良好な距離感を保つことができ、住民の学習を基盤とした地域社会の自治の核としての公民館が維持されてきたといえるであろう。しかし反面、公民館が教育委員会の管轄下にあることで、地域の住民による自治と距離が生じた場合、住民から厳しい批判を受けることにもなる。主に館長の処遇をめぐる自治会つまり住民の不満は、そのことを端的に示しているといえる。一般行政職員でありながら教育委員会出向という主事の位置づけが、各地区公民館が行政的に微妙な距離感・バランス感を保つ役割を果たしているものと見える。

## （三）　地域社会の変容・可能性

しかし、社会変動の波は飯田市をも洗っている。とくにこれまで地域住民による強固な自治を実現してきたさまざまな地縁的な自治組織が解体・消滅することで、地域の自治力の低下が見られるのである。地縁的な自治組織は、青年団や婦人会（女性会）を筆頭にすでに解体し始めており、自治会・町内会も一九七〇年代より組織率を落としながら、高齢化を迎えている。このような自治組織の疲弊はまた地域社会の変容と軌を一にしていると見るべきであり、それは経済構造の変容による人口の流出と少子高齢化による高齢化の急激な進展、およびこの両者が重なり合うことによる地域の人口減少として現れている。それはまた、地域社会の人口を社会減から自然減へと転換させつつ、そこに生きる高齢者の気力を奪う方向へと作用している。

ここに、地縁関係に依拠するように構成されている旧来の自治組織の崩落が起こることになる。従来の地縁的自治組織の組織形態は一戸一票の戸主代表制であるといってよく、一家庭がその地域の「お役」を引き受けると同時に、戸主など一家庭の代表者が地域の諸課題を検討し、その解決や地域の慣習・慣例にもとづく行事を執り行う形がとられていた。そのため、このような地縁的自治組織は往々にしていわゆる長老支配を招きやすく、役員なども固定化する傾向を強めざるを得ない。しかも、人口減少と高齢化が進む地域においては、役員の世代交代が進まず、高齢者が地域のさまざまな行事を執り行うことで、一戸を代表し得ない若者や嫁などの意見がとおらず、結果的に若い世代の離反を招いたり、高齢者が気力を失うことで、地域全体の活力が沈下していくという状況が招かれたりしている。また逆に、人口増加地区などでは、単身の若者世帯が多く、本来彼らも世帯主として自治会に参加すべきではあるが、生活のあり方や意識など戸主代表制に馴染みにくく、彼らの離反を招いてもいる。

これが、旧来の地縁的自治組織の弱点であるといえる。この地縁的自治組織が、当該地区全体を覆っていたがゆえに、地域の半ば強制的ともいえる、全戸参加による「自治」を基盤とした地方自治体の行政が機能してきた反面、それは、一戸を代表し得ない人々を抑圧したり、代表者以外の住民が持つ新しい意見や観点を反映して、地域を活性化するには適していない性質を持つ組織でもあったといってよいであろう。そして、これまでの飯田市の公民館も、このような地域の人間関係に規定された、各種の活動を行う団体として位置づけられていたという側面は否めない。

しかし、このような状況に対して、たとえば子育て支援活動をとおして、若いお母さん方が結びつくことでＮＰＯやボランティア団体などが立ち上げられ、活発な活動を展開しているように、地縁的な関係から離れて、また一戸を代表するのでもなく、自らの必要と志にもとづいて、必要なサービスを必要な人に届ける活動が各地に見られるようになったのも事実である。そして、公民館が地域のリーダーを発掘したり、人々を結びつけるコーディネーター的な役割を担うことで、公民館を拠点として、新しいグループや団体が活動を展開する動きが活発化してきている。これらの団体は、公民館を拠点としてはいても、地縁的な組織ではなく、むしろ自分の必要やボランタリーな志に支えられた組織であり、いわば志縁組織とでも呼ぶべきものである。このような志縁組織が、公民館を拠点として各地域で活発な活動を進めることで、新たな形で住民を結びつけ、旧来の地縁的自治組織が崩落していく地域社会において、新たなサービスを提供する組織としての役割を果たす可能性は高いと思われる。

またさらに、このような志縁組織の活動は、学習と密接な関係を持っており、常に学び続けることで、メンバーの力を高めつつ、新たな社会的な課題に対応しようとする動きを示している。しかもこの学びは、学ぶことで新しくなっていく自分を発見し、さらに他者との間で学びを組織して、次の活動へと展開しようとする楽しみをもたらし、その楽しみを核としたさまざまなグループや団体を組織することへと展開していく。これをここでは楽縁組織と呼んでおきたい。

これら志縁組織や楽縁組織が、公民館を核として新たな地域社会の形成に歩み出すとき、そこに新たな地域社会を形成する可能性を見通すことができるものと思われる。

## 三、飯田市の再編と公民館の課題

### (一)　飯田市再編の構想

飯田市公民館制度の改革は、飯田市の行政的再編と無縁ではない。それは、むしろ、経済構造の変容と少子高齢化・大都市への人口一極集中という大きな社会変動の中にあって、一地方都市であり、かつ下伊那地方の中核的な都市である飯田市が、自らの存続のために迫られた再編と、その再編がもたらした地域自治の体系の改変によって、いわば強制的になされざるを得なかったものであるという側面を有している。公民館制度の改革は、直接的には、飯田市における地域自治制度の導入を契機としているが、その地域自治制度導入の背後には、このような必要に迫られて構想された、飯田市全体の再編構想が存在している。それは、「定住自立圏」（基礎自治体を核にした定住できる自立した圏域）の確立であり、持続可能な地域づくりによる「文化経済自立都市」飯田の実現である。これはまた、政治レベルの議論としては、地方分権・地域主権の実質化であり、昨今の分権化の流れの中で、基礎自治体がいかに自らを自立した行政体として形成し、住民生活を守るのかという課題に応えようとするものであるといえる。

そして、それを実現する方途として現市長の牧野光朗氏が提唱するのが、地域経済活性化プログラムや人材誘導プログラムなどを通して、「産業づくり」「人づくり」「地域づくり」を進め、長期的な「人材サイクル」を確立しようとする構想である。この「人材サイクル」の考え方は、「地域づくり」「人づくり」「産業づくり」の三つのバランスをとった上で、文化的な自立を目指すためには、どのように人を循環させる必要があるのかという視点を持つところに特徴がある。この構想では、飯田市の文化的な価値を高めつつ、単に人が住み続けることができ、また帰ってきたいと思えるだけの経済的な基盤を整備する産業づくりだけではなく、飯田市に住み続けたいと思い、またいったん離れても再び帰ってきたいと思えるような思いを持った人材を育成する人づくり、そして、それらを基礎として、地域の住民が自らの力で地域を魅力的な場所へとつくりあげていく地域づくり、この三者を有機的に組み合わせていくことが求められる。これを、飯田市では、「地域経済活性化プログラム」「地育力向上連携システム推進計画」「地域自治区の始動・自治基本条例の精神」として政策化し、その目指すところを、文化的に自立し、人々が定住できる経済的基盤を備えた、魅力あふれるまちとしての「文化経済自立都市」であるとする。そのイメージは、図6-1に示す通りである。

「人材サイクル」とは、「文化経済自立都市」としての飯田市を担う住民をいかに育成・定着させるのかということを基本的な課題としながら、住民によって豊かな文化を持つ地域社会を構築することで、飯田市全体を多様性に富んだ、人々が住むことに誇りを持てる社会へとつくりあげていく、その考え方を示したものである。「産業」と「地域」を媒介する「人」を育成し、地域社会の自立を担う主人公として人々が立つとき、そこに飯田市を構成する各「地域」

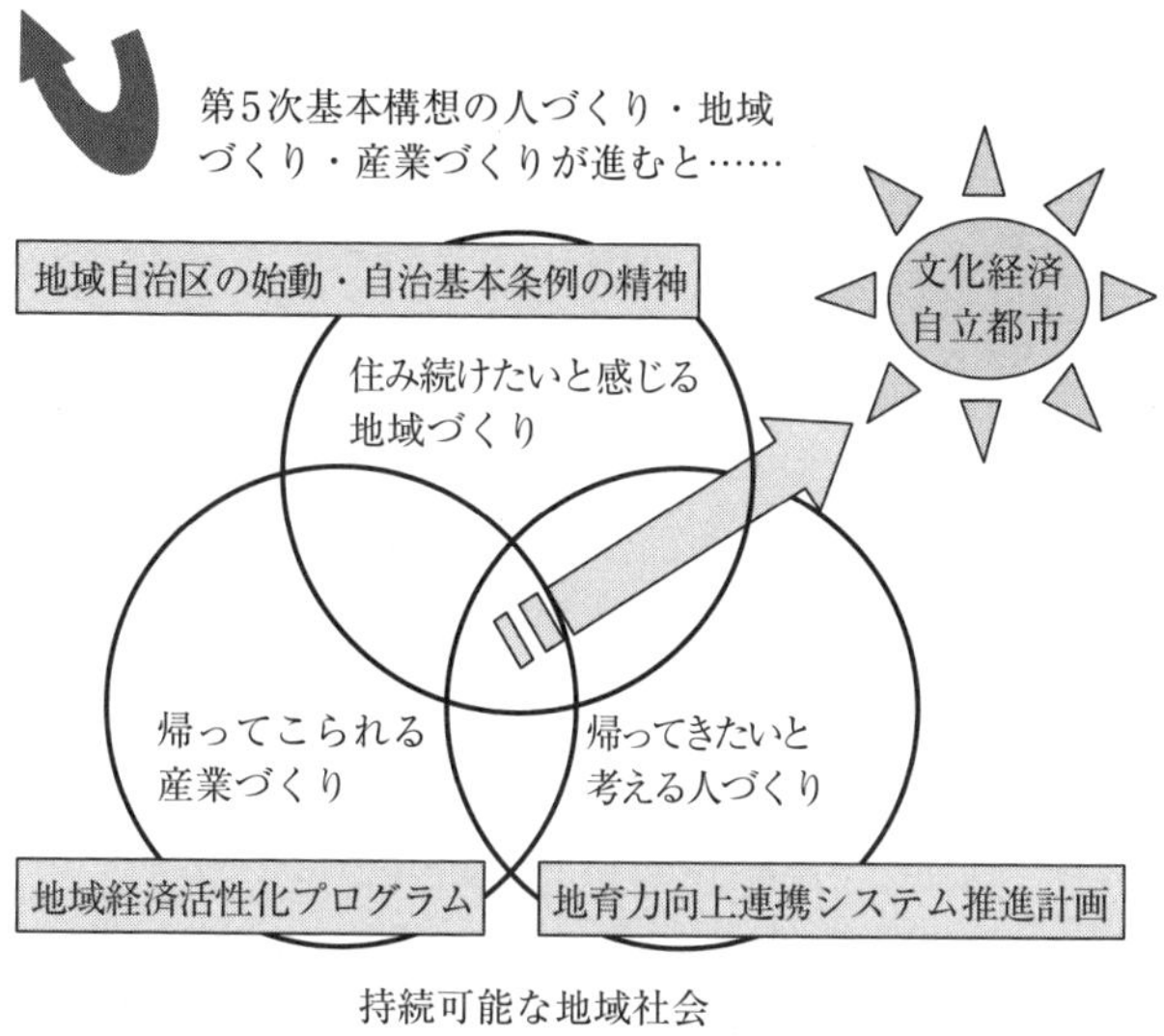


図6-1　飯田市「人材サイクル」の統合的アプローチ
出典：牧野光朗「人材サイクル構築への挑戦～飯田市の取組から～」、定住自立圏構想研究会、2008年2月14日より

の「産業」が生み出す「生活」に根ざした多様な「文化」が生まれ、その多様な「文化」が飯田市の魅力をつくりだすことで、その「地域」に住み、「生活」を営む主人公としての人々の「誇り」を生み出すこと、これが想定されているのである。

## (二)「人材サイクル」構想と公民館

「人材サイクル」構想は、公民館のあり方と密接にかかわっている。「産業づくり」については、図6-2のようなイメージが提示されるが、そこでいわれる「地域経済活性化プログラム」とは、基本的には地域社会に密着した地場産業を基本として、新たなシードを発掘しつつ、試行と改善を繰り返しながら、行政・市民（住民）・産業界・経済団体が一体となって住民生活の基本である地域経済を蘇生し、発展させることをいう。たとえば、座光寺地区の文化的中心地区のまちづくりや下久堅地区柿野沢集落のまちづくりなど、公民館がかかわることで、地域の経済活性化が進められている。その現場では、自治会が中心となって公民館と連携しつつ、地域の文化資源を発掘して価値化し、また学習を組織して、地地域経済活性化プログラムとは？

・地域の経済自立度を70%にするために産業界、市民、経済団体、行政がスクラムを組んで（地域ぐるみで）実施する事業を具体的に明示。
・現場主義の徹底により現場の改善から生み出される効果的な施策を立案、実施。
・地域経済活性化プログラムは、産業界、市民を交えた評価、点検を行い、毎年プログラムを見直す。（PDCAサイクル）

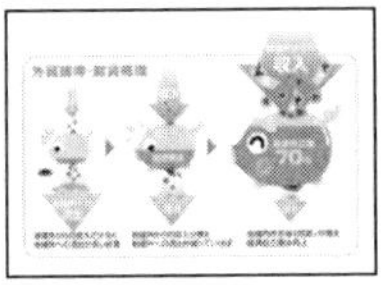

図6-2　「産業づくり」・地域活性化プログラム
出典：同前

域住民の地元への理解と誇りを形成することで、住民による自主的なまちづくり活動を生み出している。そこではまた、地域の地場産業である農林業と結びつきながら、農林産物や地域の伝統的な食品そして伝承文化の新たな価値化と販売ネットワークの形成など、さまざまな経済活性化の試みが進められている。

飯田市の構想する地域活性化プログラムでは、大規模な企業誘致など従来型の経済開発を考えているだけではなく、人々が生活を営む地場から地域社会を盛り立てていくことで、それが飯田市全体として大きな力になり、また飯田市の魅力をつくりだすことが期待されているのであり、そこに公民館が深くかかわっているのである。

「人づくり」の「地育力の形成」についても同様である。「地育力」とは「飯田の資源を活用して、地域の価値と独自性に自信と誇りを持つ人を育む力」と定義されるように、地域の教育的な資源を最大限に活用して、体験・キャリア教育・人材育成ネットワークの形成など多様な活動を繰り広げ、地域社会に誇りを持つ担い手を育成しようとするものである。これは、地域社会と深く結びついている公民館を除いては構想し得ないものだといえる。

「人づくり」「地育力」のイメージは図6-3の通りである。地域社会に生きる子どもたちを起点としながら、生活・経済を基本としたまちの担い手を育成しつつ、自分の力で立ち、地域社会を魅力的な

～帰ってきたいと考える人づくり～

地育力とは…
『飯田の資源を活用して、地域の価値と独自性に自信と誇りを持つ人を育む力』

〈地育力における3つの柱〉

1. 体験
自然体験・生活体験・交流体験を通じて、「生きる力」や「社会力」を高める
2. キャリア教育
キャリア（職業体験）教育を通じて自らの生き方を考え、将来の夢を実現するための力をつける
3. 人材育成ネットワーク
人材を育む地域の力を高めるための人材育成ネットワークをつくる

図6-3　「人づくり」・地育力の形成
出典：同前

まちへとつくりあげていくための、生涯にわたる担い手づくりが構想されているといってよい。

このような「人づくり」の展開は、また、既述のような子育てサークルの活動など、地域住民の自発的な学習・教育活動と密接にかかわっており、それらを基礎とすることで、地域社会が人々にとってかけがえのないふるさとへと形成されていくことが予定されているのである。この「人づくり」の拠点こそ、公民館なのである。

さらに、「地域づくり」として、地域自治組織の導入が、経済的な自立とともに地域社会の自立を確かなものとする行政的な仕組みとして位置づけられることになる。地域社会で育成された住民による、地場産業を基盤とした経済とまちづくりを基本として、その地域そのものを、住民による高度な自治によって自律的に経営し、かつ人々の生活を基礎に持つ豊かな文化を醸成し、人々が地元に誇りを抱くことで、飯田市への誇りを生み出すこと、そのための行政的な措置がこの地域自治組織の導入であるといってよい。そのイメージは図6-4の通りである。

この地域自治組織の構想は、大きく自治基本条例と地域自治組織の導入の二つの柱からなる。自治基本条例で市議会中心の地域自立の原則を確立しつつ、地域自治組織を導入して飯田市内の分権を徹底し、地域住民自身による地域社会の経営を進めようとするもので

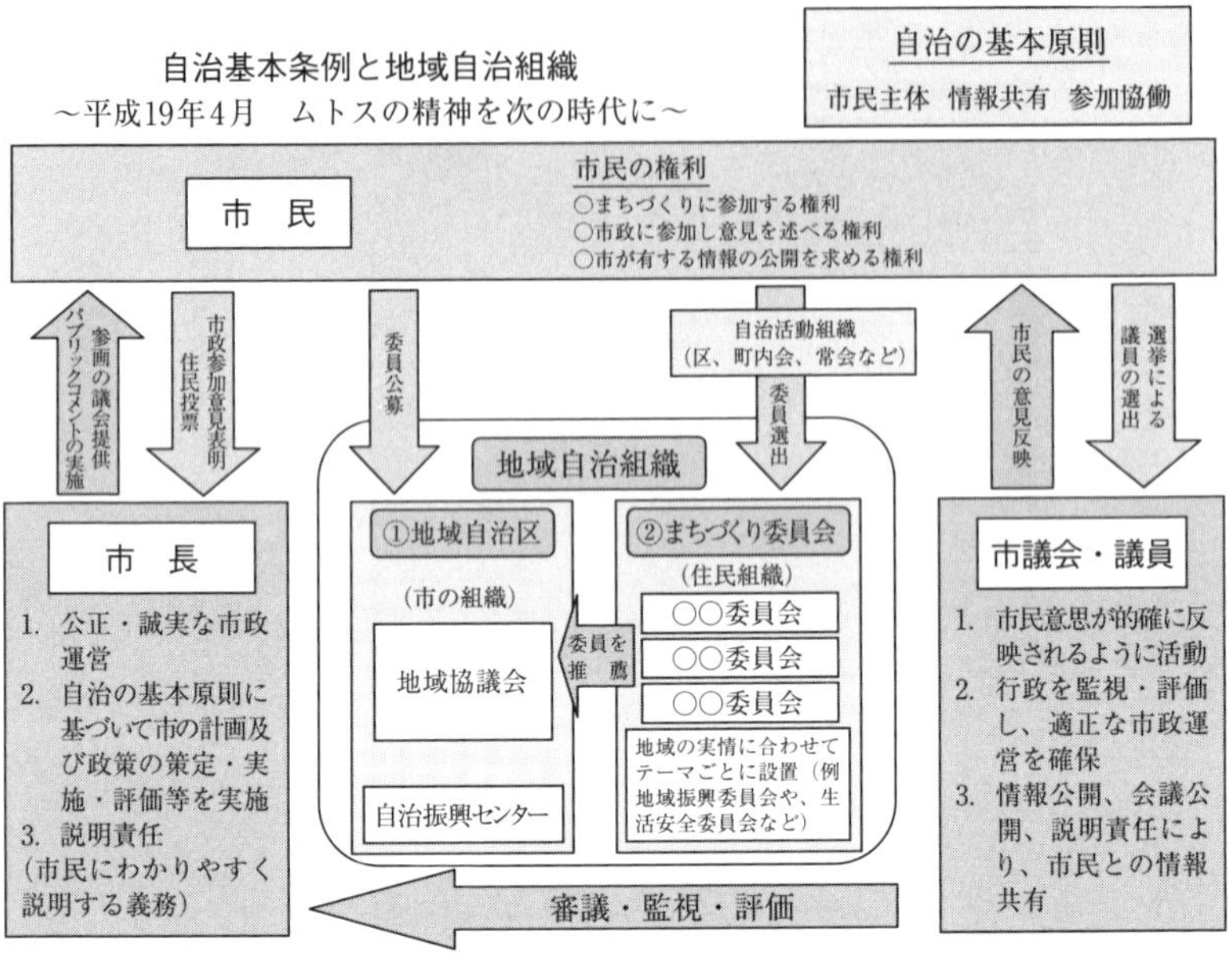


図6-4　「地域づくり」・地域自治組織の導入
出典：同前

ある。この地域自治組織は既述のように地域自治区とまちづくり委員会とからなり、地域自治区は地域協議会と自治振興センターという組織と場所によって構成される。地域協議会は地域自治区内の住民から選任された委員によって構成され、自治区の諸事務の処理に対する意見・審査を行う、法令上規定された市の行政機関である。

これに対して、飯田市ではまちづくり委員会を地域自治組織の体系内部に設置し、旧来の自治会を中心として、住民の地縁的自治組織・団体を組織化した上で、その代表者も地域協議会に組み入れて、地域自治区行政への参加を保障しようとしている。まちづくり委員会は、地域自治組織内にありながら、自治会と同様に住民の任意団体であるとされる。公民館もまちづくり委員会に一地域団体として参画している。そのイメージは図6-5の通りである。

このような地域行政組織の改編は、公民館をまちづくり委員会内部に位置づけ、かつ地域の一住民団体と見なしているかのように受け止められ得る。公民館は施設ではなく、〈場〉つまり地域住民が担うことで地

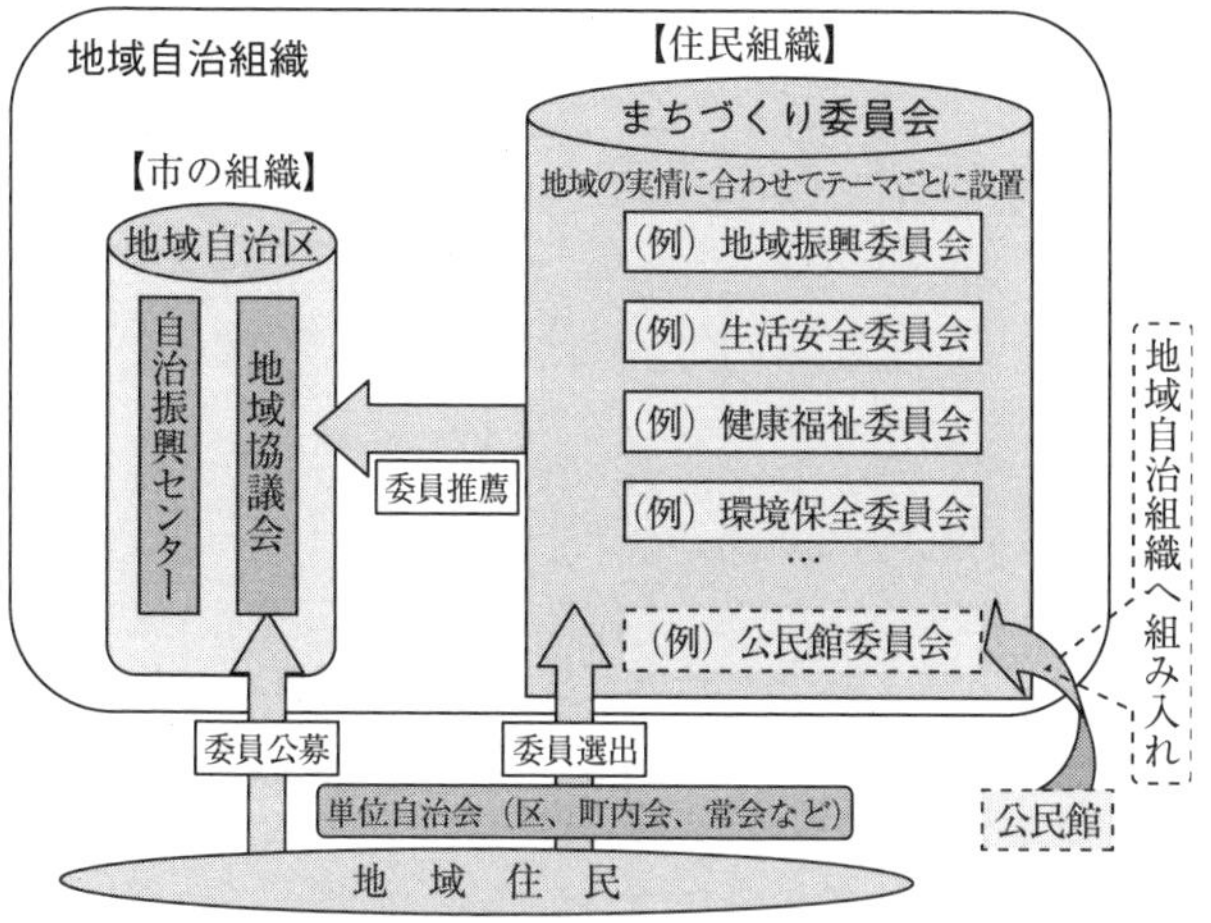


図 6-5　公民館を組み込んだ地域自治組織イメージ図
出典：東大―飯田市公民館共同研究会中間報告会資料より（飯田市公民館作成）

域問題にコミットしていく、住民の人間関係に定礎された団体または集団としてとらえられているのである。実際、地域自治組織の導入とその実質化のためには、地域協議会に参画する住民自身が自ら地域住民として自治の主体へと自分を形成していくことが求められるのであり、またまちづくり委員会も地域を実質的に経営していく住民の自主的な組織として、常に自らを自治的に形成していく必要があり、どちらもが公民館と密接なかかわりを持たざるを得ない。しかも、このような地域自治組織の導入によって地域を住民自身が経営していくためには、既述の「産業づくり」「人づくり」を「地域づくり」と連携させざるを得ず、そのためにも公民館を地域社会の中に明確に位置づけつつ、「地域づくり」の人材育成を進めるという構造をとらざるを得ないものと思われる。地域自治組織が有効に機能するためにも、人々の地場の生活に密着した人材の育成と産業の形成が不可欠なのであり、それを実現する核となるのが公民館であり、公民館をまちづくり委員会に位置づけるという自治組織のあり方なのだといえる。

つまり、公民館の団体、すなわち地域における住民の諸活動の一環である〈場〉としての性格を、より積極的に活用しようとする方向性が示されているものと見えるのである。ここでは、公民館は、住民の自発的・自主的な活動を保障する施設というよりは、住民の地縁関係に定礎された自治会的な活動を行う団体そのものとして位置づけられているといってもよいように思われる。

## (三)　公民館の直面する課題

農村政策学者の小田切徳美は、農山村の持続的発展のために必要な要素を「参加の場づくり」「カネとその循環づくり」「暮らしのものさしづくり」であるとした上で、飯田市の取り組みを次のように語っている。飯田市の改革は「具体的には、つぎの三点を政策課題としている。つまり、①帰ってこられる産業づくり、②帰ってくる人材づくり、③住み続けたいと感じる地域づくりである。①に対しては『外貨獲得・財貨循環』(地域外からの収入を拡大し、その地域外への流出を抑える)をスローガンに、地域経済活性化プログラムを実施している。また、②では『飯田の資源を活かして、飯田の価値と独自性に自信と誇りを持つ人を育む力』を『地育力』として、家庭―学校―地域が連携する『体験』や『キャリア教育』を主軸とする教育活動を展開している。そして、③に関しては、地域づくりの『憲法』ともいえる自治基本条例を策定し、地域活動の基本単位となっている公民館ごとに新たな自治組織を立ち上げ、その運営を市の職員が全面的にサポートしている」。(2)

地域社会の自立を基礎として飯田市の自立を考えようとする立場からは、公民館が飯田市自立の鍵を握っている、つまり「文化経済自立都市」としての飯田市を実現するための「人材サイクル」を実質化するためにこそ、公民館は位置づけられているととらえられているといえる。

しかし今回、筆者ら調査チームが飯田市にお世話になり、公民館主事の方々をはじめ、関係者に聞き取りを進めた結果では、公民館が地域自治組織のまちづくり委員会に位置づけられたことにかかわって、既述のような飯田市全体の構造改革に果たす公民館の役割について、十分な理解とコンセンサスが得られているとは思われないというのが正直な実感である。むしろ、公民館がそれまでの地域自立に果たしてきたはっきりした役割に比して、新たな地域自治組織の導入にあたって、まちづくり委員会の一委員会に公民館が位置づけられたことをめぐって、公民館が果たすべき役割についての明確な共通理解のなさが、公民館主事と住民の双方に戸惑いをもたらしているように思われる。

その背景には、以下のような問題つまり要因が存在しているように考えられる。

第一は、飯田市の持つ各地域の強固な自立性とそれを基礎とし、かつそれを強化するように配置され、運営されてきた公民館のあり方である。飯田市の公民館は、地区公民館がすべて旧町村の単位に設置され、独立館としての独自性を確保しつつ、地域課題への対応を主な役割として担ってきた。教育委員会の管轄として一般行政からの相対的な自立を果たしつつ、地域住民から選ばれた館長と専任の主事、および公民館を中心に組織された地域住民からなる自治的な委員会によって、実質的な経営がなされる自治公民館的な運用が、そのことを示している。その上、公民館主事は、一般行政職員でありながら教育委員会発令の主事として赴任し、主事である期間は一般行政から相対的に独立した、そして地域住民によって育てられる市職員として機能するように配置されている。これらが、各地区の公民館の自立性を高度に保ちつつ、地域住民の生活への接近力と地域課題を解決する力を公民館に与え、かつ地域住民の文化的なよりどころとして機能することを可能としてきたものといってよい。

しかし反面、このような高度な地域の自立性とそれに果たしてきた公民館の役割のゆえに、逆に、全市的な課題に地域からのボトムアップで地域課題を結びつけ、地域課題の解決が飯田市の多様な文化や独自性を高めつつ、それがまた地域社会の文化を豊かにしていくという循環を形成するには無理があったものとも考えられる。

第二に、公民館が旧来の地縁的自治組織に立脚してきた面が強いために、新たな自治組織の再編、とくに地域自治組織の導入と地域自治区、およびまちづくり委員会の設置という新しい地域行政のあり方が示されたにもかかわらず、地縁的自治組織を超える原理で構成される地域協議会と、それを構成する新たな社会的アクターと公民館との関係が明確ではないように思われる。それは、なぜ公民館がまちづくり委員会の中に位置づけられているのかということを問い返すこととつながっている。公民館には、地域課題を解決するときに、従来のように地縁的自治組織に依拠し、地域住民と連携をとって、課題解決に向けた住民参加がなされる場としての役割を果たすのみではなく、それを基礎としつつ、新たなアクターを育成し、かつ地域内部で循環させながら、地域協議会へと送り出すことが求められているのである。地域自治区とまちづくり委員会とが新たなアクターによって媒介されることで、一体となって地域課題を解決し、また地域を独自の魅力にあふれたまちへとつくりだしていくことが見通されることになるのである。公民館と旧来の自治組織との関係が強固で自律的であるがゆえに、この点がかえってとらえられにくくなっているように思われる。

第三に、飯田市の地域自治組織の再編は、既述の「人材サイクル」構想が示すように、住民による行政参画ではなく、住民による地域自治を徹底することによって、飯田市が多元的で豊かな文化を持ち、人を惹きつけ、住む人が誇りを持てるまちへと生まれ変わっていくことが構想されているが、この点が公民館をめぐる議論に十分に反映しているとは思われない。つまり、新しい飯田市の構想では、住民による地域経営が目指されており、その基礎には地域住民の生活の基盤を整備する経済の活性化と、それを住民生活の地平で担う人材の育成と交流が課題化されているといってもよい。しかしながら、この方向性が公民館主事をはじめとする関係者に十分にとらえられ、実践化されているとはいい難いのである。

そして、これら三つの問題＝要因の背後には、さらに公民館を施設や拠点ととらえるのではなく、地域の自治活動の一団体、つまりヒトであると受け止め、それを新しい地域自治組織の中に組み込んで、地域をいっそう活性化しようとする行政的意図が存在しているようにみえる。しかし、それが逆に、公民館が本来果たすべき役割、つまり住民による新たな地域経営を実現し、「文化経済自立都市」飯田を多元的に構成する地域社会をいきいきと再生していくアクターを育成して、新たな地域自治の形を実現しようとする意図を、見えにくいものとしてしまっているように思われる。ここで鍵となるのは、これら新たな地域経営のアクターとはどういうものであり、その育成と新たな地域自治を担う公民館のあり方はどうであるべきなのかということである。

## 四、飯田市自治組織の構成と公民館の役割

### （一）「開かれた自立性」と公民館

すでに第二章で述べたように、学校教育を補填しつつ、民衆の国民化を促し、かつ地域社会の生活レベルにおいて経済と福祉と文化がつくりださざるを得ないズレを修復しながら、均質性を生み出し、その均質性を次のズレへと橋渡しする、つまり社会の均質性と裂け目を相互に媒介するもの、それが社会教育であった。そして、このダイナミズムは戦後の一億総サラリーマン化社会とでもいうべきいっそう均質化された企業社会において、企業が擬似農村共同体といわれるほどにまで均質化された空間として形成され、それが福祉機能を担い、社会教育が住民生活に関与することで、より鮮明に機能してきたものと見える。

今日私たちが直面しているのは、このような近代産業国家のダイナミズムの終焉である。このダイナミズムの不全化は、基礎自治体においてこそとらえられる必要がある。なぜなら、このダイナミズムが実際に機能し、国家内部に社会をつくりだし、住民を国民へと媒介しつつ、生活を保障してきた現場が基礎自治体であり、その基層の住民自治組織だからである。

ここで問われるべきは、地域社会における住民の相互信頼関係を基礎に、常に住民自身が役割を果たすことをとおして、その地域に十全に位置づき、そうすることで新たな価値を創造し続けるプロセスとして、〈社会〉が構築されることの可能性である。これはまた、地域社会そのものが、人々の「存在」を基礎とした常に自ら組み換わるネットワーク、つまり動的なプロセスとして平衡状態を保つ仕組みへと変成していくことへと通じている。

飯田市の自治組織再編の構成は、既述のように、旧来の強固な地域の自立性を基礎に、地域自治組織を導入し、いわば自治会などの地縁的自治組織を基盤として、それらの地域における連合体としてのまちづくり委員会の組織・編成

と、さらに地域自治区を設置して、地域協議会を置き、旧来の地縁的自治組織だけではない多様なアクターを行政へと組み込もうとする三層の構造をとろうとしているところに特徴がある。そして、この地域自治区とまちづくり委員会が地域自治組織として行政的には括られ、地域自治区という旧来の町村であり、公民館の設置範囲でもあった単位を構成することとなっている。この意味では、旧来の強固な地域自治は、地域自治区へと引き継がれる形で行政的な組織化が進められていると見ることができる。

このような地域自治組織の導入と地域自治の構造の再編はまた、飯田市が掲げる人の循環を基本とする「産業づくり」「人づくり」「地域づくり」という「人材サイクル」の構想と重なり合っている。この構想では、地域自治区単位でこの三者を相互に結びつけながら実現できるような「人材サイクル」を構築することが求められているのであり、この「人材サイクル」を実現することによって、地域社会がより自立性を高め、その地域社会が飯田市の地域自治区を構成することによって、飯田市全体が豊かな経済と多様な文化に支えられた、住民が誇りを持てるまちへと形成されていくことが目指されているのである。

いわば、旧来の飯田市のつくられ方が各地域の強固な自立性、つまりある意味で「閉じられた自立性」によって構成されるものであったとすれば、新たな地域自治組織の導入は、これを「開かれた自立性」として再編成しようとするものであるといえる。この場合、地域の住民は、行政から独立性を確保しつつ、行政へと参加するのではなく、行政へとコミットしつつ、その地域を自ら経営する、自治的主体として育成されることが求められる。

ここに、公民館が新たな地域自治組織のまちづくり委員会に位置づけられていることの意味を見いだす必要があるものと思われる。公民館は、単にまちづくり委員会に地域の一団体として位置づけられているのではなく、旧来の強固な自治組織を基盤としながら、その地域において「人材サイクル」を構築することで、その地域をまちづくり委員会において実質的に経営していく住民を育成するとともに、その住民の代表が地域自治区の地域協議会を組織することで行政的にもその地域を自律的に経営していく、つまり地域を自律的な経営体として形成していくための核となる場、つまり人のいる施設として置かれていると解釈される。

このとき、公民館の新たな行政的な位置づけと公民館主事の位置づけとは、単に地域の強固な自立性を確保するために機能するだけではなく、むしろ一般行政とのかかわりの中で、地域を住民が主体的に経営しつつ、それを全市的な課題へと結びつけて、「開かれた自立性」へと組み換えていく可能性を持つものと理解される。

## （二）新たな社会的アクターの育成と公民館

「人材サイクル」を構築し、各地域を自律的に構成しつつ、全市的な課題を達成していくためには、旧来の地縁的自治組織に依拠するだけでは不十分である。既述のように、飯田市においても地縁的な結合が崩れ、地縁的自治組織の解体が進んでおり、各地域における自治的な活動には欠落が生じつつあることは否めない。また、飯田市が「人材サイクル」を実現して、経済だけでなく文化的に豊かなまちとして自らを形成しようとするとき、その社会の担い手は、地縁的自治組織に見られるような家単位の地域構成からもたらされる一戸の代表者ではなく、むしろ多様な価値を持った個人であることが求められる。つまり、家の桎梏から解き放たれた自由で発想豊かな個人が、その価値を実現しようとして連帯し、切磋琢磨することで実現される地域社会における人の循環とさまざまな産業の形成、そしてそれらを基礎とした文化の展開が見られるとき、その地域は強固な自立性と文化的な独自性を持ち、そこに生きる人々がその地域の担い手・経営者として誇りを持ちながら、飯田市内の他の地域と連携していく、「開かれた自立性」を持った地域へと形成されていくのである。

この担い手の育成の場こそが公民館である。それゆえに、公民館がまちづくり委員会に位置づけられていることの意味を、この観点からとらえ直す必要がある。つまり公民館には、旧来の地縁的自治組織とのつながりを強く持ちつつも、他方で、新たな地域の担い手であるさまざまな個人からなるアクターを育成して、それらを自治組織と結びつけつつ、それをさらに地域自治区へと媒介して、地域自治区そのものを「人材サイクル」構築の自律的な場として実現し、それを全市的な課題と結びつけていくことが求められるのである。

しかも、公民館がまちづくり委員会に位置づくことで、地縁的自治組織が担ってきたさまざまな社会的な役割が、地縁的自治組織が疲弊することによって剥落していく地域社会において、新たなアクターがそれらを組み換え、また新たなサービスを創出することで、地域社会を改めて自律的な社会へと包摂していくことの可能性が見通せることとなる。

## (三) 学習による人々の循環と公民館

さらに着目したいのは、地域自治組織が構成する三層構造が、まちづくり委員会に公民館が位置づくことによって、静的な構造ではなく、常に「人材サイクル」によって人が循環しつつ、組み換えられていく動的な構造をとり得るということである。つまり、公民館が、前述のような新たなアクターを旧来の地縁的自治組織とのつながりを基礎に持ちつつ育成することで、地縁的自治組織の機能不全を補うことができるだけでなく、むしろ新たなアクターである志縁組織や楽縁組織の担い手を生み出し、またその還流を促すことによって、その地域社会そのものが動的に組み換えられ続け、また地域協議会に常に新たなアクターが参加していき、まちづくり委員会にも地域の必要に応じたさまざまな委員会がつくられていくことによって、地域社会が自律的に経営されていくことになるのである。

その上、公民館で新たなアクターであるＮＰＯやボランティア組織などがつくられ続けることで、地域社会の構造は、既述の三層構造の下に、ある意味で曖昧で自由な、それでいて高い志や楽しみをともなった、文化的な幾層にも重なったクラウドを構築する、いわば四重構造のものとなる。ここでは、これらの志縁組織や楽縁組織は、人々の「存在」において人々を結びつけ、アモルファス状に無限に展開し、また分裂しては他の組織へと転生し、さらに新しい組職をも生み出していく組織として、地域の住民の参加を受け入れていくことになる。公民館が、このような新たな地域アクターとしての組織形成のマザーマシンとして、さらに、これら組織が地域社会において役割を果たしていくために、常に必要とする学習を提供し続け、彼らの循環を促進するハブとして機能することで、地域社会はさらに自立性を高めつつ、「人材サイクル」を実現して、飯田市を魅力的なまちへと構成していくことになる。

公民館が新たな地域自治組織の中に組み込まれ、かつまちづくり委員会の構成メンバーとして位置づけられていることの意味を、以上のようにとらえることで、飯田市公民館の今後のあり方が展望できるものと思われる。このとき、キーワードは「存在」、つまり、地域社会を住民が自ら経営していくだけの力をつけることで、常に住民が自らの「存在」において地域の人々とともに生を十全に生きていることを実感できるということであろう。

このとき、飯田市の「人材サイクル」構想は新たな自治のかたちを示すことになる。つまり、地縁的自治組織の解体に対して、地域のNPOやボランティア組織など、地縁関係に制約されない、志や楽しさに根ざした価値志向性の強い団体を地域コミュニティに組み込むことで、地域をさまざまな価値で覆う柔軟で曖昧なアクターを形成していき、それが従来の地縁的自治組織の破れを修復しつつ次の破れを誘発して、さらにその破れを修復することで次の破れへと移行していくという、住民自治を組織化する動的なプロセスをつくりだすことができるのである。公民館を中心とした住民の学びが、知の循環と生成によっ

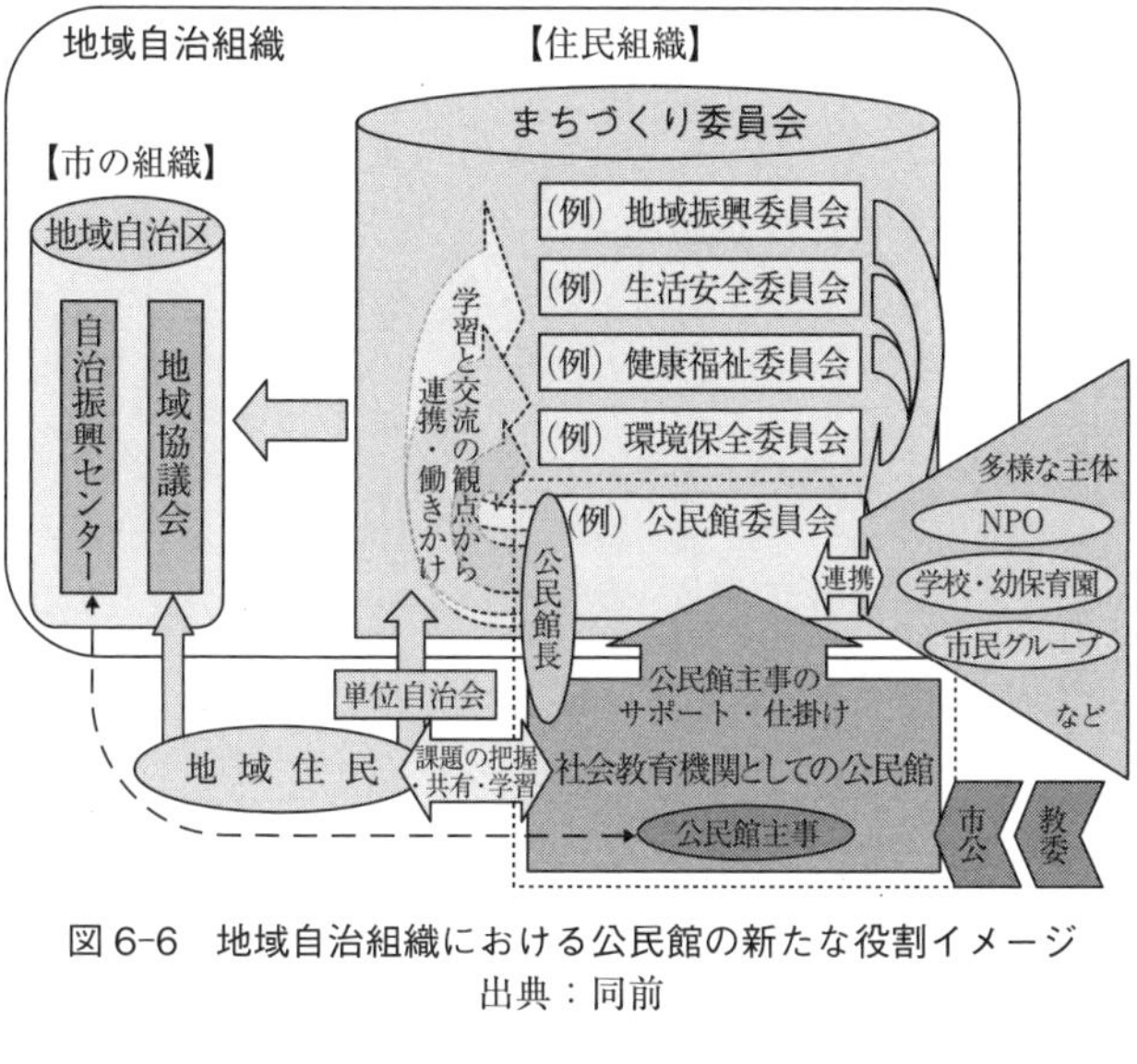

図 6-6　地域自治組織における公民館の新たな役割イメージ
出典：同前

て次々に新たな地域社会の破れ目をつくりだし、そこにさらにボランティア組織などの柔軟な住民組織がかかわって、地域社会を組み換えていくという循環運動が生起するのである(6)。これを図示すると図6-6のようになる。

## (四)　公民館の新たな位置づけと役割

しかし、このような観点からとらえられる地域社会の自立イメージは、「人材サイクル」論が予定している社会的なダイナミズムのメカニズムから見ると、「福祉」と「文化」を焦点としたものでしかない。さらに、地域社会の活性化を実現し、飯田市という中核的都市を多元的に構成し、文化的に魅力ある都市へと形成していくためにも、地域社会の「経済」がとらえられる必要がある。飯田市における地域自治組織の再編は、旧来の地縁関係に定礎された自治組織が解体していく中で、地域社会の経営を担うだけの力を住民がいかにつけていくのかを課題化するものである。しかもその場合、いわゆる旧来の地縁的な地域社会だけではなく、飯田市全体としての文化的な多様性を構成する一地域として、飯田市全体のあり方と深く切り結んだ地域社会へと、その地域を形成していくための公民館のあり方が問われているのである。そこでは、住民生活の基盤、つまり福祉と文化の基盤でもある地域社会の生業である経済をも、公民館がその活動の中に位置づける必要がある。

公民館が地域社会の経済をとらえるという場合、それはたとえば、市の行政、つまり経済産業部や商工部などが扱うような企業誘致や工業団地の造成など、いわば上からの経済開発ではあり得ない。それはあくまで地域住民の生活の地平から、地域住民の生活の論理を組み込んだ、ある種のライフスタイルの発掘・生成および提案という形をとって、人々が地域社会の主人公として自らの生活を自覚的に営むことができるよう保障することでなければならない。それは、地域の人間関係をはじめとするさまざまな資源を発掘して住民に意識させつつ、新たな生業を生み出すこと、さらには既存の地場産業を新たな方向へと組み換えて活性化することである。そしてその場合、経済は単なる生産としてのみとらえられてはならない。消費や流通など、地域社会に生きる人々がその社会に生きる他の人々と結びつきつつ、生業のネットワークを形成することで、そこに新しい価値が生み出されるような方途が模索される必要がある。たとえば、愛知県豊田市と民間企業、それに筆者の研究室との共同事業として行われている「若者よ田舎を目指そう」プロジェクトがある。このプロジェクトでは、豊田市の過疎地である合併町村地区に、全国公募で選ばれた若者一〇名が定住し、次のような試みを続けている。つまり、地元住民との交流を基礎に、農業を生業として、消費者の視点から農作物を生産・加工し、さらに独自の販売ルートの開拓をとおして生活の基礎を築くこと。高齢農家の自家用野菜の買い付けなども進めて、地元高齢者との見守りの関係を強化するとともに、地域の伝統文化を発掘して、新たにデザインして発信すること。そうすることで旧来の過疎地域である農山村が新たな生活文化を発信し得る、新たな価値を持った地域社会として再生すること、である。(4)

地域社会が、住民の生活に根ざした「経済」「福祉」「文化」の拠点となることで、それは全市的な経済の基盤を豊かに形成し、魅力ある都市の一環へと地域社会自らを位置づけることになる。公民館はこのような人材の育成と循環の〈場〉としても機能することが求められるのである。

この場合、新たな公民館のあり方とは、以下のようにいうことができる。①地域住民が自らその地域を経営する力をつけるための学習の拠点であること、②新たなアクターが相互の学習によって育成され、彼らが自らを地縁的な空間から解き放ちつつ、志や楽しみなど新たな価値で結ばれた組織を形成し、地域社会にかかわることで、地域社会を住民の「存在」が十全に位置づけられる空間へとつくりかえること、③さらにその地域社会を飯田市全体の文化的な多様性を構成する一地域として経営していくために、常に地域の中や地域を超えたアクター相互の交流を進め、相互に学習し合い、相互に役割を担い合うためのハブとして機能すること、④そして、この場合、常に地域社会の「経済」「福祉」「文化」が、人材つまり人々の「存在」において相互に媒介し合いつつ、豊かな地域社会の形成へと結びついていること、⑤これらの過程で地域社会を人々の生活が息づく動的なプロセス、つまり地域住民が自らの生活課題をとらえ、その解決によって生活を常に変容させ続ける経営体として構成する核として公民館が位置づくこと、である。

公民館に求められるこのような新たな機能は、公民館が「まちづくり委員会」の一構成員に組み込まれることで、運用の仕方によってはかなりの程度、実現が可能なものとなっているといえる。しかし、公民館が地縁的関係を超える新たな地域横断的なアクターを育成しつつ、既述のような地域社会の裂け目を繕いながら、次の裂け目をつくりだし、地域社会を動的な、地域住民自身による経営体へと組み換えていくためには、その機能をより明確に示すような公民館の位置づけと、それを保障するための人的な配置が必要となるものと思われる。

その位置づけとは、公民館を新たな地域自治組織における「まちづくり委員会」に組み込みつつ、さらに新たな地域アクターの育成・循環を担うセンターであり、ハブである機能を担えるような位置づけを公民館に付与することである。つまり、公民館が持つべき、「まちづくり委員会」と新しいアクターの地域社会内外における育成・循環の活動とを媒介する機能を明示し、かつその地域アクターの育成・循環の機能とこれまでの「まちづくり委員会」の持つ機能とを架橋する役割を公民館に担わせるような位置づけが必要となる。そのイメージは、図6-7のようになる。

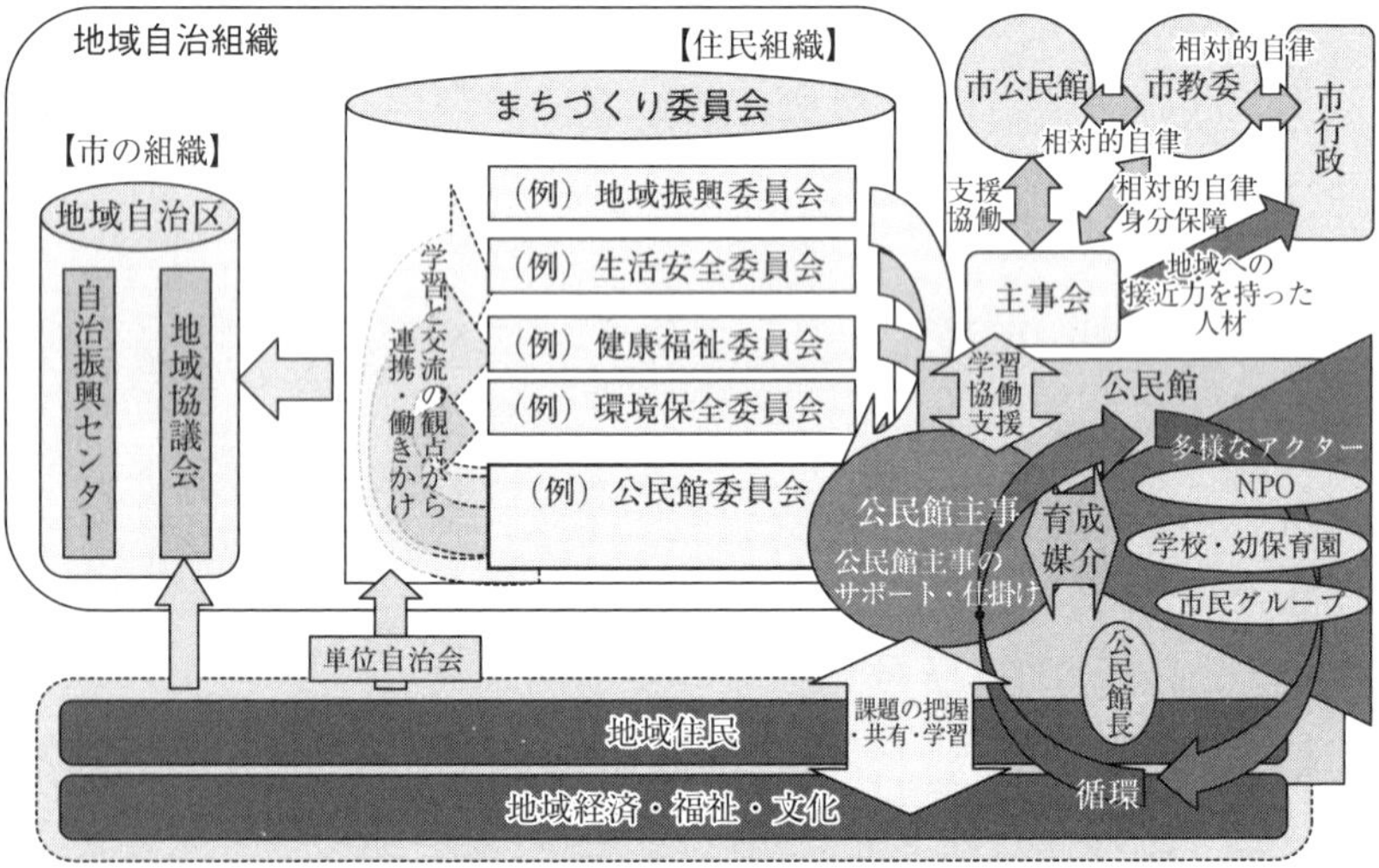


図6-7　公民館の新たな位置づけイメージ
出典：図6-6を基礎に筆者が作成

## (五)　公民館主事と分館活動の拡充を

このとき、重要な役割を担うのが主事と各地区館の下に組織され、地域住民にとってより身近な学習の拠点であり、かつ交流の拠点でもある分館である。主事は、既述のように飯田市の公民館活動の特徴である強固な地域の自立性を維持しつつ、地域社会によって育てられながら、地域住民がその社会を自律的に運営していくための人的な核となる役割を果たしてきている。また、近年では、NPOやボランティア団体など地域アクターの育成を公民館で引き受けるなど、主事が新たな役割を担いつつある。今後、公民館の新たな位置づけにおいて主事に求められるのは、これまでの役割を担いつつも、よりいっそう、旧来の地縁的な地域社会を維持するための仕組みである「まちづくり委員会」や自治会などの組織と、新たなアクターを育成し、循環させる、いわば志縁的な空間や楽縁的な空間とを媒介しつつ、公民館を地域の住民が地域社会を動的に運営するハブとして機能させることである。

そして、このときに重視される必要のあるのが、分館の位置づけと役割である。分館はこれまでも地区館がカバーする地域におけるさらに基層の自治組織を基盤として、住民による自主的な管理・運営がなされ、住民の学習や交流の拠点として機能してきた。しかし近年、基礎自治組織の疲弊にともなって分館活動が困難となり、あるいは停止し、分館そのものが廃止される地域も出てきている。反面、このような基層の地域社会に、いまだに人々は生活し、豊かな生活文化があり、人の手が入った豊かな自然環境が維持されているのも事実である。それゆえ、地域の活性化を考える場合、それらをどのような形で引き継ぎつつ、豊かで多様な飯田市の経済と文化を育んでいくのか、そしてそれをどのように飯田市の魅力へと昇華させつつ、市民の新たな生活基盤の形成へと結びつけていくのかということが課題化される必要がある。この課題の下では、旧来の強固な基層自治組織によって運営されてきた分館を、地縁空間から解放しつつ、新たな志縁や楽縁に定礎されたアクターと接合することで、旧来の地縁空間が持っていた豊かな文化を、より大きな動的な空間へと開いていくこと、そうすることで基層の地域社会に生きる人々の生活を見守り、保障することへとつなげていくこと、そういうことが求められているのだといえる。それはまた、基層の地縁社会に生きる人々が、志縁や楽縁で結ばれた人々と交流することで、自らをこの社会へと十全に位置づけ、その「存在」を相互に認め合うことで、役割をきちんと果たしていくことへとつながる。

それゆえに、この分館の経営に対しても、飯田市の新たな経営理念を実現するためには、人的な手当、つまり各地区館の担当者、より具体的には主事の拡充・増員が求められる。

さらにこのように拡充される地区館・分館の活動に対して、それを飯田市全体として促進しつつ、飯田市そのものが「人材サイクル」を実現して、豊かで多様な文化を持つ、魅力的な中核都市として生まれ変わるための措置、つまり「行政の学習化」とでも呼ぶべき仕組みをつくりだす必要があるものと思われる。それは、行政が地域住民による地域経営を支援しつつ、地域住民が地域課題を解決して行政的な負担を軽減する一方で、住民が自らの生活を基盤に、より豊かな地域文化を開花させ、それを飯田市全体としてより大きな魅力へと組織していくための行政的な支援と仕組みづくりである。その核となるのが、住民の学習そのものであり、住民とともに学ぶ行政職員の存在である。そこでは、この職員、つまり主事の専門性とは、住民とともに学ぶことで住民が主事にとっての資源となり、主事が住民の資源ともなるという関係性の構築である。

このとき重視される必要があるのが、これまでの主事の配置システムの特徴、つまり一般行政職でありながら、教育委員会発令によって教育委員会職員として各地区館に配置されるという、行政的に相対的に自立した地位を主事に付与するシステムのあり方である。そして、さらにここで再度検討される必要があるのが、前述のような新たな地域経営のあり方に公民館がより深くかかわるためには、公民館運営の四つの原則のうち、機関自立の原則を、一般行政からの相対的な自立という意味だけではなく、教育委員会の管轄でありながら教育行政からも相対的に自立し、地域社会に立脚するという原則へと改めて確認し直すことである。そしてさらに、そうすることで、公民館を地域経済や福祉を含めた地域住民の生活にとって不可欠の施設として位置づけること、つまり地域住民による地域経営の核として、公民館を位置づけることである。

その上で、連絡調整館的な役割を果たしている飯田市公民館の調査・研究機能と研修機能、さらには主事会と主事OB会との相互の連携を強化して主事を支え、主事が公民館という拠点を基礎に、地域社会と市行政とを架橋するような支援策を構想し、実施する必要がある。それはまた、主事の経験に即して蓄積された、いわゆる「暗黙知」を、集団的に共有できる「形式知」「集団知」に組み換え、主事という人材を育成し、行政を革新することへとつながっていく。

このとき改めて考慮されるべきは、公民館の活動は単なるいわゆる地域住民の学習活動にとどまるものではなく、むしろ地域住民の生活課題と深く切り結んだ、その生活の基盤を整備するものとしての経済活動と深いかかわりを持つ活動であるということである。公民館が学習活動を組織することで、住民が自らの生活の主人公となり、かつ学習活動をとおして、地域社会を自治的に経営する主体へと自己を集団的に形成していくことが見通されるのである。それは、行政論的には、都市内分権の要としての公民館という施設と団体において学習活動が組織されることによってこそ、自治的な地域経営主体が育成されるということであり、その地域経営主体の生活の基盤である地域経済そのものを、地域住民がわがものとして担うことにつながるということである。そこでは、この地域経済は、いわゆる金銭的な収入を得る活動にとどまらず、住民相互が文化的な活動を通じて互いに見守り合い、新たなネットワークを構築することで、新たな文化を生み出していくことから、地域の文化資源を発掘し、それをまちづくりや観光資源へと構成し直していくこと、さらには既存の地場産業を新たな地域産業へと構成し直すことなど、地域住民の持つさまざまな可能性を、学習をとおして引き出し、かつ地域社会に定着させつつ、人々相互の間をつなぎ直し、住民による地域経営を実現することへと広がりを持つことになる。

いわば、「選択と集中」による自治体行政の合理化・効率化ではなく、「分権と自治」による豊かで多様な文化に裏打ちされた、自治体行政の地域化と自立化の筋道が、ここにおいて見通されることになるのである。

このとき公民館主事は、地域社会内部にとどまるのではなく、その行政的な位置づけからも導かれるように、その地域と外部社会とをつなぐハブのような役割をも担い、常に外部に対して開かれた地域自治を生み出す、隠れた主役としての役割を果たすことが求められる。地中深く根を下ろすことによってこそ、大樹が枝を大きく広げることができるように、地域社会に深く根を下ろすことによってこそ、対外的に開かれ、多様でありながら固有の文化とそれに定礎される地域経済が人々の生活をさらに豊かにしていく、そのための中心となるのが公民館である。

　こうすることで、飯田市の公民館活動は、「経済」「福祉」「文化」相互を媒介しつつ、地域社会を魅力ある自立したコミュニティへと形成する「人材サイクル」の理念を実現して、飯田市を魅力ある中核的な都市としてつくりあげていく、人々を惹きつける核としての役割を担うことができるものと思われる。

［注］

（1）筆者ら東京大学大学院教育学研究科社会教育学・生涯学習論研究室による飯田市への訪問調査（二〇一〇年三月一七日－一八日）による。

（2）小田切徳美『農山村再生―「限界集落」問題を超えて』岩波ブックレット、二〇〇九年、四二－四三頁。

（3）牧野篤他、二〇〇九年、前掲論文。牧野篤、二〇一〇年、前掲論文および東京大学大学院教育学研究科社会教育学・生涯学習論研究室による飯田市への訪問調査（前掲）など。

（4）牧野篤「過疎化・高齢化対応コミュニティの構想：三つの事例より」、東京大学大学院教育学研究科社会教育学・生涯学習論研究室『学習基盤社会研究・調査モノグラフ1』、二〇一〇年。

# 第Ⅲ部

# 生きるに値する社会への試み

# 第七章

## 過疎・高齢化中山間地域再生の試み―豊田市過疎地域対策事業「日本再発進！若者よ田舎をめざそう」プロジェクトの構想と第一年目の報告―

### 一、本プロジェクトの基本的な考え方

#### （一）プロジェクトの背景

本プロジェクトの発端は、筆者が二〇〇八年度に豊田市から委託された「生活文化（ひとの暮らしぶり）に着目した過疎地域の調査研究」にある。この調査は、豊田市の過疎地域である中山間村、つまり二〇〇五年に豊田市へと合併した町村地区に調査チームが入り込み、関係者との交流を進めながらインタビューを繰り返し、当該地区の住民が抱えている課題や問題、今後どのような生活を望んでいるのかなどの思いや感情を汲み取りながら、当該地区の新たなまちづくりの方向性や可能性を探ろうとするものであった。

豊田市がこの調査を筆者に委託した背景には、「平成の大合併」が基礎自治体にもたらした大きな課題が存在している。つまり、従来の行政システムに替わる効率性と自己決定・自己責任を基本とした広域的な自治体行政システムを形成するにあたって、自治体がどのようにして住民生活を保障し得るのか、そして住民自身がいかに自覚的により自治的な市町村をつくりだしていくのかという点が問われているのである。しかし現実は、自治のあり方についてのコンセン

サスを基礎自治体レベルで得ることが困難で、どの自治体も合併に成功しているとはいえない状況にある。

このことは、豊田市においても例外ではない。中核都市としての豊田市は、第二章と第五章で紹介したように、過疎と高齢化に悩む周辺の町村を合併し、さらに合併後、都市内分権を実施して新たな分権型都市をつくりだし、行政的な効率と住民自治の向上を両立させ、自立的な住民生活を実現しようとする取り組みを始めている。しかし、懸命の努力にもかかわらず、合併町村地区が急速に疲弊する傾向が明らかとなっている。それは、①合併町村地区において、豊田市中心部への通勤圏（自動車で三〇分から一時間圏）で急速な若年人口の流出、つまり過疎化と高齢化が起きていること、②住民の自治組織の崩壊が著しく、行政サービスが末端まで行き渡らない問題が発生していること、③地域資源の急速な枯渇化が進展しており、合併町村地区は人が住むに魅力のない地域へと変貌しつつあること、などとして立ち現れている。

このような状況に直面して、今後、豊田市は合併町村地区に対してどのような施策を採用して、市町村合併の本来の理念を実現しようとするのか。このことを検討するための基礎的なデータを得ることを目的として行われたのが、標記の調査であった。

そして、合併後三年を経て行われたこの調査の結果から明らかになった事実は、今日、豊田市長が次のように吐露する現実と重なっている。市長はある会合で、市長としてではなく、個人としてと断った上で、次のように語っている。「合併して五年が経ちましたが、ボクはいまだに『なぜ合併したんだろう』『何のために合併したんだろう』『合併してよかったのだろうか』、毎年一月になると、新しい仕事を始めるにあたってそう思います。これはボク個人がそう思っているると受け止めてほしいと思います。『合併なんかしない方がよかったね』という人もおられるかと思います。むしろ、『合併してよかったなあ』と思っている人の方が少ないのではないだろうか。そんな気がしてならないのです」、「私は、何か一つでも二つでも新しい展開ができていけばと思っています」（豊田市都市農山村交流ネットワークシンポジウム「農村へシフト」における挨拶、二〇一〇年三月一四日）。

本プロジェクトは、市長のこのような思いを受けて、地元を動かし、新しい社会を生み出す試みを何か一つやってもらえないかとの委託によって行われているものである。以下、本プロジェクトの第一年目の経過を報告する（一部分、第二章で紹介した内容と重なることをお断りしておく）。

## （二）　基本的課題の設定

この調査では、豊田市合併町村五地区の自治区長（町内会長）たちへのインタビューを基本とした対話の記録を分析し、彼らがいわんとしていること、つまり当該地域の過疎化と高齢化、さらには農林業の衰退と地域の自治組織の解体、そしてそれらがもたらすであろう生活の崩落という状況を、彼ら自身がどのようにとらえ、どのような思いを抱いているのかをとらえようと試みた。この分析においてとらえられた合併町村地区の課題を整理すると、以下のようになる。

①　合併町村地区で、急激な過疎化・高齢化が進展していること。
②　自治体行政の末端である住民の自治組織の解体が著しく、行政サービスが末端まで行き渡らない問題があること。
③　その背景には、地域の地場産業である農林業の衰退があること。
④　農林業の衰退は、単に地域経済の衰退を意味するだけでなく、耕作放棄地の急速な拡大に見られるように、美しい田園風景とそれをつくりだす文化などの地域資源の減退であり、かつ生活をきちんと律していく住民相互の扶助機能の衰退として現れていること。
⑤　役場の支所化・学校の統廃合は地域の心理的紐帯を切断し、地域社会の求心力をそぎ、地域住民の文化的つながりと地域社会への帰属感を衰弱させていること。
⑥　これらを含めて、地域資源の急激な枯渇化が進展しており、合併町村地区は人が住むのに魅力のない地域へと変

容しつつあること。

これらの諸課題と密接に絡み合っているのが、自治区長という地域の世話役であり、また顔役である中高年男性のある種の消極性、つまりある種のあきらめにも似た無力感である。そしてそれはまた、理由のないことではない。前述のような豊田市合併町村地区が今日直面している諸課題は、合併後突如として立ち現れたものではない。それは、合併によって旧来の町村が解体されて、豊田市というより大きな自治体の一地域自治区へと再編されたことで表面化した問題、すなわち旧町村が独立した自治体として覆い隠してきた、しかし、いずれは人々が目の当たりにせざるを得ないはずの諸問題であったのであり、若者たちが地域社会を離れ、また合併によって都市内分権が進められることで自立を迫られ、その結果、突如として現れた新しい課題ではないのである。それはつまり、現在、自治区長を担っている彼らの世代やその親の世代がよかれと思って行った、生活上の選択の一つの帰結だという性格を持っているものなのである。

豊田市の合併町村地区を含めて日本の農山村は、政治的に都市の発展を支える後背地としての役割を担い、常に日本の経済発展の動向に翻弄されてきたという歴史を持っている。この歴史の動きの中で、住民たちは自らの生活の向上のために、農林業を営み、賃金労働者となり、産業労働者となること、貨幣経済に身をゆだねること、子どもを都市の学校に送り出し、都市で生活を営めるように支援し、結果的にその故郷である農村が衰退することを受け入れてきたといっても過言ではない。彼らやその親の世代の人々は、時代の流れに身をゆだねながら、自らその時々で最善の選択を繰り返しつつ、生活の向上を図るという、極めて当然の人生選択を行ってきたといってよい。この意味において、農山村は常に都市化しようとするのである。この選択を、後の世代が、間違っていたと非難することはできないし、してはならない。

自治区長へのインタビューと対話からも明らかなのだが、彼らのほとんどが、賃金労働者として地元を離れ、豊田市内や名古屋市などその他の都市での生活を経験した後に、親が年老いて呼び寄せられたり、定年退職後に土地家屋を維持するために、地元に戻ったりした人々である。農山村の衰退をいうのであれば、彼らの世代において、すでに農山村は衰退の道を早足で歩んでいたといわざるを得ない。繰り返すが、今日の農山村の危機的な状況は、彼らの人生選択の一つの帰結であり、時代の流れの一つの必然でもあったといわざるを得ないのである。

しかしそれでも、故郷の衰退は彼らの心を痛めないではいない。だからこそ、彼らはその土地の慣習を重んじ、お役を重んじ、長老支配と呼ばれるような内向きの論理に閉じこもり、よそ者を排除することで、その地域を自分の美しい故郷として保とうとしているかのように見える。そして、これも理由のないことでない。インタビューの過程で示された、彼らの投げやりな発言とあきらめきったような意見、さらに新しいものを拒否しようとするかたくなさは、彼ら自身が地元を自分たちの世代で終わりにしようとしていることの表出のようにも見える一面がある。つまり、生活のために親と地元と農林業を離れた自分たちが、この地域に最後の宣告を下すことで、自分の最期とともに、その地域を終わりにしようとでもしているかのように受け止められ得るのである。

ただしかし、彼らとの対話からは、そうはいっても、やはり自分の故郷が故郷として次の世代へと引き継がれていってほしいという思いを捨てきれない、そういう複雑な感情を読み取ることができる。そして、ここにこそ、筆者ら調査者はこの地域の可能性を見たいと思う。またさらに、そのような思いを基礎にして、彼ら地域の世話役が、自分たちが生きてきたような時代の波に乗り、生活を立て直して豊かにしていくということの意味を新たにして、時代の流れをうまくとらえて再生していく、新しい農山村のあり方を実現することを願いたい。彼らが時代の波に乗って、農山村出身の産業労働者として日本の経済発展を支えてきたのであるならば、今日、農山村の衰退に対して、たとえば豊田市は行政として自らの責任の果たし方を模索し、調査を筆者たち大学関係者に委託している。これまでの経済発展を基調とする観点からは農山村の衰退は仕方のないことであったが、今や都市そのものが生き残ろうとするときに、農山村の問題は都市の問題でもあるようになったのである。また、社会では食の安全が問題となり、さらにこれまでのような規模の大きさや効率性を競う経済発展のあり方ではない、質と価値の多元性を重視するような経済のあり方を模索する動きが強まっている。こういう流れをとらえることで、農山村は、これまでとは異なる価値を創造し、それら新しい価値を発信して、人々に対して次の生き方を提示することができるような、自らの潜在力を獲得することができる。この方向への転換のあり方を具体的なイメージとして提示しながら、地域社会を担う新しいアクターとしての住民を育成していくこと、これこそが、私たちがなさなければならない新しい課題であるといえる。この過程で、地域の世話役であり顔役である人々が、かつてそうしたように、時代の流れをとらえて価値を転換していくことが期待される。

## (三)　過疎化の原因と要因

この課題の背後にあるものは、何であるのか。それは、概略、以下のようなものだと思われる。

### a　巨視的要因

**経済的要因**　日本が自らを近代産業国家として建設し始めて以来、農山村は産業社会である都市の後背地として位置づけられてきた。それは二つの意味での「供給源」であった。一つは、原材料の供給地であり、もう一つは労働力の供給地であった。農林業従事者は、産業が新たな発展を遂げるたびに、囲い込まれて離村を促され、産業労働者として都市部に出て行くことを余儀なくされてきた。とくに、一九五〇年代後半から六〇年代半ばにかけて、日本の産業が軽工業から重工業・重化学工業へと転換する過程で、原料の供給地としての役割は終焉を迎え、農山村は廉価な労働力の供給源としての役割を担うことになった。豊田市の合併町村地区も例外ではなく、トヨタ自動車の事業拡大にともなって、多くの町村民が出稼ぎ・季節労働者から正規労働者へと移り、雇用されて、村を出て行くことになった。

原料としての農林産物が価値を失い、生計を立てるに困難となること、および毎月安定したサラリーを手にする生活を人々が覚えることで、農山村の生活も貨幣経済に組み込まれつつ、人々の意識も都市の産業労働者になることが出世であるという方向へと転回していった。多くの家庭で働き盛りの男性が産業労働者となるとともに、子どもたちを都市労働者にするための学歴需要が高まり、子どもたちは高校から地元を離れることとなった。

このような動きと連動して、農山村は第三の機能を獲得することになる。つまり、労働力の供給源であるとともに、貨幣経済が浸透することによる市場としての機能であり、農山村は現金収入がないと生活できない、都市と変わらない市場として自らを再形成することを迫られるようになるのである。

こうして、農山村の住民が安定したより豊かな生活を求めることが、結果的に人々の離農を促し、今日の急激な高齢化と人口減の要因をつくり出した。この図式は、今日でも変わっていない。

**政策的要因**　政策的にも、農山村は都市にとっての二つの供給源として位置づけられており、常に農山村に住む人々の生活を都市化することで、人々を産業労働者として都市に流出させてきた。とくに、一九六〇年以降の農業基本法政策の下では多くの農山村で小規模自営農が解体されて、産業労働者として都市へと流出することとなった。そしてその結果、農山村は前述のような第三の機能を獲得することにもなっていった。

昨今の農業政策も基本は変わらず、農産物の輸入とともに国内市場の流通において寡占が進み、農作物価格の上昇は政策的に不可能な状態になっている。需給関係において決まるはずの農作物出荷価格は、実際には大手流通産業の市場寡占によって、小売価格から逆算して決められており、農林業では生活が維持できないほどに、農家は困窮している。

**意識の問題**　既述のような生活の変化において、農山村に住む人々の生活様式も変わり（貨幣経済に組み込まれ）、安定したよりよい生活を求めて、産業労働者になること、農山村を出て都市に住むこと、より高い学歴を得てよりよい企業に就職することを、価値あることと見なす意識が生まれ、それが離農・離村を促すこととなった。

**経済のグローバル化の問題**　日本の産業社会としての発展の過程とともに、昨今のグローバル化の動きも、農山村の疲弊に大きな影響を与えている。とくに、農作物市場の開放と一部独占資本の市場占有率の高まりは、競争力に劣る日本農業をさらに痛めつけることになった。その上、新自由主義的な構造改革は、農業に対する保護を切り下げることになり、それが農家の生活をより不安定なものとしている。

### 急激な少子高齢化・人口減少の問題

また、少子高齢化と人口減少が、農山村で急速に進展している。それが農山村を疲弊させ、さらに農山村の高齢化と人口減少を促してしまうという負のスパイラルが形成されている。

## b　微視的要因

### 基層自治組織の問題(1)—「お役」

農山村維持のために形成されてきた地域の自治組織が、高齢化・人口減少で解体する一方で、その自治組織維持や村落そのものの維持のための「お役」の負担が住民にのしかかっており、日常生活維持のための負担が急速に増えている。この「お役」の負担とそのあり方が、地域に住む産業労働者としての若者たちの生活のあり方と矛盾を来しており、それが若者たちの離村を促してきたし、現に促している。とくに、夏の草刈りや道普請、消防団などはかなりの負担であり、サラリーマンとしての生活とともにこれらの役を担うのは困難だとされる。

### 基層自治組織の問題(2)—長老支配

地域の自治組織において長老支配が見られ、若者たちを抑圧していると受け止められている面があり、それが若年者の離村を促している面が強い。とくに、地域の「お役」を通した抑圧とともに、地域経済のあり方についても若者の意見を吸い上げることができず、結果的に若者が地元を見捨てるという事例がかなりある。

### 基層自治組織の問題(3)—閉鎖性・よそ者排除

長老支配・「お役」とともに顕著であるのが、よそ者に対する不信感の強さと排除の傾向である。人口が減ることへの危機感は共有しており、後継者難であることも自覚されていながら、いわゆる「よそ者」に対しては警戒感が強く、受け入れることが困難な状況にある。「よそ者」を排除するつもりはないとどの地区の顔役もいうが、入ってくる以上「お役」を分担してもらわなければ困る、こちらの習慣に合わせられない人は来てもらう必要はない、こちらが新しく来る人に合わせる必要はないという意見がほとんどであり、実質的な排除となっている。このような傾向が、さらに、若者たちの流出を促すことにもなっている。

### 土地・家屋への執着

よそ者への警戒感・よそ者排除の感覚と分かちがたく結びついているものに、農家の土地と家屋への強い執着がある。すでに耕作放棄地となっている農地や、空き家になっている家屋を他人に賃貸したり、譲渡することに、強い警戒感があり、流通を妨げている。農山村に魅力を感じ、都市部から転居するために、空き家を探している人も多くなっているが、農家の土地・家屋への執着心・警戒感の強さが、これらの人々の流入を阻害している。

**生活の利便性の後退**　すでに過疎化と高齢化が進んでおり、生活の利便性はかなり後退していて、それが過疎化・高齢化を促すという負のスパイラルが形成されている。とくにスーパーマーケットの撤退、医療機関の不在、学校の統廃合など、生活のインフラにかかわるところでの利便性の後退は、かなり不利に作用している。

また、前述の閉鎖性ともかかわるが、インターネットやケーブルテレビなどに対する警戒感も強く、外部の情報が入ることで若者がかえって外にあこがれて出て行くので、有害無益なものは要らないという意見が強固に存在するなど、生活の利便性を向上させるための障害となっている。

**限界集落の問題**　過疎化と高齢化により、いわゆる限界集落が各地に出現しており、高齢者の基本的な生活保障のための手立てが必要となっている。自治会組織（自治区）も機能不全を起こしつつあり、行政サービスが末端まで届かない状況が現れている。

**イノシシなどの獣害**　山が荒れることで、餌となるドングリその他の生育が阻害され、イノシシが里に出て畑を荒らす被害が続出している。筆者たちも、訪問中に幾度か、公道を車で走行中にイノシシに遭遇したことがある。また、鹿やハクビシンなどによる被害もかなりの額に上るという。こうしたことも、農業を困難なものとしている。

### c　負のスパイラル

豊田市の中山間村の過疎化と高齢化は、経済的な要因を背景として、このようなさまざまな要因が互いに作用して生み出されたものであり、すでに若年者の減少・高齢化・人口減少・産業の衰退・生活基盤の解体が相互に絡み合って、それを促進するような負のスパイラルに陥っている。

さらに、残された人々の頑迷な意識やある種のあきらめに似た意識・感情などがここに作用することで、中山間村をいっそう、展望のないものとしているように見える。

この負のスパイラルは、地元で事業体を営んでいる若者にも影響を与えており、疲れ切ったような、あきらめたような意見が彼らから多く聞かれている。

## （四）住民の可能性

しかし、既述のような中高年男性からなる地域の世話役たちの悲観的な観点を形成する負のスパイラルに対して、より積極的な要素が見受けられたことも確かである。

### a　女性グループ

一つは、地元に根を下ろして活動している女性たちである。彼女たちは、うまく地元に適応できていない一部転入者を除いて、ほぼ例外なく活発に活動を広げており、ネットワークも豊かで、相互に情報を交換し合いながら、農山村の生活を楽しんでいるように見える。ある地域での懇談で、女性グループから、「もし離婚するようなことになったら、夫に出て行ってもらう、私たちはこの土地をとても気に入っている」という話が聞かれたほどであった。

彼女たちのつながりは、経済的な利害関係ではなく、むしろ人的な、信頼関係を構築することで、相互に援助し合うような関係によって形成されている。価値観も、ものを持つこと、所有することを優先するのではなく、よい自然環境に住めること、そこで子育てできること、少人数学級で指導を受けられること、農山村の濃密な人間関係の中で子育てを支援してもらえること（反面、家の中まで介入されてうっとうしいとの感覚を持っているが）など、いわゆる従来の都市部の感覚・価値観ではない新たな価値観にもとづいて生活を楽しんでいる様子がうかがえる。

また、女性だけの集まりやサークルなど、地元での人間関係が広がっており、孤立することなく、生活を営むことができている。このネットワークから、趣味サークルや伝統芸能・伝統工芸の伝承、さらにはまちづくり運動などが行われており、女性たちが積極的な担い手として立ち現れている。今後の合併町村地区の活性化については、女性のこのような新しい動きが一つの鍵となる可能性は十分にあると思われる。

### b　子どもたち

子どもたちも、新たな価値観を持ち始めているように見える。高校生になれば、この土地を出て行かなければならないが、できれば帰ってきたいし、住み続けたいという思いを語る中学生たちが多数存在する。彼らは、貨幣経済の中で成長しながら、逆に、ものを持つことへのあこがれではなく、この土地の自然環境や人間関係に意味を見いだそうとする新しい価値観を持ち始めているようである。子どもたちが所有を優先するのではない、人的なネットワークに価値を置くような感覚を持っていることがうかがえる。この点は、女性たちの新しいネットワークの価値と通底するものがあるといえる。

また、学校における少人数指導についても、おとなたちが指摘するような、競争心がつかない、仲間関係が固定してしまい、向上心が身につかないという否定的なとらえ方をする中学生はほとんどいない。むしろ、きちんと教えてもらえるし、学習塾やお稽古事には通っているので不自由していない、また土地の人たちとのふれあいの中で大事にされていると感じているので、小規模であることに特段問題を感じてはいないし、むしろうれしいとの見方をしているようである。この彼らの思いを、どのような形で地域コミュニティの新しいあり方へと練り上げていくのかが課題だといえる。

### c　高齢者

高齢者は、過疎化・高齢化さらには若者が帰ってこないという問題を抱え、一面で、意気消沈している面がある。しかし他方で、日常生活において、新たな活動を始めている人々もいる。たとえば、旭地区のつくば工房などでは、各家庭に伝わる伝統的な方法による漬物加工で収益を上げて、旅行を楽しむなどの動きが、地元のリーダーたちの指導の下で出始めている。生活を楽しみながら、地域にも貢献し、実利も得ようとするような生き方が、すでに可能となっているといってもよいであろう。

## （五）　外部環境のもたらす優位性と脆弱性

社会は確実に変化しており、従来の規模の経済から質を問う経済のあり方へと転換している。そこでは、生活の質が重視され、市民の意識も所有よりは存在やネットワークを重視する方向へと転換している。しかし、この社会的な変化はいまだに過渡期にあり、とくに中山間村はこのような社会の大きな変化が現実のものとなる前に疲弊し、衰退していくように見える。

農林業についても、世界的には食糧危機にあり、今後、日本が従来通りの食料輸入に頼っていられるかどうか不安が広まっている中、農業の優位性は確実に高まるものと思われる。しかし、現下の農政の下では、農業が産業として自立し、従事者の生活を支えることができるまでに構造改革が進む以前に、農山村は衰退してしまうように見える。

また、一部独占企業の市場寡占状態が続く限り、農業が産業として再生されても、農業そのものが独占企業によって支配され、雇用の創出や農山村の環境整備・生活の質の向上につながるものとなるのかどうかは不透明である。むしろ、都市部消費者との間に、これまでの規模の経済や効率の経済とは異なる価値によって結ばれた、新しい流通のあり方をつくりだすことで、農山村の持つ潜在的な優位性を発揮させるような仕組みを構築する必要がある。それはまた、現在のところ、都市部への通勤圏であることが地域社会の負の要素となっている面がありながら、本来的にはそれが優位性となるような、都市との近さを積極的な要因へと転化させる施策をつくりだすことでもある。

## （六）　考えるべき視点

### a　少子高齢化の進展と都市・農村の関係

従来、既述のように農村は都市の産業発展のための後背地としての役割を担い、都市に原料と労働力を供給し続けてきた。また、第二次産業の発展には「外部経済」としての水や空気、さらには人間の労働力の回復など、市場での交換になじまないものが介在することで、利益をもたらす構造が存在している。この「外部経済」を担ってきたのが農山村である。

今日、日本の産業社会の変化は急であり、都市・農村部ともに急激な少子化と高齢化に見舞われ、しかも製造業を基本とする第二次産業は海外移転を進めており、雇用の創出も困難となりつつある。産業社会は常に、生産性を高めることで、余剰労働力を生み出しつつ、廉価な労働力を雇用するという循環をつくりだしてきたが、今日、この循環が崩れ始めている。都市における余剰労働力が都市に滞留することで、都市の生活の質的低下、治安の悪化その他の機能不全を起こしつつあり、それを都市周辺農村部が回収することで、社会全体の安定を保っている一面が現れ始めている。

また、都市で大量に定年を迎える高齢者の存在も、都市部に多量の非雇用者を滞留させることになり、彼らが今後、何らかの社会不安の要因とならない保障はなく、彼らをどこで吸収するのかも、大きな問題となりつつある。

### b　環境問題・農業問題と都市・農村

水源問題・治水問題として、従来の農山村・都市間の関係はとらえられてきた側面があり、この一面は、ゲリラ豪雨による被害のもたらされ方を見てもその重要性は変わらない。都市が、物理的に機能するためにも、農山村が整備されている必要がある。

また、環境問題および食の安全の問題から見ても、都市から目に見える範囲における農林業を振興することは、都市民の生活の安全を考える上でも重要であり、都市からも何らかの形での農林業振興のための利益還流がなされる必要がある。

さらに都市と農村の関係は、治安・社会的な安定・経済面だけではなく、人的な交流による都市民の生活の質の向上にとっても、重要な役割を果たしつつある。

### c　新たな価値を実現するための農山村

都市民の中には、これまでのような産業社会での生活ではなく、むしろ自然環境を重視し、人間関係を重視した、新たな生き方、端的にはロハス（LOHAS）的な生き方を志向する人々が増えてきている。ロハス的な生き方とは、それがLifestyle Of Health And Sustainabilityと呼ばれるように、健康で持続可能な生活スタイルのことであり、人間の手が入っている自然のあり方が前提となっている。ロハス的な生き方を志向する人々は、原生林に住みたいのではなく、人の手が入った田園に住みたいのであり、自分は市場社会に片足を突っ込みつつ、もう片方の足で、豊かな自然の中での生活を満喫したいと願っている。

この条件を満たしているのが、都市近郊の中山間村である。この意味では、都市近郊の中山間村の人の手の入った田園風景は、人を惹きつける価値を持ったものであり、従来の水源・保水・治水・環境、さらには労働力の供給源と市場としての農山村のみではなく、都市にとって新たな価値、つまり景観・人の手の入った人と自然の共生態としての農山村という新たな価値を持つものとしてとらえ返される必要がある。

農山村は「公共財」であるという価値を社会的に定着させるような、新しい産業の枠組みが必要となっているのだといえる。

### d　高齢化・限界集落をとらえる

これまで述べてきたような新たな価値を実現するためには、農山村が抱えている象徴的な問題である高齢化と限界集落の問題をとらえ、この問題を女性や子どもたちと還流させながら、新たな仕組みにおいて解決する方途を考える必要がある。

### e　市場と外部経済とを架橋する仕組みを

以上を勘案すると、今後、農山村の問題を考える場合には、従来の公共投資や福祉などのように、市場の外部で行政が所得の再分配を行うことで農山村を底支えするようなあり方ではなく、また、いわゆる新自由主義的な市場における競争をそのまま肯定して、一部独占資本による市場の寡占を放置するのでもなく、都市を支える農山村として、人と自然の共生態としての農山村という価値を生みだすような仕組みをつくりだす必要がある。

それは、市場を否定するものではなく、また市場のみに依存するものでもなく、市場の機能を活用しつつ、外部経済としての自然と市場とを架橋するような仕組みの創出である。

その観点は、以下のものとなると思われる。

① 農山村内部を人的なネットワークで結ぶことで、新たな生活の価値を生み出す仕組みを構築すること。

② 都市と農山村との間を架橋するような人的なネットワークを、都市部で大量に社会へと送り出される退職者や若年労働者の価値観とそれにもとづく生活のあり方とかかわらせて構築すること。

③ 市場と外部経済とを架橋する事業体を形成し、市場での収益が外部経済へと還流しつつ、事業体そのものが収益を上げ、雇用を創出することができるような仕組みを構築すること。

④ これらを総合して、農山村を新たな公共的な価値として立ち上げる仕組みを構築すること。

## （七）基本的イメージ（施策）

### a　市場と外部経済を架橋する事業体の創成

① 市場と外部経済、都市と農山村を架橋する公共的な事業体を形成する。

② この事業体は、一方で市場における活動をとおして営利を求め、他方でその営利の一部を農山村事業に還流させ、農山村の公共財としての価値を担保し、かつ農山村の市場価値を高めるための活動を行う。

③ 事業体には既存の企業の活用を検討してもよい。市場経済の中で、地域社会に貢献する事業を立ち上げつつ、正当な対価を得るという性格を身につけた営利企業の可能性を追求することで、市場経済における農山村の可能性を問うことへとつなげる。

### b　事業体の性格

① 既存の公社その他を活用すること、またはＮＧＯやＬＬＰ（有限責任事業組合）などの組織体、既存の企業が地域アクターへと再編されたものとして形成する。

② 市場における営利活動とともに、この事業体の理念を担保するための研究機能を持たせ、常に市場と外部経済との還流のあり方を検討しつつ、事業体としての経営を進める。

③ 社会への貢献が、市場における正当な対価となって還元される、社会企業としての性格が強い事業体を構成する。

### c　事業体の事業

事業体には、市場で経済活動を行って利益を上げる営利部門と、その営利にもとづいて、農山村の公共財としての価値を高めることで市場的な価値を創出する公共部門、それにこの事業体の理念を維持し、かつ常に社会情勢・経済情勢を見極めつつ、事業体の経営を行う研究・経営部門の三つの部門が置かれることが望ましい。

**農業**

・新たな市場における収益を、公共財としての農山村に還流させ、農業振興事業その他のための機構を組織し、雇用を創出する。

・農業のための雇用を創出するとともに、草刈り・棚田の整備など、田園風景・景観の創出を行う。

・農家から農地を借り上げて、生産を行い、収益の一部を農家に還元するとともに、生産物は従来の市場を通さずに、消費者とのより直接的な関係の中で流通させる新たな市場の形成を考える。

・農家との間には、自家用野菜の流通ネットワークを形成することで、高齢者でも無理なく生産活動に参加でき、かつ見守りにもつながるような流通のあり方をつくりだす。

・さらに、「ホワイトカラー女性と農村」「癒しと農業」「知的な農業」などのコンセプトで、農村環境の整備・保全と「野菜ソムリエ」「農山村交流コーディネータ」など、農林業をテーマとする新しい職種と産業をつくりだす。

・農業に関する高付加価値産業を誘致・開発し、地場産業として育成することで、新しい産業形成の核を農山村に埋め込む。

**高齢者**

・高齢者、とくに限界集落への対応として、事業体が職員を巡回させながら、「対話」と見守りを重ねることが考えられる。

・前記の新しい農作物流通ネットワークの中で、高齢者とのふれあいを組織することで、見守りの実質化を図る。

・将来的に条件が整ったところで、保険事業その他のサービスとかかわらせて、成年後見制度を活用した高齢者見守り制度として運用し、保険という市場経済の中に、高齢者への見守りシステムを組み込む。

**学校・教育**

・学校の統廃合は、教育事業費負担のみを考えれば合理性があるが、学校は地域社会の文化的中心であり、かつ精神的中心でもある。学校を統廃合することで、地域社会の人間関係が切断され、その結果、高齢者の寝たきりが増えるなどの弊害が顕著となっている地域がある。また、子どもたちも学校の統廃合によってスクールバスによる送迎となり、地域社会の人間関係から切断されることで、豊かな地元のネットワークを活用できなくなる危険もある。

・この意味で学校の統廃合には慎重である必要がある。

・また、統廃合後の学校については、地域の文化・人間関係のセンター的な機能を果たせるように、事業体が何らかの経営を行うことが求められる。

**農地・空き家**

・都市民の農山村への転居希望の増大とともに、耕作放棄地や空き家などに対して関心が高まっているので、有効な手立てを講じて、流通させる仕組みをつくりだす必要がある。農家の人々のよそ者への警戒感・よそ者排除の感覚なども考慮しつつ、何らかの公的制度または公的なものに準ずる形での保証人制度などの形成が求められる。

・また、農地や空き家の貸借関係におけるルール作りが必要である（貸す農民と借りる都市民との間で、相互の信頼関係を醸成できるようなルールを、農家の感情も考慮した上でつくりだす必要がある）。

## 自治の基盤組織

・自治の基盤組織である自治区や組そのものが機能不全を起こしている地域がある。この地域への行政サービスの提供なども、前述の訪問・見守りサービスの提供事業とともに考えられる必要がある。とくに、限界集落化している集落の自治組織にてこ入れしつつ、高齢者の生活を保障するような人的な配置を行うための仕組みづくりが求められる。

・コミュニティ・コーディネータ、地域社会主事のような人材の育成と配置が求められる。

## 広報機能

・この事業体が市場における営利活動とともに公共財としての農山村の価値を高める活動を進める上で必要な広報を行うための措置が求められる。

・それは、農地・空き家情報の発信や、都市からの転居希望者と農山村住民との間を取り持ちつつ、相互交流を進める機能でもある。

## 都市・農山村、市場・外部経済、高齢者・産業界の媒介

・この事業体が果たすべき役割は、都市と農山村とを媒介して、都市と農山村との相互依存関係を強化すること、また市場と外部経済とを媒介して、農山村の持つ公共財としての価値を市場において高めることである。それはより具体的には、農山村の高齢者の持つ技能や生活様式を、新たな価値へと創造して市場と結びつけるとともに、彼らのニーズを産業界へと反映させることでもある。

・それはまた、農山村に伝わる伝統工芸や伝統芸能に新たな光を当て、市場価値を高めることへとつながるものであ

る。

・事業体はこの役割をも担うべきであり、そこでは都市の若者や大量定年を迎える団塊世代などを活用して、新たな雇用を創出するとともに、新たな都市・農山村交流を進めるような人材の育成を進めるものとする。

・この人材をコミュニティ・インタプリータ（地域間の相互翻訳者）、またはコミュニティ・コーディネータと暫定的に呼ぶ。

・このコミュニティ・インタプリータやコミュニティ・コーディネータの育成は、生涯学習センター「交流館」などと連携して進められるべきである。

### 交流館事業の再編

・この事業体を基本とした各方面にわたる都市・農山村交流、市場・外部経済交流、そして高齢者・産業界の交流を進めるためには、営利事業や実践の展開とともに、住民に対する広報や啓発、さらには住民自身の学習活動が必須であり、都市・農山村において新たな価値を生み出していくことが求められる。

・豊田市は、中学校区に一館の交流館を配置し、専任職員を配備して手厚い生涯学習行政を行ってきており、交流館が各行政サービスの出先的な機能を果たしている。とくに、旧市街部では、交流館とコミュニティ行政とが密接な関係を持っており、地域自治に大きな役割を果たしてきた。

・合併町村地区においても交流館の整備が進められており、また各集落に置かれている集会所などをネットワークすることで、地域住民に対するきめの細かい行政サービスが可能となるが、都市内分権の趣旨から見て、それが住民によって担われることが望ましい。

・都市内分権の進展にともなって、「わくわく事業」など、地域住民の自発性にもとづく自治の進展が見られ、その活動拠点として交流館が位置づけられる必要が高まっている。

・事業体が活動を進め、新たな社会を創造していくためにも、とくに合併町村地区における交流館の機能を再編成し、この事業体との連携を強めることが求められる。

### d　事業体の組織

・権限と権力・富の集中は望ましくないが、都市と農山村を結びつけ、新たな公共財としての農村の価値を高める事業体は、わかりやすいもの、そこに行けば何とかなる、何とかしてくれるという、住民意識の核となるような存在として、つくられる必要がある。

・民間企業・行政・大学が連携をとりながら、事業体の各部門・現業部門が自立的・自律的な経営を進めることで、農山村が新たな社会的価値を生み出し、公共財としての存在意義を高めていくような事業体として形成される必要がある。

・理念主導型の緩やかな部門連合体として、組織は形成されるべきである。「社会企業」として自らを位置づけるヘッドクオータを組織する。

以上を図示すると図7-1のようになる（イメージ）。

## (八)　当面の具体的事業

以上の調査結果を勘案して、当面、以下の事業を立ち上げ、実験的に実施して、対象地区を新たな農山村事業モデル地区として形成する。

### ①　農作物の新たな流通ネットワークの構築と高齢者の見守り・生きがい作りのための実験的事業を行う。

・農家が作っている自家用野菜を基本とした、安心で安全な作物の流通ネットワークを都市部と農山村部との間で構築する。

・新しい農業ネットワークを作っている企業の事業をベースに、豊田市の実情に対応した事業を構築する。

・当該農山村地区ですでに同様の試みを行っている農家もあり、彼らとの連携も考える。

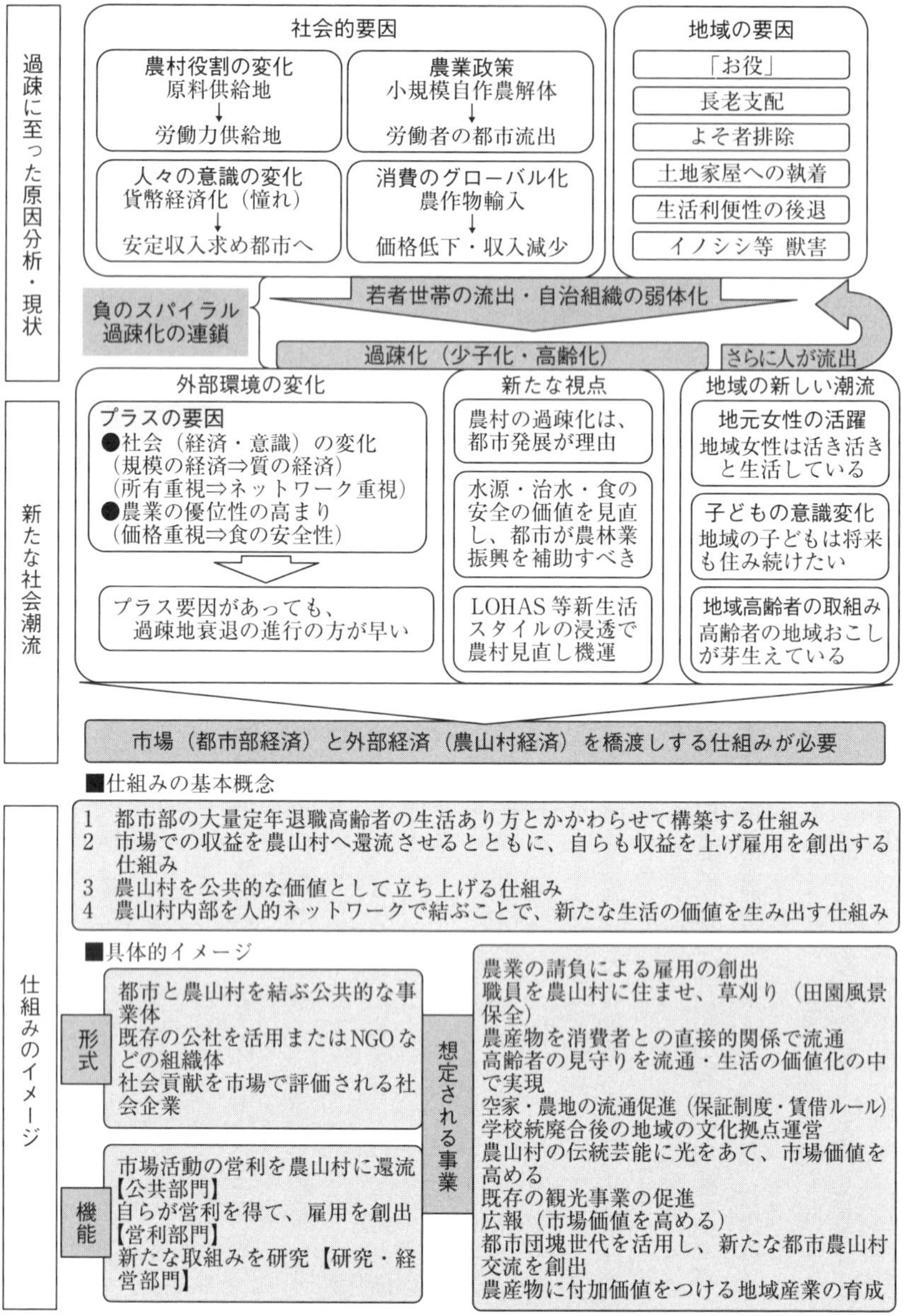
過疎に至った原因分析・現状
社会的要因
農村役割の変化
原料供給地
労働力供給地
農業政策
小規模自作農解体
労働者の都市流出
人々の意識の変化
貨幣経済化（憧れ）
安定収入求め都市へ
消費のグローバル化
農作物輸入
価格低下・収入減少
地域の要因
「お役」
長老支配
よそ者排除
土地家屋への執着
生活利便性の後退
イノシシ等 獣害
負のスパイラル
過疎化の連鎖
若者世帯の流出・自治組織の弱体化
過疎化（少子化・高齢化）
さらに人が流出
新たな社会潮流
外部環境の変化
プラスの要因
●社会（経済・意識）の変化
（規模の経済⇒質の経済）
（所有重視⇒ネットワーク重視）
●農業の優位性の高まり
（価格重視⇒食の安全性）
プラス要因があっても、
過疎地衰退の進行の方が早い
新たな視点
農村の過疎化は、都市発展が理由
水源・治水・食の安全の価値を見直し、都市が農林業振興を補助すべき
LOHAS 等新生活スタイルの浸透で農村見直し機運
地域の新しい潮流
地元女性の活躍
地域女性は活き活きと生活している
子どもの意識変化
地域の子どもは将来も住み続けたい
地域高齢者の取組み
高齢者の地域おこしが芽生えている
市場（都市部経済）と外部経済（農山村経済）を橋渡しする仕組みが必要
仕組みのイメージ
■仕組みの基本概念
1　都市部の大量定年退職高齢者の生活あり方とかかわらせて構築する仕組み
2　市場での収益を農山村へ還流させるとともに、自らも収益を上げ雇用を創出する仕組み
3　農山村を公共的な価値として立ち上げる仕組み
4　農山村内部を人的ネットワークで結ぶことで、新たな生活の価値を生み出す仕組み
■具体的イメージ
形式
都市と農山村を結ぶ公共的な事業体
既存の公社を活用またはNGOなどの組織体
社会貢献を市場で評価される社会企業
機能
市場活動の営利を農山村に還流【公共部門】
自らが営利を得て、雇用を創出【営利部門】
新たな取組みを研究【研究・経営部門】
想定される事業
農業の請負による雇用の創出
職員を農山村に住ませ、草刈り（田園風景保全）
農産物を消費者との直接的関係で流通
高齢者の見守りを流通・生活の価値化の中で実現
空家・農地の流通促進（保証制度・賃借ルール）
学校統廃合後の地域の文化拠点運営
農山村の伝統芸能に光をあて、市場価値を高める
既存の観光事業の促進
広報（市場価値を高める）
都市団塊世代を活用し、新たな都市農山村交流を創出
農産物に付加価値をつける地域産業の育成

図 7-1　豊田市農山村活性化事業の考え方
出典：豊田市担当者と筆者とで作成

・農作物以外に、自家用の加工品の流通も考える。
・自家用野菜・自家用加工品の流通と同時に、高齢者の生きがいづくりと見守りのネットワークを構築する。
・高齢者に対する自家用野菜作付けについての価値観の指導・共有、農作物の買い付けにともなう声かけ・見守りのあり方を研究する。
・大学および新しい農業ネットワークを作っている企業に委託し、彼らとの共同研究スキームで事業を行う。

② **都市・農山村の交流ネットワークの形成。**

・都市と農山村の交流ネットワーク形成のためのセミナー事業、および耕作放棄地・空き家の流通のためのネットワーク形成と、都市・農山村の相互理解のためのセミナーと仲介事業を行う。
・ネットワーク調査などを基本として、都市・農山村の交流ネットワーク形成の実験を行う。
・大学およびコンサルティング企業に委託し、共同研究スキームで行う。
・大学および新しい農業技術を持つ企業との関係で、農業塾を展開し、都市部からの農村へのＩターン者やＪターン者の受け入れの組織を構築する。

③ **新しい農業技術を活用して、農作物に新たな価値を付与し、新たな地域産業の形成のための実験を行う。**

・新しい農業技術（有機無農薬、不耕起技術や発芽技術・栄養抽出技術などにもとづく健康食品加工技術など）を活用して、農作物の生産・出荷という機能だけでなく、農作物の加工・付加価値生産という新しい機能を農山村が獲得できるような実験を行う。
・大学および新しい食品加工技術を持つ企業に委託し、共同研究スキームで実験を行う。

④ **農山村が新たな価値を発信するための事業を行う。**

・前述の各事業によって発信される農業生産にともなう価値だけではなく、人手の入った美しい田園風景という景観的な価値、ＬＯＨＡＳ的な価値、健康・成熟・安全という価値その他、従来、否定的にとらえられていたさまざまな価値を、時代の流れに対応した新しい価値へと転換しつつ発信する実験を行う。

・たとえば、「ホワイトカラー女性の就労先としての農村」「知的な農業」というイメージが考えられる。食・安全をコーディネートする職業としての「野菜ソムリエ」「ＬＯＨＡＳコーディネータ」その他の新しい職業の形成を進めることが考えられる。

・より具体的には、「カリスマ主婦○○ meets △△」というイメージで、農山村が新たに価値化され、若い女性たちが自ら作物を育て、生活提案をしていく職場としての農山村という価値の発信を行う。

・さらに、前述の農作物の流通や付加価値生産をベースにした「アグリ・カフェ」「アグリ・レストラン」「ＬＯＨＡＳレストラン」などの開設が考えられ、そこからインターネットおよび雑誌媒体などで情報を発信する。

・これらを複合的に農山村の整った田園風景を保持することへとつなげる。

・大学、関係する民間企業との共同研究スキームで行う。

・農作物の供給その他については、新しい農業技術・食品加工技術を持った企業と協同し、安定的な供給を目指す。

⑤ **豊田市内に農山村の価値を発信し、人的な交流を組織するために、生涯学習センター交流館を活用したネットワーク形成を行う。**

・生涯学習課と連携して、交流館を活用した、中高年者や子どもたち向けの都市・農山村交流ネットワーク構築事業を展開する。

・自治振興課（現地域支援課）・生涯学習課および大学との連携事業として行う。

⑥ **事業を統一的に行うためのヘッドクオータを設置する。**

・大学を中心に、関係企業・行政および地元の関係者からなる統一的な事業体を組織して、意思疎通を円滑に進めながら、事業を展開する。

・当面、大学・豊田市自治振興課および民間企業、そして当該地区住民の代表者から構成し、必要に応じて再構成する。
・本部は豊田市に置き、実験対象の農山村の統廃合となった学校校舎・空き家などを活用して、現地本部を設置する。
・今後、全国的な展開が予想されるため、このヘッドクオータを自立的な事業経営体である社会企業として立ち上げるための準備を行う。
・収益モデル化を考え、全国的に展開できるパッケージの構築を考える。

## 二、本プロジェクトのイメージと構想

### （一）基本的イメージ

本プロジェクトの基本的イメージは、当該中山間地区で生活が賄え、その地区が新しい生活スタイルを発信できる地区へと生まれ変わるための仕組みを構築することにある。そのイメージとしては、高齢社会を背景としつつ、高齢者が若者と一緒になって生き生きと暮らし、若者がその地区を愛し、そこに新しい、生きがいのある生活をつくりだすことである。それを表現すると、以下のようになる。

Aging in Place　（地元で老いる）
Living in Place　（地元で生きる）
and
Loving it in Place　（地元に好きなものがある）

つまり、次のことを実現することになる。

ALL in Place　（地元に全部ある）

本プロジェクトでは、都市近郊型中山間地区の過疎化・高齢化に対応した持続的な社会モデル形成の実験を行う。基本的なスタンスは、従来のような公共事業・補助金に依存するのでもなく、また当該地区の自己責任に帰するのでもなく、市場を活用した新たな経済の創成とその経済を核にした地域社会の自立的持続モデルを構築することとする。このとき、市場におけるアクターは、従来のような金銭的な営利のみを目的とする企業ではなく、むしろ人的なネットワークを基本として、社会的な貢献度を自らの社会的価値の高まりとして受け止めて、公正な利益を得つつ、社会的な役割を果たしていくことで、構成員が自立的に活動を進める「社会企業」であることが望ましい。したがって、この「社会企業」の生成も本実験に組み込むこととする。

## (二) 本プロジェクトの構成領域

本プロジェクトは、大きく、次の三つの領域から形成される。

### ①　基本的な生活が成り立つ農業の仕組みを構築する。

農業を基本として、消費者のニーズに臨機応変に応えられる生産、および消費者と直接結びつく流通を構築し、基本的な生活を維持できる仕組みを形成する。

過疎化・高齢化が進んでいる地区の主力産業である農業・林業の価値づけを、食糧の供給・原料の供給に加えて、「安全な食料」「都市にとっての環境」という形に組み換え、新たな価値を持続的に維持するための経済的なあり方を検討する。

・農業を基本として、耕作放棄された農地を集約しつつ、社会企業が、農家にとっては耕作の維持・先祖伝来の田畑の維持（農地の廉価での提供）、都市にとっては都市周辺環境の整備と安全な食の供給（農作物の相対的高価での購入）、企業にとっては農作物の販売・食品加工などの収入源（社会企業の運営資金確保）となる農業を展開する。

・さらに、農業を基本とした地域の総合的な産業へと展開する基盤を整備する。このとき、総合的な産業とは、農業だけでなく、文化・教育・伝統工芸その他諸々のその地域が持つ総合力を結集して、農業をこれまでにない新しいカテゴリーとして形成することを意味している。本事業は、この新しい農業創成のための初歩的な取組みを行うものとする。

・社会企業は、職員を農村地区に定住させて農業を展開するとともに、農作物・加工品を「安全」「安心」とともに都市民に届ける流通ルートを形成する。

・さらに、都市民と当該農村地区の住民が農業や食の安全について共通理解を持つとともに、相互に依存し合い、信頼し合い、かつ交流してよりよい生活を営むためのセミナー事業を展開する。

・農作物には、農家が自家用につくっているものも含まれ、かつ社会企業が雇用する職員は農村に定住して、近隣の農家との交流を進めることが予定される。これは、高齢者が自らの生活を自立的に営むための支援を行うことにつながるとともに、当該地区での高齢者への見守りを、事業化することにつながる。

② **基本的な生活の上に、中山間地区の文化や景観など文化的要素を加えた新しい生活スタイルを構築し、発信する。**

農業ベースの生活を確立した上で、都市近郊中山間地区の景観や生活スタイルを価値化することで、都市部住民の一部を当該地区への転入へと誘う試みを行う。

・すでに、都市民の一部の人々は、農山村における生活に強いあこがれを抱き、それを価値化しているが、空き家や農地などを含めて、理想と現実とのずれについては正確に意識している人々は多くない。それがまた、都市民と中山間地区住民とのある種の誤解や感情のずれを生み出している。

・農村の生活スタイル、「お役」その他の慣行、人間関係など都市民にわかりづらい習慣化されたものについて、都市民に理解してもらうとともに、当該地区住民にも都市民の考え方や生活スタイルを理解してもらい、相互に理解し、信頼し合った上で、当該農村に都市民を受け入れる仕組みを構築する必要がある。

・単なる空き家や農地の紹介ではなく、「人間」を相互に理解できるレベルにまで媒介する仕組みを構築する。
・都市近郊中山間地区での生活を「農のある暮らし」として価値化し、かつ知的にデザインされたライフスタイルとしてストーリー化して都市民に提供することで、都市と農村との交流を広げる仕組みを構築する。農ライフ・コーディネータなどの呼称で、人材を育成しつつ、彼ら・彼女らを、当該地区に生活しながら都市部と結びつく新しいライフスタイル提案者として育成する。
・都市と農村との媒介組織を形成するとともに、都市と農村の相互理解、農ライフ・コーディネータの育成のためのセミナー事業を行う。
・この農ライフ・コーディネータは、前述の新しいカテゴリーの農業を実践し、地域社会を農業を中心とした総合産業を生み出す基地へと組み替えるアクターとなる。

### ③　地域社会の人間関係を再構築し、安心と安全を実践する生活を実現する。

高齢者の見守り・生活保障のための新たな仕組みを構築する。いわゆる「地元で老いる」（Aging in Place）の考え方を実地に移し、高齢者が自らの生活の場で年をとり、人生を全うできるための社会的な保障の仕組みを形成する。
・高齢者への訪問や見守りがなされるような仕組みをつくりだす。農業に関しては、自家用農作物の提供や農業の仕方の指導など、新たな交流を生み出すことで高齢者の見守りを行う仕組みをつくることが可能であり、また相互に学び合う場所として、廃校などを利用した「文化センター」を形成することが考えられる。
・この「文化センター」は、対象を高齢者だけでなく、地元のすべての住民（子ども、若い女性、主婦なども含めて）とすることで、旧来の地域の文化的な中心であった学校が、新たな地区の中心として復活することを促しつつ、新しい人の交流をつくりだす中心として機能する。この「センター」を運営するアクターを構築する必要がある。
・既存の社会福祉協議会などが行っている見守り事業を併用しつつ、成年後見制度と福祉型信託の活用による高齢者の見守りシステムの構築を検討する。

・地域の医療についても、巡回型の医療制度構築の可能性について検討する。

④　実地のプロジェクトを実施するための指導組織を組成する。

前記の三つの事業を実施するためのヘッドクオータ組織を形成する。基本的に、このヘッドクオータが理念に主導された社会企業として機能することで、都市と中山間地区を媒介しつつ、中山間地区を新たに価値化して、持続的な自立を可能とするモデル形成を行う。

ⓐ事業全体のヘッドクオータである組織を形成する。このために、豊田市・東京大学・民間企業などがその資源を持ち寄って、何らかの実体を組織する。実質的には、市場を活用した「社会企業」であることが望ましく、ＮＰＯまたはＬＬＰなどの企業組織を構想する。

社会的信用を豊田市行政、理念的指導を東京大学、企業経営を民間企業がそれぞれ担い、前述の都市・農山村を媒介しつつ、中山間地区の自立的持続モデル形成を指導し、かつ実現できる組織を形成する。

ⓑこのヘッドクオータ組織を基礎に、既存の企業体または公社などが、遊休農地や耕作放棄地を集約して農業生産を行うとともに、環境の保全を進める。また、農家からも自家用の農作物を提供してもらい、それを新たな流通ルートに乗せる。これはまた、高齢者の生きがいづくりにもつながる。

この社会企業が、当該地区の農業を基本とした、新しい総合産業形成の核となる。

この企業は職員として農業のための人材を雇い上げるとともに、農業に従事しつつ近隣の高齢者への見守りを進める要員として、彼らを中山間村地区に定住させる。職員は、この企業の職員として農業生産で固定給を得つつ、かつ地域社会における高齢者のセーフティネット要員、高齢者見守りのディレクターとして働くことが求められる。

市場を活用して、中山間地区が持続的な自立を実現できるだけの経済的な基礎を確立する実験を行う。

また、人材育成のためのセミナー事業を行う。

ⓒ当該中山間地区の情報を発信するネットワークを形成するとともに、都市・農山村の相互理解のためのセミナー事業を展開する。

都市民の中に存在する農業へのあこがれや農業従事への希望を現実のものとするため、従来のような空き家情報や耕作地の紹介事業にとどまらず、中山間村の景観や「安全・安心」な食を価値化して、より積極的に都市民に発信するとともに、新たなライフスタイル・ライフヒストリーの提供を進めることで、新しい生活のあり方を提案し、都市と農山村とをつなげるような人材の育成を進める。

「農のある暮らし」を知的にアレンジすることで、農業生産と結びつけ、デザイナーズ・ベジタブルのような形で都市民へと生活提案し、都市民を農山村地区へと惹きつける役割を担う農ライフ・コーディネータの育成を行うとともに、これを都市民をターゲットにした事業へと展開することで、農山村での生活に新たな価値づけを行う。

農ライフ・コーディネータの情報発信を援助するために、大学その他マスコミ・出版関係企業が彼ら・彼女らの活躍の場所を準備する。

ⓓこれらの事業化と都市民・当該中山間地区住民との交流、さらには当該地区住民の相互交流のために、廃校となった学校や合併にともなって整理された施設などを活用して、新たな文化のセンターを構築する（当面「文化センター」と呼称する）。

「文化センター」では、都市民と当該農村地区住民との相互理解のためのセミナーのほか、前記ⓒにあたる新たな農業従事者のための研修会や、農ライフ・コーディネータによる「農のある暮らし」セミナーなどが開かれる。これは、当該地区の高齢者の見守り機能を強化することにもつながる。

この「文化センター」が既述の新しいカテゴリーによる農業の総合産業化を当該地域住民に普及し、地域全体を一つの事業体へと組み替える役割を担う。

ⓔこれらの事業を基礎に、高齢者の見守りや医療・介護の仕組みとして、在宅医療・巡回医療および成年後見制度と福

祉型信託の併用による高齢者支援システムを構築する。

ただし、現状では、終末期の在宅医療については市場を通した事業化の可能性は検証されているが、一般の医療の在宅化・巡回化については検討課題が多い。また、成年後見制度と福祉型信託については、信頼関係の醸成とともに「信託」についての教育が必要であり、実施までには当該中山間地区住民の理解を深めることが必須となるため、今後の検討課題とする。

## 三、本プロジェクト第一年目の経過と成果・課題

### （一）実施地区の概要

本プロジェクトの実施地区に選定されたのは、豊田市旭地区の敷島自治区と築羽自治区である。

旭地区は、愛知県北東部の岐阜県との県境、矢作川上流域に位置する。地区面積は八二・一六平方キロメートル、美濃三河高原に含まれる標高約一〇〇～八七〇メートルの山間地域にあり、地区の約八割が山林に覆われている。矢作川とその支流沿いに刻まれた深い渓谷など、豊かな自然環境を有し、地区の一部は、一九七〇年に愛知高原国定公園に指定されている。また、二〇〇五年度には、全国「水の郷・百選」に選定されている。

二〇〇五年四月に豊田市に編入される以前は、愛知県東加茂郡旭町であった。旭町の沿革は以下の通りである。一九〇六年、能見村・生駒村・介木村・築羽村が合併し、旭村が発足する。一九五五年には、岐阜県恵那郡三濃村の

写真 7-1　旭地区の風景

一部が旭村に編入され、その後、一九六七年に町制が施行され、愛知県東加茂郡旭町となった。

現在、旭地区では、過疎化の進行により人口の高齢化が急速に進んでいる。就労の場を求める若者の地域外への流出や少子化も進んでおり、新たな人口増加対策が課題となっている。二〇〇九年一月時点での旭地区の人口は三三五九人であり、そのうち六五歳以上の高齢者人口は一二九六人、実に三八・五八パーセントに達しており、旧合併六町村の中でも最高である。

旭地区の経済圏は主に旧豊田市であるが、足助地区（旧東加茂郡足助町）や岐阜県恵那市なども経済圏となっている。旭地区の経済圏と高齢化・過疎化の関係については、多くの若者が旧豊田市へ仕事のために転出しており、その結果、高齢化と過疎化が進展するという関係にある。親世代も、子どもが旧豊田市に就職すると、家の購入のために頭金を出すなどの援助をしており、それがさらに若者の転出を促す結果となっているといえる。他の合併町村地区で、過疎化が急速に進んでいる地域と同様の性格を持っているといってよい。

写真 7-2　つくば工房

旭地区には、小学校が三校（築羽小学校、小渡小学校、敷島小学校）、中学校が一校（旭中学校）ある。生徒数は減少傾向にあり、二〇〇八年度の児童数は、各小学校のホームページによると築羽小学校一二名、小渡小学校五七名、敷島小学校四八名、旭中学校は九八名である（なお、築羽小学校は、二〇一二年三月末に閉鎖・廃校となることが決定された）。地区内には高校がないため、旧豊田市の豊田西高校や豊田北高校、または岡崎市に出て岡崎高校などに進学する生徒が多い。女子の場合は、愛知県安城市の安城学園などにも進学しており、義務教育を終えた子どもたちが地域内に極めて少ないという状況を招いている。

地区内の観光資源としては、集客力の面では「旭高原元気村」が筆頭に挙げられ、笹戸、小渡、榊野といった温泉地も、古くから湯治客に親しまれている。また、旭カントリークラブ（ゴルフ場）も強い集客力を持っている。しかしながら、旭地区への観光入り込み客数は一九九六年の七〇万四〇〇〇人をピークに、以降急速に減少している。

豊田市商業観光課による二〇〇七年の「とよたおいでんプラン　豊田市観光交流基本計画」では、旭地区の観光交流振興計画の課題として、「一．自然学習・体験プログラムの充実による滞留時間の向上」「二．地域資源を活用した観光地のストーリーづくり」「三．観光客が立ち寄れる拠点施設の整備」の三点を挙げている。また、観光交流推進目標として、「一．緑豊かな母なる川・矢作川の水の郷」「二．暮らしの知恵と技が光る山里」「三．幸運を呼ぶ、川面に映える夢かけ風鈴の里」の三点を掲げている。

## (二)　プロジェクトの概要

本プロジェクトでは、当面、以下のような枠組みと目的が設定された。

### a　プロジェクトの枠組み

#### 本報告が対象とするプロジェクトの実施期間

二〇〇九年四月一日～二〇一〇年二月一日（全三か年計画）

#### プロジェクト指導機関

東京大学大学院教育学研究科生涯学習論研究室（牧野研究室）

豊田市社会部自治振興課（現在の地域支援課）・旭支所

（株）M-easy（農業指導）

（株）プレジデントワン（コンサルティング・マーケティング指導）

やさい安心くらぶＬＬＰ（農作物販売指導）

プロジェクト参加メンバー

一〇名

プロジェクトの目的

高齢化・過疎化で急速に疲弊する農山村の現状に対して、都市と農山村との共生を基本とした、新たな農山村経営のあり方を構築し、持続可能な農山村生活を実践して、農山村の持つ可能性を探るとともに、新たな生活スタイルを全国に発信すること。

そのために、全国から有為の若者を募り、豊田市内の中山間村に住まわせ、耕作放棄地その他を活用して、安全・安心な農作物の生産および地域の農作物を直接都市住民に届ける流通ルートを開拓して、農業を基本にした生活の基盤を形成するとともに、「農」をテーマとした持続可能な生活スタイルを確立すること。

豊田市・東京大学・民間企業・地元住民による産官学民の共同事業を組織することで、農業生産ばかりでなく、農業を基本とした農村経営コーディネータとして、人々の生活と豊かな自然環境を守り、地域の文化資源を発掘し、豊かな人間環境と生活を実現する先駆けとなる人材を育成すること。

b　プロジェクトの概要

前述の目的を達成するために、二〇〇九年三月から準備作業に入り、四月に豊田市から対象地区の選定があり、旧旭町築羽地区・敷島地区が提示された。

その後、同年四月より具体的な事業実施準備に入り、地元への説明会を実施するとともに、定住する若者を全国公募、二回の選考会と住民との交流による選考を経て、最終的に八月に一〇名の若者が選抜された。彼らは九月から築羽地区・敷島地区に入り、以後、本報告執筆現在までプロジェクトを進めている。一〇名のうち、男性は七名、女性は三名であった。

一〇名の生活については、豊田市の尽力により「平成二一年度ふるさと雇用再生特別基金事業」に応募し、支援を受けることができた。具体的には、（株）M-easyが本事業を豊田市から受託し、同社が参加者一〇名を雇用して、当該地区で本プロジェクトを展開することとした。

一〇名は、豊田市から斡旋された福蔵寺および東萩平の家と呼ばれる空き家に、六名・四名に分かれて集団生活を営むこととされた。

当該地区には、二〇〇九年九月一日に一〇名全員が転入し、プロジェクトが開始された。

農作業は（株）M-easyが指導し、農作物の販売ルートの構築はやさい安心くらぶLLPが、農村経営者としての教育は（株）プレジデントワンが請け負うこととし、事業にかかわる地元との折衝および行政的な措置については、豊田市社会部自治振興課・旭支所が受け持ち、事業全体のコーディネートは東京大学牧野研究室が行うこととした。

第一年度は、集団生活のリズムを作ること、開墾・土作りを基本とした農作業および農作物販売の基礎を身につけることとともに、前述の目的を実現するために農村経営者としての自覚を高めるさまざまな教育プログラムが準備された。それは、（株）M-easyの担当者が参加者と一緒に集団生活をすることで日々の指導を重ねるとともに、参加者一人ひとりが毎日日報をつけ、（株）プレジデントワンに報告を上げること、参加者が組織する事業チームにおけるミーティング、参加者の代表と（株）M-easy・やさい安心くらぶLLPおよび（株）プレジデントワンの担当者による毎週のミーティング、毎月の定例講演会などから構成された。

二〇〇九年九月より、実地に開墾と土作りおよび短周期の作物の作付けを進め、二〇一〇年度以降の本格的な農作業の準備を進めてきた。居住地である福蔵寺と東萩平の家近くで借り上げた耕作放棄地を畑へと開墾し、畝づくり、作付け

写真 7-3　メンバー会食のひとこま

写真 7-4　メンバー農作業風景　奥は福蔵寺

写真 7-5　農作業の一コマ

へと作業が展開している。このほか、（株）M-easyの担当者の指導により、有機・無農薬による栽培を実現するため、竹炭を使った土壌づくり、圃場の整備などが進められている。

また、近隣との関係も、挨拶回り、地元自治会への加入とお役の分担、地元の運動会・祭礼への参加など、良好な関係をつくることに努め、好意的に受け入れられることとなった。

さらに、彼らが地元に定住することで、地元住民にも変化が見られ、当初の目的の一つである農山村における見守りと新しい生活スタイルの実現に向けて、着実に歩みを始めることができた。

今後、さらに、築羽地区のつくば工房を拠点として加工品の製造と販売の可能性を探ることが予定されている。

### c プロジェクトの成果

本章における報告の時点では、具体的な事業が始まっていまだ半年であるため全面的な評価には至らないが、当面、以下の点で成果が上がったと考えられる。

① 出身も生活習慣も異なる一〇名の若者が、初めて出会い、初めての土地で、一人の脱落者も出すことなく共同生活を維持できていること。彼らの共同生活への努力は評価し得るとともに、今後の農山村振興のあり方に一つの希望を抱かせるものであるといえる。

② この半年間、大きな問題もなく彼らが共同生活を営んでいられる大きな要因の一つに、本プロジェクトの基本的なコンセプトである農村経営コーディネータの育成と農業を基本とした新しい生活スタイルの提案というアプローチの仕方が、彼ら参加者に十分に受け止められていることが挙げられる。それはまた、参加者の選考の過程で、何度も農業や農村に対する思いを綴らせ、面接を繰り返して、彼らが単なる農業生産者になることが期待されているのではなく、また彼ら自身も農民になることそのものを希望しているのではなく、むしろ新しい生活をつくりだすことで、自分の人生とこの社会とを変えていこうとする意志を持っていることを自覚させていったことがうまく作用していると思われる。

③ 参加者を支援するさまざまな関係者のかかわりが有機的に結びついて、一つの仕組みとして機能し始めていること。この関係者のかかわりには次のようなものを挙げることができる。

**地元住民の支援**　彼らがお世話になっている敷島地区・築羽地区の住民が、自治区長を中心として彼らを支えており、日常的な交流の中で、彼らに「大事にされている」という実感をもたらしていること。これは単に気を遣ってもらっているということにとどまらず、農業技術の伝授や農業機器・用具の貸し出し、農作物の提供、さらにさまざまな生活上の便宜の提供にまで及ぶ。良好な関係が形成されることで、参加者からも次のような声が聞かれるようになっている。「とてもよくしてもらっているので、恩返しをしなければいけないと思っている。そのためにも、早く一人前になって、この土地で農業を基本とした生活スタイルをつくりだしたい」。

**豊田市行政の支援**　豊田市からは「ふるさと雇用再生特別基金事業」への申請と受給、旭地区における住居の斡旋、地元との調整など、とくに参加者の生活面における支援を受けている。また、旭支所からは、職員が常に彼らと交流を持ちながら彼らの事業を支える一方で、地元との調整を進めるなどの支援を受けている。このような関係の中で、正月休みの帰省時に、支所に挨拶に出かけた者が出るまでになった。

**（株）M-easyの支援**　担当者が旭地区に常駐し、参加者と起居を共にして農作業の指導を進めており、常に参加者内部のミーティングを組織して問題を解決するとともに、農村経営者としての基本である有機・無農薬農業の考え方と技術を習得できるよう、実地の指導を続けている。また、（株）M-easyが主催して、毎月、定例講演会が開かれ、参加者のみならず、旭地区の住民へも公開され、農業技術やまちづくりなどについての見聞を深めている。

**やさい安心くらぶLLPの支援**　やさい安心くらぶは農作物の生産と移動販売を手がける農業ベンチャーだが、彼らの販売網を活用して、参加者の販売実習などの研修を続けている。また、新たな販路拡大と農作物の流通経路の構築などを実地に学ぶ研修機会を提供してもらいながら、農業経営のあり方を学んでいる。

**（株）プレジデントワンの支援**　経営コンサルティング企業である（株）プレジデントワンからは、彼ら参加者が農村経営コーディネータとして自立するための支援を受けている。基本的に、毎日の日報の提出と自己の省察、参加者のチーム討論の組織、毎週一回の定例管理者会議などによって農村経営のあり方を身につけるための指導が行われている。また、本プロジェクト実施過程で生じる細かな課題や問題に対応するためのミーティングの組織化と個別の指導、さらには事業を展開するにあたっての戦略的な会議などが開かれ、彼らを農村経営者として育成するプログラムが進められている。

**東京大学牧野研究室の支援**　本プロジェクトの全体的な統括を行いながら、関係者を相互に結びつけつつ、プロジェクトとして組織化できるような理念的な指導とコーディネートを進めている。参加者にも直接面談し、また宿泊をともにすることで、本プロジェクトの理念の浸透を図っている。

④　参加者が前述の支援の過程で学習を深めることで、日本の農業と農山村の置かれた厳しい状況を理解し、本プロジェクトの理念と目的をより深く受け止めるようになったこと。それがまた、彼らの日々の農作業に対する思いへと反映している。

⑤　重労働にもかかわらず、チームで開墾作業を進めることで、農業に関する基本的な技術や考え方を習得していること。自らが実現しようとしている農業生産のあり方を具体的にイメージすることができるようになり、それが本プロジェクトにおける農村を基盤にした新しい生活スタイルの創造と発信へと結びついていこうとしている。

⑥　地元住民の意識と行動に変化が見られること。本プロジェクト開始決定当初はプロジェクトの効果に対して懐疑的であり、いわゆるよそ者を入れることに拒否感を表明していた人々もあったが、参加者が住民票を移し、定住して農作業を進め、また地域のさまざまな活動に参加することで、住民の中に意識や行動の変化が見られるようになり、最近では彼らの生活の世話をしてくれるほどにまでなった。また、彼らの居住地区でもある敷島地区では、この事業をきっかけに、地区の人々が地区の将来計画を策定し、自らの力でまちおこしを進めようとする気運が高まり、まちづくりのシンポジウムを住民の力で開催するなど新たな動きが出ている。さらに、築羽自治区ではつくば工房を拠点とした加工品の生産と販売などを視野に入れた、彼ら参加者の事業との連携が模索されるなど、住民の中に自主的な動きが出始めている。その成果は、たとえば敷島自治区総会自治区未来計画『しきしま　ときめきプラン二〇一〇』としてまとめられている。

⑦　地元の文化の発掘と伝承・新たな展開への可能性が見え始めていること。参加者が住民と交流する中で、すでに消滅寸前の伝統的な加工品の加工技術や食事の存在を知り、その伝承を受けることで、新たな時代のニーズに合うようにアレンジした伝統食品を開発する動きが出始めている。たとえば、築羽自治区には、冠婚葬祭に出していた伝統料理である「本膳料理」がある。すでに八五歳以上の女性でないとそのレシピや配膳の仕方を知らないといわ

れ、消滅寸前であったが、土地の古老に聞き取りを進めて、レシピを復活させ、その復活イベントを彼ら参加者とともに行った。今後、「本膳料理」を新たな健康食として社会に発信する可能性が検討されている。

⑧　また、参加者自身の学習および地元住民への啓発活動もかねて、毎月一度、有識者・経験者による講習会を、公開で行っている。これまでの講習会の日時・場所とテーマ・講師は以下の通りである。

〈第一回講話〉
日時　九月四日（金）一四：〇〇〜一五：三〇
場所　福蔵寺
タイトル　千年持続型社会を目指すためのヒント
講師　高野雅夫（名古屋大学大学院環境学研究科）

〈第二回講話〉
日時　一〇月一四日（水）一〇：三〇〜一二：〇〇
場所　福蔵寺
タイトル　食と人びとの健康　―食の安全と農業生産者の使命―
講師　杉本一朗（医療法人照甦会　あかね台眼科脳神経外科クリニック院長）

〈第三回講話〉
日時　一一月一四日（土）一四：〇〇〜一五：三〇
場所　福蔵寺
タイトル　トヨタカイゼン方式の原点は農業にあり
講師　鈴木尚文（トヨタ紡織総務室長、前トヨタロシア紡織社長）

〈第四回講話〉

日時　一二月一〇日（木）一四：〇〇～一五：三〇
場所　福蔵寺
タイトル　ＥＭと不耕起農業
講師　安藤成昭（三重県桑名市長島町ＪＡ参事、「なばな」農業団地づくり指導、長島町「輪中の里」館長を経て、現在　株式会社ＥＭ生活ＥＭ農体験塾塾長、東海三県地場農業指導員）
〈第五回講話〉
日時　一月二一日（木）一三：三〇～一五：〇〇
場所　福蔵寺
タイトル　シイタケの栽培方法
講師　天野敬一（シイタケ栽培名人）
〈第六回講話〉
日時　二月一八日（月）一四：〇〇～一五：三〇
場所　福蔵寺
タイトル　獣医の視点から追求する食の安全
講師　市田真新（有限会社デイリーファーム代表取締役）
〈第七回講話〉
日時　三月一五日（月）
場所　築羽会館　一五：〇〇～一六：三〇
　　敷島会館　一八：〇〇～一九：三〇
タイトル　「若者よ田舎をめざそうプロジェクト」の考え方

講師　牧野篤（東京大学大学院教育学研究科）

⑨「日報」による日常的な指導と管理・自己省察できる経営者の育成に向けた教育を進めている。この「日報」はメンバーが毎日の作業の終了後、宿舎に帰って食事や入浴を済ませた後、教育を担当している（株）プレジデントワンあてに電子メールで送っているもので、「農作業日報」「研修記録簿」「今日の疑問・今日の理解」の三つの文書から構成されている。これらは、メンバー一人ひとりに、その日一日の自らの行動を振り返り、学んだことや反省すべきことを自覚させるために活用されている。この過程で、自分のなすべきことへと練り上げていくための気づきを、仲間との議論の中で生み出すこと、および報告に対するコメントや毎週行われる定例管理者会議などで指導を受けることで、自らの農村経営者としての自覚とあるべき姿を形成することが目指されている。そのため、この「日報」は基本的に仲間には公開とされ、同一のフォームに各自が書き込んで、チーム全体で共有することとされている。

ある一日の「農作業日報」「研修記録簿」「今日の疑問・今日の理解」を示せば、以下のようになる（表7-1～3を参照、氏名は仮名）。メンバー各自が自覚を持ち、毎日の作業と生活の中でさまざまなことに気づき、それをこのプロジェクトの理念を実現する方向へと練り上げるにはどうすればよいのかを考えていることがよくわかる。

なお、彼ら参加者の教育を担当している（株）プレジデントワンからも、この半年間の成果について報告があるので、以下に掲げておく。

**生活環境への順応**　出身地も生活習慣も異なる一〇名が共同生活を維持できたことは、個人中心社会が基本となっている現代では高く評価できるところである。

**重労働に対する忍耐**　開墾、畝たて、溝きり、電柵設置、竹きり、広葉樹伐採などは、都市生活で育った彼らにはとても重い労働である。体力の違いを超えて同一作業に耐えたことは評価に値する。

**体系的トレーニング**　企業生活の経験がないかまたは乏しく、社会生活の基本や目標達成のための努力の仕方の教育を受けていないメンバーが大半であった。一〇年後、二〇年後の日本を支えなければならない世代が、プロジェクトを契機に物事の考え方、目標の立て方、努力の仕方を体系的に学び、誠実に学んでいる意義は大きい。

## コミュニケーション能力の鍛錬

若い世代、とくに定職を持たなかった人間の弱点は、人とのコミュニケーション能力である。定例化されたミーティングおよび日々の日報作成を通じて、立場の違いからくる見解、異なる意見への接し方が徐々に理解されつつある。集約してチームの共同見解に辿りつく方法を経験していることで、今までの人生に欠けていた視点を発見しつつあることは大きな進歩である。新しい農業という

表 7-1　農作業日報

| 所属班 | | 福男、福女、萩平 | 作業指導員名 | T 内 |
|---|---|---|---|---|
| 作業従事者名 | | H 原　M 尾　W 辺　S 波　I 田　I 藤　M 野　Y 山　Y 田　K 原<br>日　付　2月11日 | | |
| 作業場所 | 時　間 | 作業内容 | | |
| 東萩平 | 8:00 ～ | きのこの菌打ち（H 原、M 野、S 波） | | |
| 東萩平 | | 堆肥置き場用の篠竹の伐採・運搬、水路に溜まった落ち葉の掃除（M 尾） | | |
| 東萩平 | 11:00 ～ | 一輪車のタイヤ交換など（H 原、S 波、M 尾） | | |
| | 11:15 ～ | 昼食準備（M 野、S 波） | | |
| 東萩平 | | きのこの菌がなくなったため C/N 比についての勉強会準備（T 内） | | |
| 東萩平 | | 雨が強くなったため次回ミーティング用（作付計画）資料づくり（M 尾） | | |
| 東萩平 | 13:00 ～ 14:00 | きのこの菌がなくなったため C/N 比についての勉強会（T 内、S 波） | | |
| 東萩平 | 13:00 ～ 17:30 | 作付予定の作物の特徴について調べる（H 原、M 野、S 波、M 尾） | | |
| 惣田 | 8:00 ～ 12:00 | 築羽の堆肥置き場づくり（K 原、W 辺、I 田、I 藤、Y 山、Y 田） | | |
| 太田 | | 堆肥に鶏糞播き（W 辺、I 藤、Y 山、Y 田） | | |
| 福蔵寺 | 13:00 ～ 17:00 | 作付調査（K 原、W 辺、I 田、I 藤、Y 山、Y 田） | | |
| 福蔵寺 | 14:00 ～ 16:30 | C/N 比補習、ライディングファーム馬糞の施肥計算（W 辺、T 内） | | |
| 築羽 | 16:30 ～ 18:00 | 築羽の区長と打ち合わせ（W 辺、K 原、T 内） | | |

チャレンジへの解決能力が涵養されつつあるものと思われる。

**農業の現状への理解**　農業にあこがれを抱き参加してきた者が大半であるが、日々の農作業や地元の農業従事者からのヒアリングを通じて、経済的な側面における暗澹たる日本の農業の現状を理解するに至ったことは、プロジェクトの柱である自立型農業をとおした中山間地域の活性化へ向けての原点となる。

**地元とのつながり**　典型的な限界集落であり、人間関係が停滞した旭地区に一〇名の若い世代が存在すること自体、地元の人びとに勇気と希望を与えるものだろう。存在をきっかけに、祭り、運動会、協議を通じて地元に新しい血が注入されつつある。また蓄積された地元の英知（土地、水、気候、植物、作物に関する知識、伝統文化など）が若い世代に伝承される入口にある。

**心の交流**　地元高齢者への見回り部隊をメンバーに期待するところであるが、逆に、地元の方々がメンバーを気にかけ、声をかけたり、野菜を差し入れたり、機械を貸し出したり、農作業の経験知を提供している。メンバーは情報ときめ細かい心遣いの受け手となっている。こうした経験を通じてメンバー全員に人々への感謝の気持ちが強く表れている。現代人が喪失した人間形成に重要な作用を及ぼしている。

**多様性の理解**　メンバーは田舎の農業にあこがれていたが、大学、行政、地元団体、月例講話などにおいて、各方面の諸先輩からさまざ

表 7-2　研修記録簿

<table>
<tr><td>所属班</td><td colspan="2">萩平、福女、福男</td><td>研修講師名</td><td>T 内</td></tr>
<tr><td>研修受講者名</td><td colspan="4">H 原　Y 山　K 原　W 辺<br>日　付　　1月 12日</td></tr>
<tr><td>研修場所</td><td>時　間</td><td colspan="3">研修内容</td></tr>
<tr><td>井間池</td><td>8:00 ～<br>10:45</td><td colspan="3">ジャガイモ収穫（H 原・K 原・W 辺・T 内・Y 山）</td></tr>
<tr><td>大谷</td><td>10:45 ～<br>13:00</td><td colspan="3">ジャガイモの仕分け（H 原・K 原・W 辺・T 内・Y 山）</td></tr>
<tr><td>大谷</td><td>13:45 ～<br>14:15</td><td colspan="3">ラベル張り（H 原・K 原・W 辺・T 内・Y 山）</td></tr>
<tr><td>大谷<br>大谷</td><td>14:15 ～<br>17:00</td><td colspan="3">マネジメントの勉強（H 原・K 原・W 辺）<br>堆肥の勉強（Y 山）</td></tr>
</table>

表 7-3　今日の疑問・今日の理解

<table>
<tr><td>所属班</td><td>福男、福女、萩平</td><td>作業指導員名</td><td>T 内</td></tr>
<tr><td>作業従事者名</td><td colspan="3">H 原　M 尾　W 辺　M 野　I 田　I 藤　Y 山　Y 田　K 原<br>日　付　2月12日</td></tr>
<tr><td colspan="4">内　容</td></tr>
<tr><td colspan="4">今日の理解</td></tr>
<tr><td colspan="4">高火力バーナーの威力：竹炭を焼くために午前と昼過ぎに2度火をつけようと試みましたが、雨で濡れていたため火がつかずに断念しました。午後から近所のK・Yさんが畑を見学にみえた際、炭焼きをする予定だが火がつかないという話をしたら、自宅まで高火力バーナーを取りに戻り一瞬で火をつけてくださいました。今後も頻繁に炭焼きや農地開墾で火を燃やすなら高火力バーナーは必要な道具だと理解しました。(M 尾)<br>乾燥した竹：数年間切り置きしておいた竹は乾燥していて持ち運びやすい。ただ、もろくなっているので支柱には利用できない。そういう竹がまだ山林の中にたくさん置いてあるので炭焼きに利用したいです。(M 尾)<br>焚き火や炭焼きにはバーナーが便利。作業に相応しい道具があるととてもスムーズ。(M 野)<br>前日に大雨が降ったので、竹炭を焼こうとしてもなかなか火が付きませんでした。このような場合、知恵を使うか、文明の利器に頼るか、何らかの手段が必要なようです。(H 原)<br>合羽を着て作業すると服の中は蒸れてビショビショになってしまう。下着まで濡れてしまいました。(W 辺)<br>簗羽3反の、竹を切って良い範囲が分かりました。(W 辺)<br>支柱用の竹の枝打ちは、きれいに切り落とさないので、ナタよりノコギリの方が個人的には良いと思いました。(W 辺)<br>ネギは根を残して根の上から切れば、春にまた柔らかいネギが取れる byT おばあちゃん。(Y 田)<br>支柱作りはナタよりノコギリの方が作りやすい。(Y 山)<br>支柱用の竹の枝はちょっと残って飛び出ているくらいで払うといい。(Y 田)<br>簗羽の竹やぶの竹はマ竹。すぐ横が川なので運びにくい。(K 原)<br>合羽も手入れをしないと水が滲みてくる。(K 原)<br>(以下省略)</td></tr>
</table>

まな視野の考え方を身につけつつある。農業改革、地域活性化の指導者たる道筋を歩んでいるものと思われる。彼ら自身も身に余る立場であると自覚している。

**組織力**　力を合わせたときの共同作業の成果がいかに効率的かを実感している。人間は一人で生きてはいないことをあらためて認識し、いかに他人との連携が大切かを理解している。将来の地域活性化への大きな原動力になるだろう。

**克服**　組織では常に生じる人間関係の対立。個人であれば克服できなかったであろう対立が、チーム挙げての原因の究明と話し合いで克服できる経験を重ねた。公私にわたり課題克服の術が活かされていくであろう。

### d　プロジェクトの課題

初年度としては順調な滑り出しをした本プロジェクトであるが、第二年目に向けて、いくつかの課題が存在するものと思われる。

①　第一年目は開墾と土壌づくりに専念してきたが、第二年目からはいよいよ本プロジェクトの本丸である農業生産にとりかかることになる。参加者自身が強く望んでいることでもあり、またやさい安心くらぶの販売網の拡充とともに、彼らによる有機・無農薬野菜の生産に大きな期待がかかる反面、実際の農作業の過程でさまざまな問題に直面することが予想される。新たなことに取り組みつつ、飛躍の一年とするために、参加者自身はもちろんのこと、関係者が総力を挙げて支援することが求められる。

②　農業生産の過程で、それが万一、順調に進まなかった場合、彼ら自身が本プロジェクトの理念を十分に体現するところにまでは至っていないため、不安が増大することが予測される。このためにも、関係者を中心として、彼らに新しい農村経営のあり方を十分に理解させつつ、近視眼的にならないような指導が必要だと思われる。

③　第一年目は、開墾中心の生活をしてきたため、彼らに対する指導を重ねてきたとはいえ、本プロジェクトの理念や自立型農業のあり方、持続可能な農村について、全員が十分な理解をしているとは思われない。この点について

は、彼らのチーム内での議論でも、議論の中心が技術論的なものに片寄りがちであり、大局を見据えた、自分の生活と地域社会のあり方とを結びつけつつ、将来を構想するものになっていかない傾向がある。この点についても、関係者で十分な議論を尽くしつつ、彼らを支えて、自立した農村経営者へと育成することが求められる。

④　第二年目は農作業中心の生活になると思われるが、二年目の気のゆるみなどからチーム力が低下する可能性がある。これについては、指導する（株）M-easyや（株）プレジデントワンなどで対策を検討しつつ、極力回避できるような手立てを考える必要がある。

⑤　若い参加者なので、結婚などの話が本プロジェクト実施期間中に持ち上がる可能性があり、チームとしての事業展開に影響があり得る。この点については、個人の幸せとこの事業の展開との兼ね合いとなるが、どちらをも取ることができるような仕組みの構築を、今後、関係者で検討していく必要がある。

⑥　地元とのより緊密な連携の下で、たとえばつくば工房の活用による加工品の製造、地元の伝統的な食材を使った製品開発、地元の伝承文化の発掘と活用など、農作業以外の新たなチャレンジが求められてくる。これらは、農山村において農業を基本とした新しい生活スタイルをつくりだすためには必要な要素であり、農作業を行いながら同時並行的に進めることはかなりの困難がともなうものと思われるが、関係者の支援と協働の中で実現することが求められる。

なお、（株）プレジデントワンからも課題についての意見が寄せられているので、以下に添付する。

**自己犠牲**　共同生活が順調に進んでいる一方、自らの性質、考え、行動を抑制している。抑制がストレスにつながっている部分も認められる。

↓関係者は自己抑制が精神のアンバランスを来さないようにケアが必要。

**理念共有に至らず**　共同生活、合同会議を通じて、思考訓練はされているが、プロジェクトの理念はまだしっかりと理解できておらず、個人で理解の仕方が異なっている。

↓生産活動へのチャレンジの進展とともに、視野の広がりが出てくるものと思われる。時間をかける必要。

**自覚**　チーム管理者の目が届かない時間帯や空白域で人間の怠惰な面が出ることがある。仕事が粗雑になり、チーム力が低下することがある。

↓チームを三つに分け、ミニリーダーを決めることでチャレンジ決定実践。

**結婚への対応**　プロジェクト開始以来、一人結婚。この報を受けて、地元から空き家の紹介と定住の誘いがある。理解できる光景であるが、まだ自立型農業の成果を得る前の性急なアプローチは本人の不安を誘っている。外部にメンバーが出ることで、一〇名というチーム力が破綻する懸念もある。二〇一二年三月までにさらに結婚をするものも現れるだろう。農業でご飯が食べられるかという基本的な課題を乗り越えることを見届ける必要がある。一人欠けただけでもチームに大きな影響が出るだろう。

↓周りが良かれと思う提案で本人を追い詰めない。

**不安の増大**　経験、ヒアリングを通じて本当に食っていけるのだろうかという疑問と不安が日増しに大きくなっている。

↓年内は基本知識の習得に注がれたため、自立型農業への展望は理解できなかったはずである。来年は、自立型農業を実現するための作付け生産計画が提示され、実践的チャレンジをしていく中で、理解が進んでいくものと思われる。

総じて、経験のない若い彼ら参加者をリードしていきながら、育成するという観点が必要である。とくに、必要に応じて、情報や技術を、適切な手段と方法で彼らに伝え、彼ら自身が自分のものへと消化吸収できるような支援が求められる。その意味では、地元・行政・企業・大学の四者が連携しつつ、彼らを支える仕組みは、今のところ有効に働いているものと見える。しかし、この四者はとくに地元に軸足を置いてみると、必ずしも、すべてが同じ方向を向いているわけではなく、それぞれがそれぞれの理想とする考えや意識を持ちながら、彼らにかかわっているというのが現実である。今後、これら関係者がそれぞれの思惑をもって彼らにかかわりながらも、それぞれが抑制的に、彼らの自立を支援し、彼らが将来の農村経営コーディネータとして、農業を基本とした新しい生活スタイルを創造・発信できるように成長するよう支援していくことが求められる。そのとき、本プロジェクトの統括コーディネータ的な役割を担っている大学の役割には大きなものがあると考えられる。

### e　参加者からのメッセージ

二〇〇九年末に、参加者全員に、お世話になっている旭地区の人々へのメッセージと日本社会へのメッセージを書かせたところ、以下のような回答があった。彼らのこの思いを実現するためにも、第二年度の本プロジェクトへの支援を強化する必要がある。

〈旭地区の皆さんに伝えたいこと〉

・心の底から、ありがとうございます。感謝の気持ちで一杯だ。本当に皆さん温かい。
・地域の一員として接してもらえた。活動を通して雇用機会の創出でより多くの若者の関心を引き出したい。
・日当たりが良く水はけの良い農地の斡旋、住居の紹介、良縁斡旋など定住に関する情報提供を希望。暮らしの知恵や地域の文化、交流、地域の資源などを教えていただきたい。
・都市に旭をアピールしたい。
・一〇名の意見を出し合えば、この地区の発展のための情報を発信することができるだろう。
・自分たちが来て話題になって終わりでなく、ここから一緒になって新しいものを生み出していく。
・つくば自治区の景観に一目ぼれ。残さなければならない。豊かな自然、田舎暮らしはとても快適。
・しかし、生活していけるのだろうか。土地の情報、農業支援があれば若者は入ってくる。いつか恩返しをしたい。

〈日本社会に伝えたいこと〉

・もっと儲かる農業が地域経済を活性化し、高齢化を食い止める道である。
・自分たちが儲かる農業の一歩を踏み出すことである。
・生計を立てるのに必要な耕作面積に不安。直売所、イベントで野菜の価格の安さに不安が募る。
・食の周りには危険が一杯である。自分にできることは無農薬野菜を作ることだけ。無農薬、有機といった言葉がなくなるくらい当たり前にしたい。
・まず自分が変わることである。
・一五年ぶりに故郷に。日本はいいなあ。昔は活気があった町が元気がなく、何とかして再生したいなあと思うほど日本が好きになりました。
・その場限りの楽しみ、誰かの犠牲の上の豊かさを追い求める時代は終わっている。自分の幸せはみんなが幸せにならないと。
・環境・金融・エネルギー・食料事情は嘆かわしい限り。
・工業ばかりでなく、もっと農業に力を入れて欲しい。土地の情報、農業支援があれば若者は入ってくる。
・中山間地での無農薬有機が一般化すればさらに地方に人が集まる。
・食べ物のあり方と現実がかけ離れている。
・日常の意識を変えていく必要。

## (三)　本プロジェクトの特徴

ここで改めて本プロジェクトの特徴をまとめておくと、以下のようになる。

### a　プロジェクトの企画と組成

・東京大学牧野研究室の調査（二〇〇八年度）により、豊田市合併町村地区の過疎化・高齢化の問題の要因として、経済的な要因（農林業の不振）の他に、文化的・価値的な要因が存在していることが明らかにされた。

・本事業は、合併町村地区のうち、とくに旭地区敷島自治区・築羽自治区をモデルケースとして、農業をベースにした、新しい価値をつくりだす「まちづくり」事業として展開されている。

・全国公募により、一〇名の若者を当該地区に住まわせ、（株）M-easyおよび関連のコンサルティング会社その他の協力により、新たな農法にもとづく農業生産方法を習得するとともに、農業を基本とした農村経営（流通のあり方、新たな産業の形成、農山村地区の魅力発見、環境ビジネスの展開、地域住民との交流と見守りなど）の手法を学び、農山村を新たな価値を発信する拠点へと再形成することが目指されている。

・当該地区の拠点形成とともに、都市―農山村の交流ネットワークを形成することで、農村経営が都市の住民生活と密接に結びつきつつ、新たな文化と価値を形成し、それが都市に還流することで、都市住民の生活が質的に豊かになるような循環の形成が目指されている。

### b　第一年度の事業展開

・全国公募により一〇名の若者が敷島自治区・築羽自治区に定住し、前述の企業の指導の下、農業生産に従事しつつ、新たな農法（有機無農薬）の習得と新たな流通の開拓などに着手した。

・地域住民との交流も進められ、地域に活気が生まれている。

・一〇名の若者に対しては、常時、（株）M-easyの担当者が指導を続けるとともに、毎週五名ずつ、（株）プレジデントワンの協力により、経営者としての教育を進めた。綿密な指導が進められることで、事業開始後半年間、ほどよい緊張感が保たれている。

・新たな流通の開拓として、やさい安心くらぶＬＬＰの協力により、近隣農家から買い取った自家用野菜の流通経路の開拓なども進められ、地域社会の活性化に向けた準備が進められた。

・築羽自治区にある野菜加工場「つくば工房」についても、生産能力の増強と品目の増加などについての検討が進められ、加工品の生産増加の計画が進められている。

・事業体として自立できるだけの作付面積を確保するために、農地の拡大が検討され、当該モデル地区との協議が進められている。

二〇一〇年二月現在、本事業の成果としては、以下の点を指摘できる。

①　農業を基本とした経済的な自立を達成するための基盤形成

・全国から一〇名の若者がモデル地域に定住し、耕作放棄地を農地へと復元して作付けを進めるなど、一〇名を農村経営者として育て上げる基盤の整備に力が注がれたこと。

・実地の農業生産を通して、（株）Ｍ-ｅａｓｙの持つ有機無農薬の農作物生産技術の習得が進められ、来年度以降の生産拡大の準備が進められたこと。

・農作物を加工するために「つくば工房」の生産力の増強が図られ、試験的な運用が進められたこと。

・新たな流通経路の形成と販売モデルの形成が進められたこと。

②　当該地区の活性化

・当該地区住民と交流を進めることで、当該地区住民の間に活気がもたらされたこと。とくに、高齢者や子どもたちとの交流が、当該地区に希望をもたらしているように見える。

・当該地区住民の意識に変化が見られ、従来のような閉鎖的な意識から、新たな農村づくりへと意識の転換が見られること。

③　新たな価値を発信する農村へのアイデア形成

・参加者に対する（株）M-easy・（株）プレジデントワンの指導により、参加者自身が農村経営者として本プロジェクトのテーマ（農山村の新たな価値発信拠点形成）を受け止め、将来の事業展開についてのアイデアが種々形成されていること。

第一年度については、事業の核心は、若者一〇名の定住を実現させ、当該住民の意識変革を促すとともに、この一〇名の若者たちを自立した農村経営者として育て上げるためのさまざまな支援体制が形成されたこと、およびこの一〇名が農業生産を学び、地域住民とふれあうことで、自身が農村の魅力を感じ取り、かつ新たな価値をつくりだすための基礎を形成したことにあるといえる。

### c　第二年度以降の事業展開の方向性

#### ①　農業生産の本格化と経済的な自立の模索

・第二年度から、第一年度に行われたさまざまな基盤の整備の上に、農業生産を本格化させる。当面、年収を日本全体の平均年収にまで引き上げる努力を続ける。

・作付面積を拡大するとともに、種々の野菜を栽培し、有機無農薬・不耕起栽培による収量の増加を実現させる。

・流通経路の開拓により、生産と販売とを一体化させた、基本的な収益モデルを形成する。すでに、やさい安心くらぶLLPが名古屋市内を中心に販路を拡大しており、第二年目以降、販売拠点を倍増するよう準備を進めている。

・当該地区の農家とも契約を結びつつ、彼らの農業生産と販売を支援しながら、当該地区の経済的な向上を支援する。

・つくば工房などの生産機能を高めることで、加工品生産を充実させ、収益モデル化を図る。

#### ②　当該地区住民との関係強化と福祉機能の充実

・自家用野菜の買い付けや販売によって、当該地区住民との交流を活発化させることで、高齢者世帯への「見守り機能」を充実させる。

・子どもたちとの交流を進めることで、子どもたちに希望を持たせる。

③　都市へのネットワーク拡大

・生涯学習ネットワークを活用して、食育などのセミナーを開きつつ、本事業をバックアップする市民ネットワークを形成する。

・この市民ネットワークを通して、作物の販売や市民の本事業への参加、モデル地区との交流をつくりだす。

④　恒常的価値発信のための試み

・農業生産と流通ルートの形成・拡大による経済的な自立のみならず、参加者一〇名の中にある資源（たとえば、調理師有資格者など）を活用して、農村レストラン経営、アロマセラピーとハーブ園の形成、都市部におけるオーガニックレストランの経営や出荷契約、環境と学習を組み合わせたツアー実施などを検討する。

・一過性のイベントよりは、農作物を毎週土日に直販する「ベジタブル・ロード」の形成などにより、

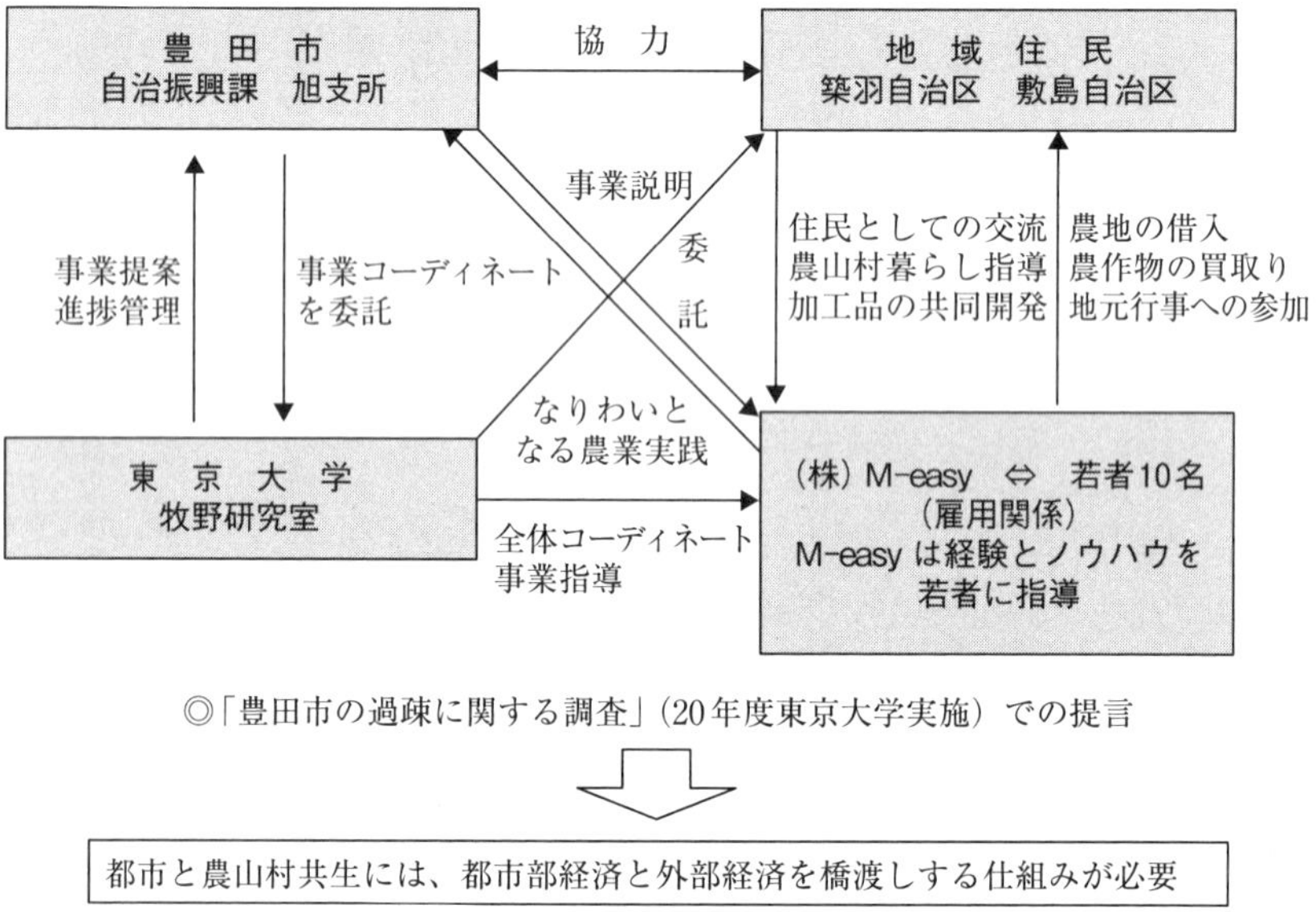


図7-2　本プロジェクトの体系

都市民にとってモデル地区が身近であり、またなくてはならないものとなる仕組みの構築を進める。

・旧豊田市内二〇の交流館とネットワークを形成し、常に最新の情報をセミナーなどを通して発信し続ける仕組みを形成する。

・ホームページの開設など、情報発信のツールを用いて、全国に向けて常に最新の情報を発信する。

⑤　**農山村を福祉的に豊かなまちへ**

・農業生産をベースにして、当該地区の人々が結びつき、新たな価値がつくりだされ、経済的にも向上することで、相互に支援しあい、気遣いあう文化の基礎が形成されるものと思われる。

・この新たな文化を基礎に、当該地区の高齢者など支援が必要な人々に対して、アロマセラピーなどを組み合わせたふれあい事業の展開など、見守り機能を強化する。

・さらに、当該地区の高齢者自身が農村経営者として、たとえば、オーガニックレストランで働いたり、当該地区に伝わる伝統食を伝授したりする主体となる方途を検討する。

⑥　**農山村の新たな価値を都市部へ還流**

・旧豊田市内二〇の交流館を拠点として、とくに市内の高齢者へのさまざまなサービスの提供と高齢者の事業参加を促す方途を考える。

・将来的に、地域コミュニティを高齢者対応の新たな価値にもとづくものへと組み換える。

⑦　**本プロジェクトのイメージ**

本プロジェクトの展開を図示すれば、図7-2、3のようになる。

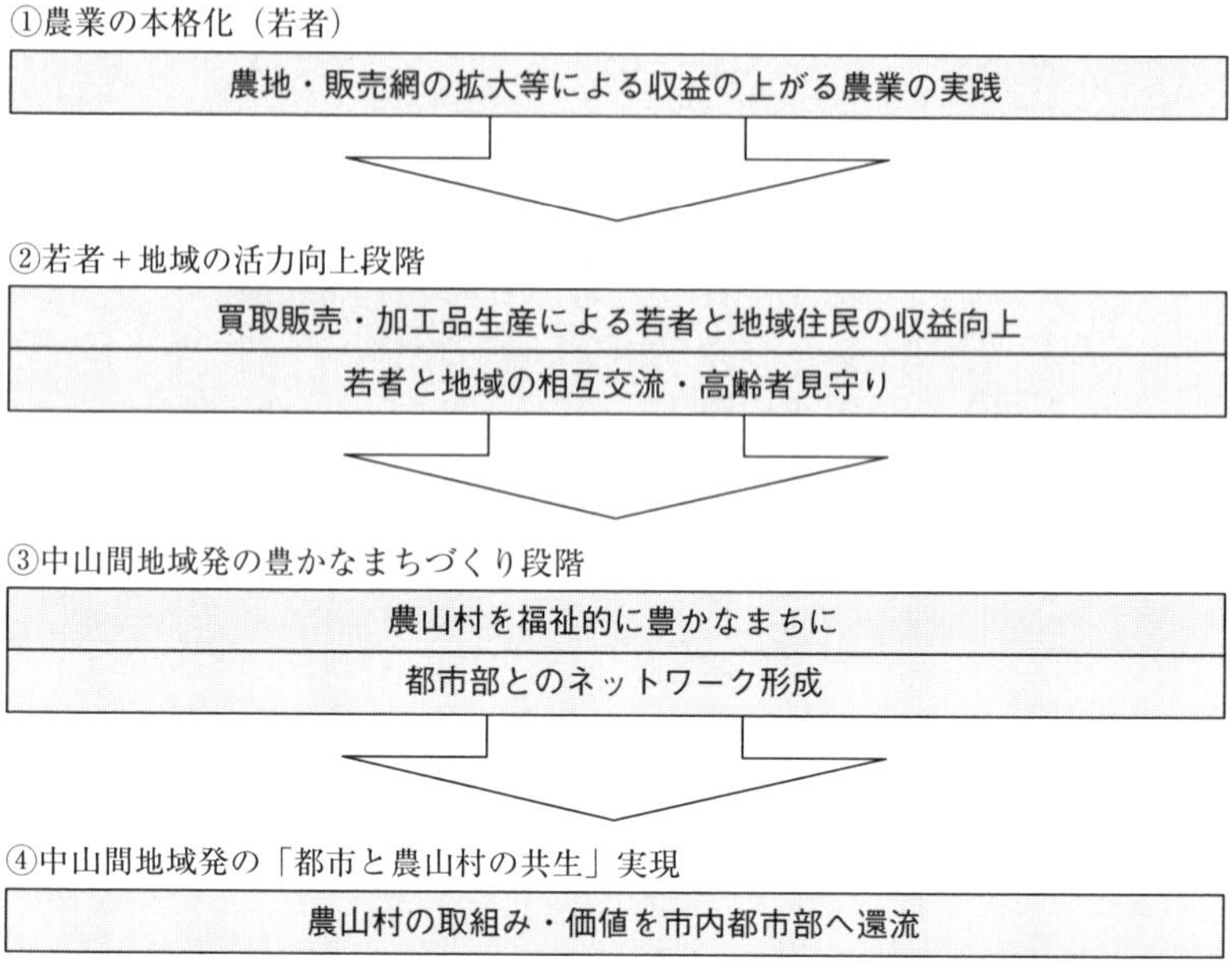
①農業の本格化（若者）
農地・販売網の拡大等による収益の上がる農業の実践
②若者＋地域の活力向上段階
買取販売・加工品生産による若者と地域住民の収益向上
若者と地域の相互交流・高齢者見守り
③中山間地域発の豊かなまちづくり段階
農山村を福祉的に豊かなまちに
都市部とのネットワーク形成
④中山間地域発の「都市と農山村の共生」実現
農山村の取組み・価値を市内都市部へ還流

図 7-3　本プロジェクト今後の方向

# 第八章　多世代交流型オープン・ケア・コミュニティの構想
## ―愛知県豊田市・千葉県柏市への調査より―

### 一、本調査の概要

#### (一) 調査の背景

本報告は、筆者が(独)科学技術振興機構・社会技術研究開発センターの求めに応じて提案した、高齢社会に対応した新しい社会開発プロジェクトに対して、その実現可能性を探るために同センターから委託されたいわゆる深掘り調査の結果である。

標記の高齢社会に対応した新しい社会開発プロジェクトについては、筆者のこれまでの高齢社会に対応したコミュニティ形成のさまざまな実践（たとえば拙著『シニア世代の学びと社会―大学がしかける知の循環』、勁草書房、二〇〇九年など参照）から、以下のようなラフスケッチが提案されていた。

①　超高齢社会を迎え、新たな社会の構築が求められていながらも、そのデザインはややもすれば大規模開発型のものとなりがちで、高齢者自身の幸せやそれを受け止める地域社会という、人々のより具体的な生活レベルでの社会デザインができておらず、結果的に具体的な高齢社会イメージの形成とその実体化が進められていない。

② 地域社会で高齢者が他の世代と交流しながら、生き生きと生活でき、また寝たきりや終末期の高齢者が、地域社会で「価値」のある存在（まちの宝）として生を全うできるような、多世代交流型のウェブ状のケア・コミュニティを構築するための「拠点」と「人的ネットワーク」の形成、およびそのネットワークを活用した多世代交流型のケア事業を提案する。基本的に小学校区または町内会の範囲を想定し、実際にプロトタイプの構築と介入を行う。

③ 地域社会における既存施設を活用しつつ、拠点の形成およびそれを支えるソフトウェアの構築・提供を進める。教育・地域医療・看護・介護・地域福祉・建築設計・機械工学・社会心理・地域経済・栄養などの各専門分野および地域社会におけるさまざまなアクターとの連携が求められる。

④ 高齢社会のあり方としてAging in Placeがいわれるが、本プロジェクトはむしろALL in Place（Aging in Place, Living in Place and Loving it in Place）を実現し、社会的な負荷の小さな、新たなケア・コミュニティを構築することで、高齢社会に対応した新たな社会をつくりだすことを目的としており、これからの日本社会のモデルとして求められるものと考えられる。取組みの一例として、たとえば愛知県豊田市の過疎・高齢地域支援事業である「若者よ田舎をめざそう」プロジェクトなどがあり、本プロジェクト案もこれらの地域おこし・まちづくりのプロジェクトと連携し、影響を与え合うことが考えられる。

本プロジェクトは、高齢社会に対応し、多世代が交流し合う中で、互いに配慮し合い、高齢者を地域の宝としてケアし、それがまた若い世代へのケアとしても還元されていくようなコミュニティを形成することで、地域社会の物理的環境を大きく変えることなく、人々のネットワークを構築し、そのネットワークの中で人々が安心して生活を送ることができる仕組みを形成しようとするものである。それはまた、その仕組みの中で、人々が相互にケアの贈与と答礼の関係に入ることで、そこに互いによりいっそうケアしあう過剰なお返しをするような関係が形成され、それが市場とリンクすることで、新しい経済を生み出しつつ、最後まで地域の人間関係の中で生を全うすることのできるコミュニティをつくりだそうとするものであるといってよい。本調査は、具体的な調査フィールドを得て、その実現可能性と実現のために必要な条件を明らかにしようとする目的で行われた。

## (二) 調査の目標

提案プロジェクトは、高齢者が地域社会で他の世代と交流しながら、生き生きと生活して生を全うできるような、多世代交流型のケア・コミュニティを構築するための「拠点」と「人的ネットワーク」の形成およびそれらを活用した「生活提案」のためのセミナーなどの学習機会の提供、さらには「医療」「移動手段」「コミュニケーションツール」「地域経済との連携」の形成・開発事業となる。基本的に小学校区または町内会の範囲を想定し、実際にプロトタイプの構築と介入を行うことを目的とする。本調査は、この提案の実現可能性および実現可能な方策とその条件、さらに担い手の育成方法、およびプロトタイプの生成過程を探ることを目的として、a愛知県豊田市高橋地区とb千葉県柏市風早南部地域を対象地区として実施された。

## (三) 調査の内容と概要

標記二対象地区は、a都市型の住宅地、b都市近郊旧農村で、ともに高齢化が進んでいる地域であり、日本各地で高齢化が進展している地区の典型例であるといってよい。対象地域の行政および社会福祉協議会などとは、すでに連携関係にあり、深掘り調査の実施について同意を得、これらの地域で、上記調査の目的を達成するために、以下の内容の調査・検討を行った。

① 当該地区の高齢化をめぐる課題を住民意識レベルで確認するためのヒアリング。

② 課題解決のための拠点として、町内会または小学校区を対象としたコミュニティ・カフェなどをつくる（既存施設の活用も含む）ための近隣住民の意識と拠点形成後の利用意向。

③上記の拠点を核として、地域住民が集い、働き、学び、ケアし合う場の形成と、担い手育成の可能性と方法。
④コミュニティ・カフェに地域の農家や地場産業がかかわることの可能性。
⑤拠点に訪問医療や訪問介護、訪問看護のステーションなどを置くことの是非と地元医師会との連携の可能性。
⑥コミュニティ・サービス（生活支援）的な事業拠点形成の可能性。
⑦地域の学校（小中学校）との連携の可能性。
⑧行政関係各部署との連携の可能性。なお、地域コミュニティで高齢者をきちんと見守っていくためには、成年後見制度導入の可否も検討されるべきではあるが、今回の調査では、時期尚早であると考え、調査内容からははずすこととした。

これらの調査内容に関して、以下のような調査を進めた。①②の住民の抱える課題や意識・利用意向については、ヒアリングと当該地区住民の主たるアクターへのアンケート調査。③については当該地区行政と既存の福祉団体その他の連携の可能性を打診。④⑤⑥については当該地区を含む関係者・団体へのインタビュー、⑦⑧については行政担当部門との協議をそれぞれ実施。本プロジェクトの核は利用可能な拠点施設（既存の民家・喫茶店など）の確保と担い手の育成・確保であるため、とくにこの方面の可能性について調査し、a豊田市高橋地区で二回の会合、b柏市風早南部地域で二回のワークショップを行って検討し、事業化への可能な筋道を確認した。

会議・ワークショップの概要は以下の通りである。

〈豊田市高橋地区手呂自治区での会議〉

日時：二〇一〇年一月一五日一三：〇〇～一六：〇〇

場所：豊田市生涯学習センター高橋交流館

テーマ：多世代交流型ケア・コミュニティ構築のための条件検討

出席者：手呂自治区長・豊田市生涯学習推進員・手呂自治区民生委員・高橋交流館長・豊田市役所高橋支所長・

牧野篤ほか調査チーム

〈豊田市高橋地区野見山自治区での会議〉

日時：二〇一〇年二月一〇日一三：三〇～一六：三〇

場所：豊田市生涯学習センター野見山交流館

テーマ：多世代交流型ケア・コミュニティ構築のための条件検討

出席者：野見山自治区長・野見山自治区ボランティア団体代表・野見山自治区民生委員・野見山交流館長・豊田市生涯学習推進員・豊田市役所高橋支所長・牧野篤ほか調査チーム

〈柏市風早南部地域高柳地区でのワークショップ一〉

日時：二〇一〇年一月二三日一四：〇〇～一七：〇〇

場所：柏市高柳地区近隣センター

テーマ：多世代交流型ケア・コミュニティ構築の可能性について一

出席者：高柳地区自治会連合会長および単位自治会長（一九名）・柏市社会福祉協議会次長・柏市社会福祉協議会主任・牧野篤ほか調査チーム

〈柏市風早南部地域高柳地区でのワークショップ二〉

日時：二〇一〇年二月一三日一四：〇〇～一七：〇〇

場所：柏市高柳地区児童館

テーマ：多世代交流型ケア・コミュニティ構築の可能性について二

出席者：高柳地区自治会連合会長・高柳中学校長・高柳中学校副校長・高柳中学校ＰＴＡ会長・高柳中学校教育振興会長・高柳地区おやじの会会長・風早南部地区社会福祉協議会代表・大津川をきれいにする会会長・まつり会会長・ボランティア団体連合会会長・高柳地区民生委員・高柳地区老人クラブ

高友会会長・グラウンドゴルフ会会長・高柳地区健康作り推進員・柏市社会福祉協議会次長・柏市社会福祉協議会主任・牧野篤ほか調査チーム

## 二、調査結果

調査は、標記二対象地区のうち、実現可能性を具体的に探るために、小学校区または町内会を基本とした範囲を設定して、行われた。a豊田市高橋地区においては手呂自治区と野見山自治区、b柏市風早南部地域においては高柳地区を選定して、関係者へのインタビューと会議・ワークショップ、および地域の主たるアクターへのアンケート調査を進めた。

今回の調査は、前述の目的を達成するために、以下の課題を設定した。（A）当該地区の概況理解、（B）対象地区住民の当該地区に対する認識、（C）高齢化に対応して行われている当該地区の活動とその実態、（D）高齢化に対応したコミュニティのあり方、とくに本提案プロジェクトの必要に対する認識、（E）本提案プロジェクトへの参加の意思と参加のあり得る形態、（F）本提案プロジェクトを実現するために求められる手立てである。

このほか、本提案プロジェクトが実施される過程で必要となるであろう訪問医療についても、医療機関関係者への聞取りを行い、実現の可能性を探ることとした。

### （一）豊田市高橋地区

#### a　豊田市高橋地区手呂自治区

（A）豊田市高橋地区手呂自治区（いわゆる町内会・自治会を豊田市では自治区と称している）は、部落と呼ばれる旧農村部と県営住宅・市営住宅が設けられた団地地区とに分かれるが、部落部の高齢化率が二三パーセントであるのに対して、団地地区の高齢化率は三〇パーセントを超えている。しかも、団地地区では高齢者世帯一六〇世帯のうち八〇パーセントが独居、またそのうち二三世帯が生活保護世帯で、孤独死が発生しており、早急の対応が求められている。しかし、もともと低所得者向けの県営・市営住宅であるため、現在、高齢者世帯以外の世帯も生活上のさまざまな課題を抱えていて、いわば「福祉住宅」化している団地でもあり、住民自身の力による高齢化への対応は困難だと、民生委員その他関係者には認識されている。子供会・女性会・老人クラブなどのいわゆる地縁団体も解体してしまっており、住民を結びつける旧来の仕組みが機能しなくなっている。

（B）当該地区住民の自治区への思いは複雑で、とくに生活に追われる住民が多いため、地域のさまざまな問題に意識的になることができず、むしろ近隣の関係は希薄である。反面、民生委員や自治区の役員の危機意識は高く、とくに高齢者世帯に対するアプローチを試みている。

（C）高齢者世帯を主な対象としたアプローチの試みには、以下のものがある。①団地内の集会場を利用して、住民の交流を図ろうとする「ふれあいサロン手呂」を毎月一回開催。一人二〇〇円で食事と交流の行事を行っている。②団地内の集会所に高齢者向け相談室を設け、市が生活支援員を派遣して、生活上の相談を受けている。③地区包括支援センターによる訪問と、地域の医院との連携による訪問看護を実施。④有志の子どもたちによる年三〜四回の慰問活動と健康づくり教室の開催などを実施。また、近くの特別養護老人ホームが毎週開催するピーナッツカフェ（高齢者の交流を目的としたコミュニティ・カフェ事業）にも一二名の住民が参加している。民生委員による住民の状況把握は的確だが、それぞれの活動が有機的に結びついておらず、民生委員自身も住民への対応で疲労困憊している。

（D）こうした状況を見過ごせず地域の有志が「おせんしょの会」（「おせんしょ」とは当該地区の方言で、世話焼きの意味）を組織して、「ふれあいサロン手呂」などの運営を行い、また近くのスーパーなどからの野菜の配達販売を行うなどの事業を進めている。本提案プロジェクトのように地域コミュニティに住民が集い、交流する核をつくり、そこを拠点として、住民相互にケアし合う仕組みづくりに対しては、関係者からは強い賛同と必要性に対する認識が示された。場所については、自治区長が利用許諾権を持つ、団地内の集会所が適切だとの認識で一致した。

（E）しかし反面、既述のように民生委員、自治区長はじめ役員、また住民有志が自己犠牲的に活動を進めていても、地域の諸活動が有機的に結びつかず、また高齢者世帯を中心にした住民の自発性に期待することは不可能で、本提案プロジェクトの実施については、必要性は強く認識されたが、担い手については消極的な反応であった。「やってくれれば、参加するし、手伝いもするが、自分たちで行うのは無理」という地域の状況であるといえる。

（F）総じて、地域コミュニティの地縁的な結びつきが解体する中で高齢化が急速に進んでおり、またいわゆる「福祉住宅」化することで、人々が生活に追われて他の住民に配慮する余裕を失っており、地域全体が崩壊に向かうスパイラルを下っている状況にある。反面、このような状況を前にして、自治区関係者および民生委員など福祉関係者の危機意識は高く、前述の各活動を有機的に結びつけつつ、住民相互の交流を組織し、住民相互の見守りをつくりだしていくことの可能性はあると考えられる。しかし、自治区関係者や民生委員はすでにかなりのオーバーワークの状態であり、新たな事業を受け入れるだけの余裕を失っているのも事実である。その意味では、当該地区内部のアクターに期待をかけるよりは、外部のアクターが、たとえば「コミュニティ主事」などを育成しつつ当該地区に入り込み、自治区関係者や福祉関係者と連携をとりながら、団地内の集会所を活用して、高齢住民を基本とした人々の交流と見守りを組織していくことが必要であると考えられる。

### b　豊田市高橋地区野見山自治区

（A）豊田市高橋地区野見山自治区は、約三五〇世帯の分譲住宅団地を中心とする自治区で、野見地区と呼ばれた農村部に一九六六年に新興住宅地が切り開かれ、そこにトヨタ系企業従業員を中心とする住民が移り住んで形成され、約二〇年前に独立した自治区である。現在の世帯構成は、三四八世帯一一三四名、六五歳以上人口三八七名（約三四パーセント）、高齢者世帯七八世帯である。入居当時の平均年齢が三〇代後半であったこともあり、近年急速な高齢化が進展している地域でもある。住民の経済階層、文化などはほぼ似通っている。また地区として幹線道路から離れていることもあって、均質的なまとまりをもった自治区であり、自治意識も強く、治安もよく、環境面でのお互いの配慮もなされている地域だと自治区関係者には認識されている。老人クラブ、自主防災会、ボランティア組織なども活発に活動しており、それなりに住民の交流がなされている地域だとの認識が示された。反面、若い世代が出て行っており、今後、持続的な地域コミュニティをいかにつくりだすかが大きな課題となっている。

（B）このような自治区の状況を反映して、住民の当該地区に対する思いは強く、この地区を終の棲家と定めている住民ばかりであるため、高齢化し、人口が減少していくだけの自治区にはしたくないとの強い思いが住民の間にはあると、自治区関係者には認識されている。こうした住民の思いを受けて誕生したのが、「にこにこ野見山」と呼ばれるボランティア団体である。

（C）「にこにこ野見山」のメンバーは現在一九名、福祉ボランティアとして発足し、「地域の高齢者は地域が支える」を合い言葉に活動を進めているが、メンバーそのものが野見山自治区の高齢者でもある。主な活動には、豊田市の地域振興助成事業である「わくわく事業」からの助成を受けて、地区会館を拠点とした住民の交流事業がある。年間を通じて、餅つき大会、給食サービス、夏祭り出店、敬老会、クリスマスなどを実施し、高齢者に対するケアと若い世代との交流を楽しもうとする事業を進めている。とくに、メンバーの企業在職時の経験をもとに、各人のできることを各自が担うことで組織の運営がなされている。ただ、現在のところ、イベント活動的な事業しか行えておらず、恒常的な住民の交流や相互の見守り、ケアというレベルには達していない。今後、急速に増えるであろう高齢者世帯や高齢者の独居世帯をいかに地域社会で支えていくのかが大きな課題であると、地区住民には認識されているという。民生委員も、この地区は落ち着いており、住民相互の関係もよく、さまざまな情報が届けられるため、活動はしやすいとはいうが、反面、今後急速に増える高齢者にどう対応するのかという点で、不安があるとのことであった。

（D）本提案プロジェクトについては、自治区関係者および民生委員などの福祉関係者、さらには支所長などの行政関係者からも強い関心と必要性への認識が示された。活動の拠点としては、自治区長が使用許諾権を持っている区民会館が適切であるとの判断が示された。

（E）反面、手呂自治区と同様に、本提案プロジェクトを実施するには、自治区住民だけでは不安だとの認識も示された。むしろ若い世代による事業体が外部からかかわることで、地区住民とくに高齢者が積極的にその事業に参加して、互いの関係を強め、若い世代との交流を進める中で、相互の見守りやケアの仕組みや関係をつくれないかとの提案があった。

（F）総じて、野見山自治区は住民相互の関係もよく、本提案プロジェクトを実施する条件は整っていると考えられるが、住民自身にプロジェクトの実施・運営を担わせるのは荷が重いとの観点が示されている。そのため、外部のアクターが、たとえば「コミュニティ主事」として地域

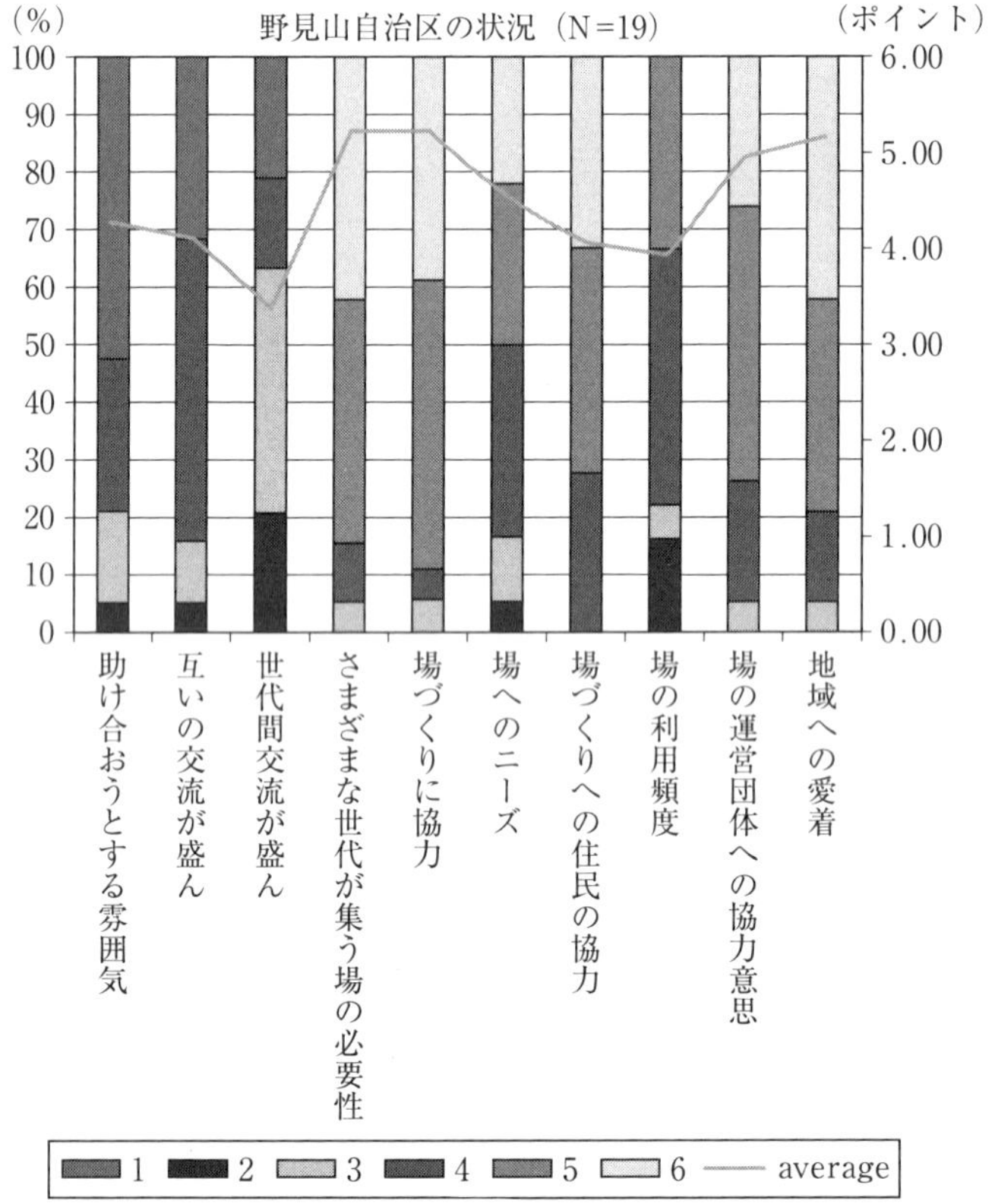


図 8-1　「にこにこ野見山」へのアンケート結果

にかかわりながら、区民会館を活用して、コミュニティ・カフェなどを運営し、そこに「にこにこ野見山」などのボランティア組織がかかわりつつ、地域の人間関係を再構築し、相互の見守りやケア、さらには訪問看護・医療の仕組みを組み込んでいく方向が現実的であるように思われる。

（G）野見山自治区においては、二〇一〇年二月にボランティア組織「にこにこ野見山」の構成員住民一九名に本提案プロジェクトの実現可能性を探るための基礎的なアンケートを行った。その結果は、図8-1に示される通りであった。大きな傾向は、インタビューや会議での意見交換によって得られた内容と一致している。以下の点を読み取ることができる。

・回答者の属性を見ると、年齢は六〇代が大半で、平均居住年数は約四〇年、かつその散らばりは少ない。二〇歳代中頃のほぼ同時期にこの地区に住むようになった世代が、「にこにこ野見山」の活動を支えているといえる。

・居住年数の影響からか、地域への愛着は極めて強い。そのことは、「にこにこ野見山」の活動に参加していることからも傍証されている。

・地区の状況（助け合う雰囲気、互いの交流、世代間交流）については平均値が三～四点台で、それほど肯定的に評価されてはいない。

・そのような地区の状況の認識を受けてか、多世代が集う場の必要性と、そのような場をつくるための協力に関する意識の平均値は五点台となっており、極めて高い。

・地域住民の多世代交流の場へのニーズがある程度存在することが認められる一方、そのような場をつくる際の住民の協力についての評価はやや低い。

・メンバーは、自らがその場を週に一回程度利用するイメージを描きつつ、場を運営する団体には比較的積極的に協力する姿勢を示している。

以上の回答の傾向から以下の仮説を立てることができる。この地区に長い間住むことで地区に愛着を持ち、すでに一定の活動を展開している「にこにこ野見山」のメンバーは、地区の状況に課題を感じ、そのために交流の場を設ける必要を覚えている。その一方で、交流の場をつくる際に必ずしも他の住民を巻き込めるか自信が持てないため、他の運営団体に協力する形で場づくりを行うことが現実的であると考えている。

ここから、まずは、外部の団体が「にこにこ野見山」のメンバーなど地域の中心的なアクターを巻き込んで行く形で、多世代交流の場を形成するという方法が妥当ではないかと考えられる。

## (二)　柏市風早南部地域高柳地区

(A) 柏市高柳地区は旧沼南町の一部で、沼南町の柏市への合併にともなって、風早南部地域に位置づけられた。世帯数は約四五〇〇世帯で、沼南町時代の一九七〇年代に宅地開発がなされ、首都圏のベッドタウンとして人口が急増した地域で、現在、約一五パーセントが旧来の農村地区住民、約七〇パーセントが在住四〇年近くのいわゆる団地族、そして残りの一五パーセントが新来の住民であるといわれる。住民の結束力は強く、柏市の一部というよりは、高柳地区としての強いアイデンティティを持ち、互いの信頼関係の中で、地域をよりよくしようとする住民がそれぞれの活動を進めている。この地区では、中学校が地域の住民活動と密接なかかわりを持っていることが特徴的であり、中学校に地域住民が自由に活用できる「地域ルーム」が開設され、学校と地域住民との交流が進められるとともに、中学校の抱えるさまざまな問題解決のために住民が協力するなど、良好な関係にある（生徒増に対応するため、地域ルームは二〇一一年四月に教室に戻された）。そのため、さまざまな地域活動には、常に高柳中学校長・副校長、PTA会長らが参加しており、さらに中学校の生徒や卒業生の親を中心に高柳地区おやじの会が結成されて、相互の親睦とともに、中学校を支援する活動を進めている。また、TCN（高柳地域ネットワーク）と呼ばれるボランティア団体のネットワークがあり、そこにも中学校が組織されているほか、大津川をきれいにする会・まつり会・ボランティア住民組織「柳の木」・高柳地区老人クラブ高友会・グラウンドゴルフ会なども活発に活動を展開している。

反面、前述のように在住四〇年近くの住民が約七割を占めており、その大多数が今後一〇年以内に高齢者の仲間入りを迎えることが予測されているため、高齢社会に対応した地域コミュニティの将来像をいかに描くのかが喫緊の課題だと、地域のリーダーとくに自治会長および関係者には認識されている。これまでのさまざまな住民の活動は、そこに中学校が組織されていたように、子どもを中心として、「新しいふるさと」をつくりだすために住民の交流を活発化させようとするものであったが、今後、高齢社会対応の活動をどうつくりだすのかで、戸惑いがあったという。

（B）このような地区であるため、住民の当該地区への思いは強く、インタビューおよびワークショップにおいても、対象者および参加者からは地域に対する熱い想いが語られた。それはまた、各自が担っているさまざまな地域活動の源泉でありながら、その地域活動によって生み出される地域への思いでもあるといえる。その意味では、これまでのような子どもを巻き込んでの「新しいふるさと」づくりから、高齢社会対応の新しい持続可能なコミュニティをいかにつくりだすかについては、課題として認識されてはいても、どのように進めるべきなのかという点において、意識に迷いがあるようでもあった。

（C）これまでは高齢社会を意識しての地域での取組みはなく、「新しいふるさと」づくりの活動の中で、たとえば「まつり会」であれば、子どもを中心とした夏祭りを企画して実施し続けることで、地域の多世代間の交流を生み出すことに成功してきている。また、大津川をきれいにする会では、子どももおとなも同じ活動に参加して環境について学んでおり、中学校の教育振興会はたとえば干支対抗野球大会を開催するなどして異世代間の交流を深める事業を展開してきた。しかし、改めて高齢社会に対応したコミュニティづくりの必要について意識を向けてみると、必要だとは思うが、どのようにアプローチしたらよいのかよくわからないというのが現状のようであり、またそのような状況が自治会長の認識でもあるとのことであった。

（D）そのため、本提案プロジェクトについては、高柳地区自治会としては「まさに、何とかしなければならないと考えていたこと」であり、本提案プロジェクトを下敷きにして、自治会として今後積極的に取り組みたいとの意思表明が、自治会連合会会長からなされるほどであった。各自治会長および住民組織の関係者からも、以下のような意見が聞かれた。

＊これまでこの地区は、学校を中心にして、子どもたちのためのネットワークをつくってきた。それは新しいふるさとをつくりだすためにとてもよかったし、保護者を中心におとなたちのネットワークもできて、人間関係もとてもよい。今後は、この地域で自分は生き生きと暮らして、生を全うしたい。そのためには、高齢社会に対応した新しいコミュニティをつくりださなければならず、そこに新しい人が入ってきてくれて、高齢者と一緒になって暮らしていけるような、そういう流れができるとよい。

＊まったく知らない土地に引っ越してきたが、この土地ではお互いに人々が大事にしてくれるので、すぐに溶け込めた。子どもたちにとっても、生活しやすいまちだと思う。これからは、年配の方々をどうやってまち全体で見守っていくのかを考えなければならない時代だと思う。

＊地域に核となる組織や場所があるとよいと思う。いろいろ住民をネットワークする仕掛けを作ってきたが、それらが独自に動いていて、皆忙しいのに、なかなか全体がうまく互いに気を遣い合っているという関係になっていないように思う。これからの高齢社会コミュニティをつくる上で、たまり場的な場所はどうしても必要ではないか。

＊この地区は、おやじが積極的に地域活動に参加している珍しい地域。だからこそ、このおやじの力をもっと出してもらって、これからの高齢社会に対応できるようなコミュニティをつくっていく必要がある。人材の育成が必要ではないか。

＊三六五日使える地域の核となる場所があるとすばらしい。そうなれば、自分たちで運営することも大いにあり得るし、そこを核にして、さまざまな交流活動を展開できるのではないか。この地域の住民は皆そういう力を持っている。

基本的に、本提案プロジェクトへの強い支持が表明されたといってよい。

（E）それゆえ、本提案プロジェクトへの参加については、参加ではなく地域の住民が主体的になって実現していくための具体的な方策を練ることの必要が、関係者からは指摘された。今回の調査では、調査担当者から「多世代交流型ケア・コミュニティ」についての基本的なイメージを提案し、それについての意見を聞き取ることを基本にしたが、当該地区関係者からは、このイメージを下敷きにして、地元住民との会合を重ね、より具体的な構想へと練り上げつつ、実現可能なプランをつくりあげていくことの必要性の指摘と、それを実現するためのフォローへの要請がなされた。また、本提案プロジェクトを実施するための核となる組織を置く施設については、柏市市民活動推進課の管轄下にあり、各地区の管理下にある近隣センターの活用、また高柳中学校に設置されている地域ルームの活用、さらには関係者の一人である地主からも土地と建物の提供の意向が示され、より具体的なプランの策定への希望が示された。また、本提案プロジェクトの意図を超えて、このプロジェクトができあがった後には、地域で高齢住民向けのグループホームを経営する提案までもがなされた。プロジェクトの今後の有力な展開方向として、検討される必要があろう。

（F）総じて、高柳地区では、従来の活発な住民活動を基礎として、高齢化への対応が今後一〇年間の課題であると認識されながらも、どのようにアプローチしたらよいのか考えあぐねていたところへ、本提案プロジェクトが持ち込まれることで、地域住民の方向性が一つにまとまりつつあるといえる。自治会連合会会長がいうように「これまでばらばらで行っていた地域活動が、これで一つになると思います。皆やりたくてうずうずしているのです」という状態であるといえる。高柳地区については、すでにこれまでの住民活動をとおして、多彩なアクターが育っており、今後は彼らの気持ちを糾合しつつ、地元に入り込んで、より具体的で実行可能なプランを策定し、彼ら自身が主体となって事業を展開する方向へと住民を組織化する必要があると思われる。

（G）なお、高柳地区においては、自治会の下部組織である班の班長および副班長二〇〇名に対して、本提案プロジェクトの実現可能性を探るためのアンケート調査を実施した。調査は、二〇一〇年二月に郵送調査として実施された。発送数二〇〇、回収数一三八（回収率六九パーセント）であった。以下、回答の内容を概観しておく。回答者の平均年齢は約七〇歳、平均居住年数は三七年であった。詳しくは、図8-2〜11までを参照されたいが、多くの班長が、居住年数および年齢にかかわりなく、この地区に愛着を感じていること（図8-10・11）がわかる。インタビューやワークショップで示された関係者の意識が、より多くの人々の意識としても確認されたものと思われる。

・地域住民に対する評価も概ね肯定的であり、地域住民は協力的だととらえられている（図8-2）。

・反面、交流についてはとくに多世代間交流についてあまり活発ではないとの評価がある。この点は、インタビューやワークショップで得られた地域のいわゆるリーダーたちの認識とはズレがある。これは、インタビューやワークショップで聞き取ることのできた認識は、活動を行っている当事者のものであり、活動の当事者と地区の様子を把握できる班長・副班長一般との意識に多少のズレが見られるということであろう（図8-3・4）。

・それ受けてか、多世代間交流のできる場所は必要だと認識されており、住民自らが参加してもよいとの積極的な回

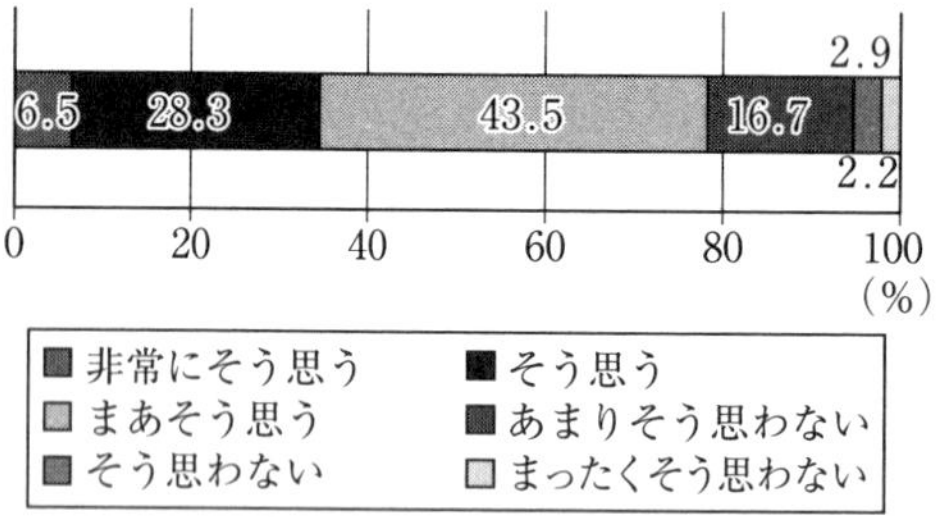


図8-2　住民は互いに協力する雰囲気にあるか

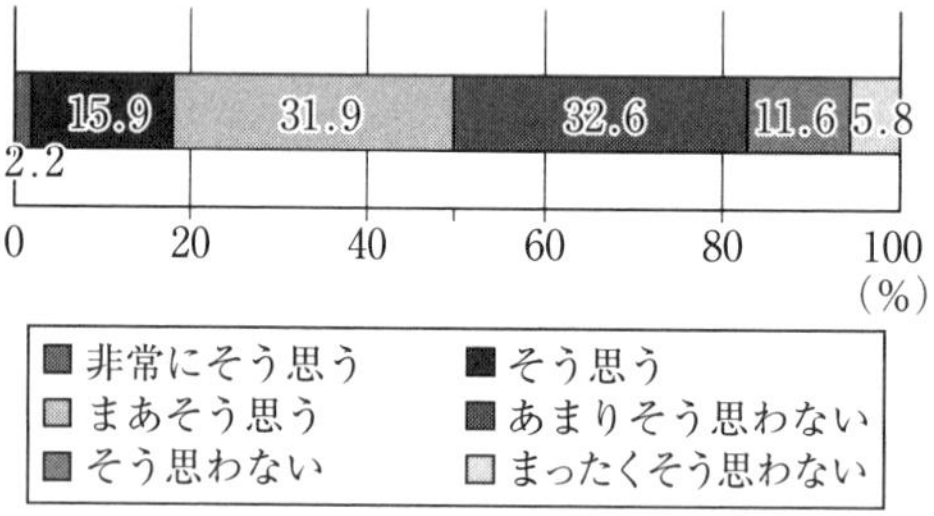


図8-3　住民の交流は盛んか

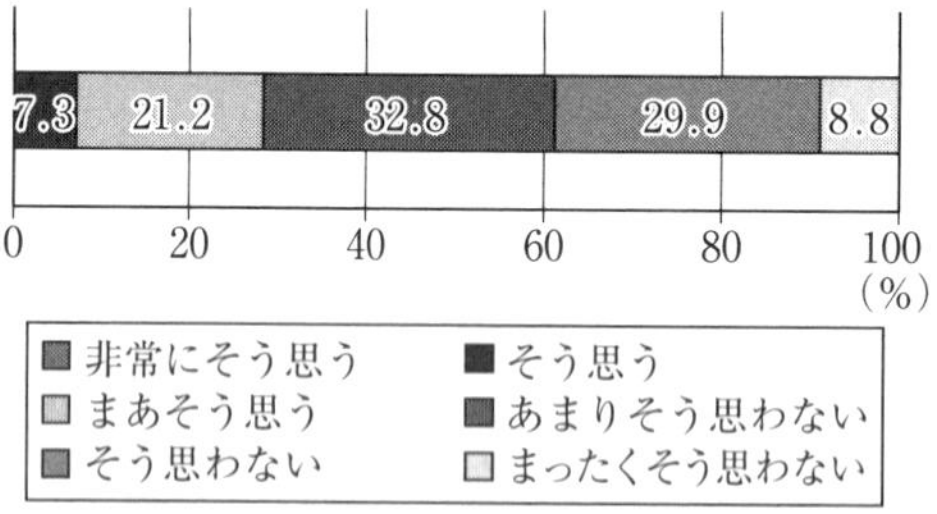


図8-4　住民の世代間交流は盛んか

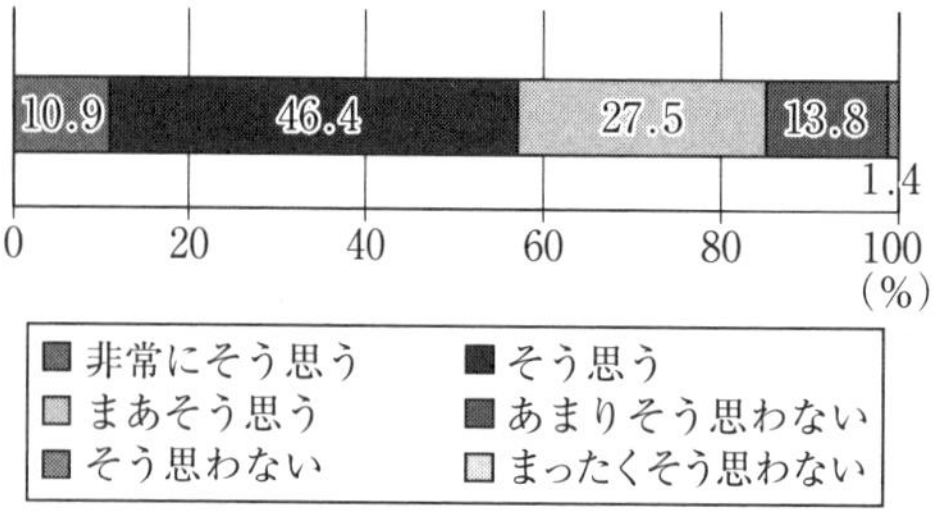


図8-5　多世代交流のできる場は必要か

答が得られている。地域のリーダーたちの思いと重なる部分であろう（図8-5・6）。

・また、住民に対しても、概ね多世代間交流を望んでおり、協力も得られるものと評価している（図8-7・8）。

・多世代間交流の場ができた場合には、かなりの頻度で利用したいと考えていることもうかがえる（図8-9）。

総じて、高柳地区の住民は、これまでの「新しいふるさと」づくりの取組みの中で培ってきた高い結束力と、行動力、さらに住民相互が気を遣いあいながら、事業を展開していく力を持っており、本提案プロジェクトを実施するにあたっても、彼らの力を活用する方向でそのあり方を検討する必要がある。基本的には、本提案プロジェクトをもとにして地域住民との話し合いを重ね、彼らの意思を尊重しながら、彼らを主たるアクターとして育成する過程をとおして、本提

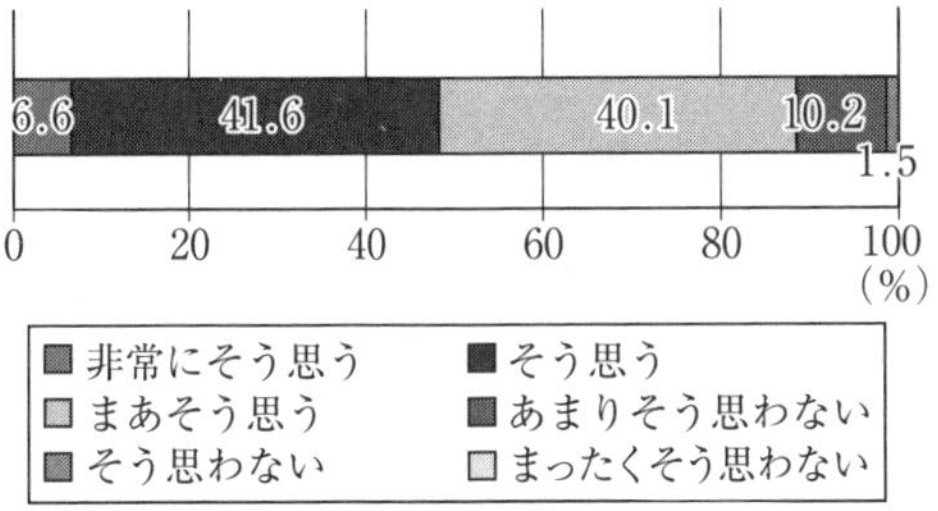

図8-6　多世代交流のできる場づくりに参加するか

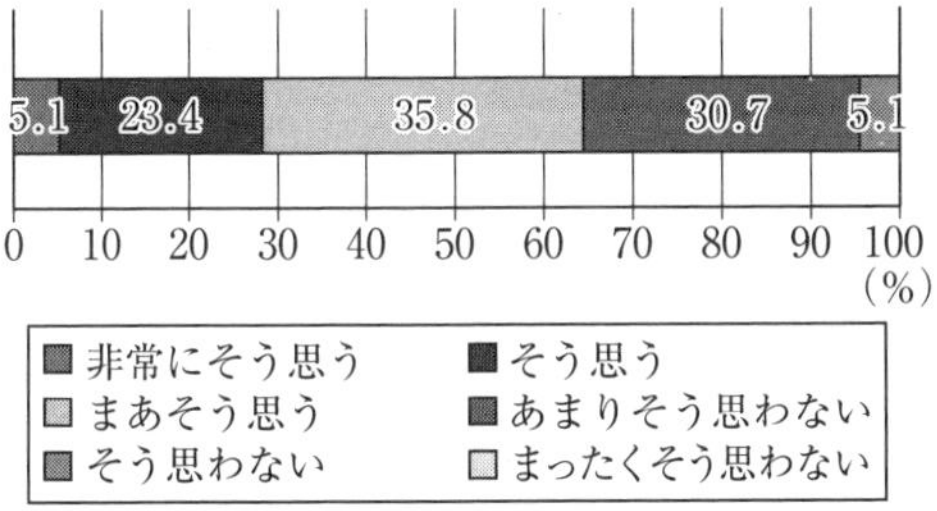

図8-7　地域に多世代交流の場へのニーズがあるか

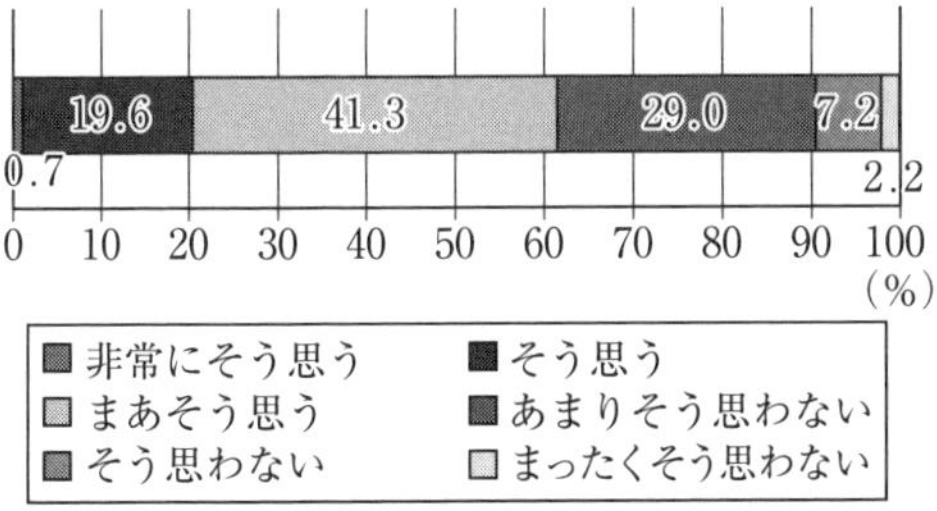

図8-8　多世代交流の場づくりに住民の協力が得られるか

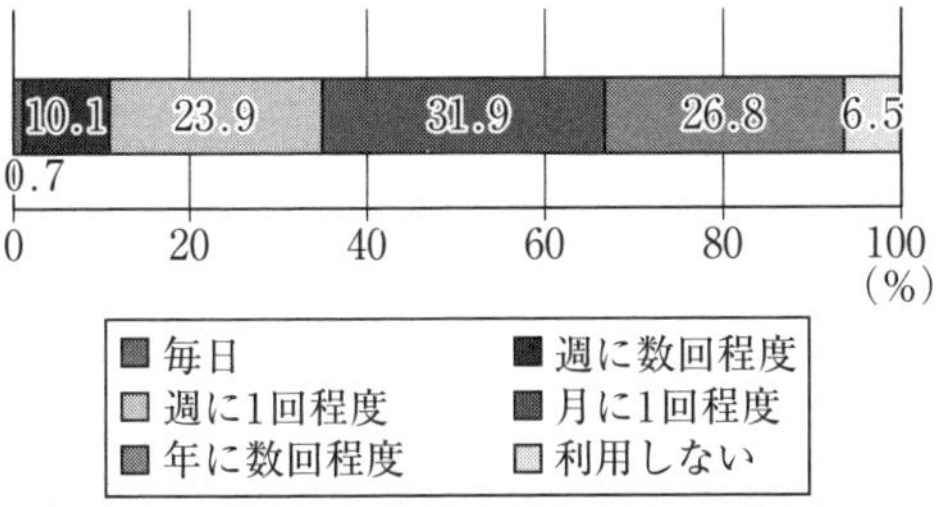

図8-9　多世代交流の場できた時の利用頻度

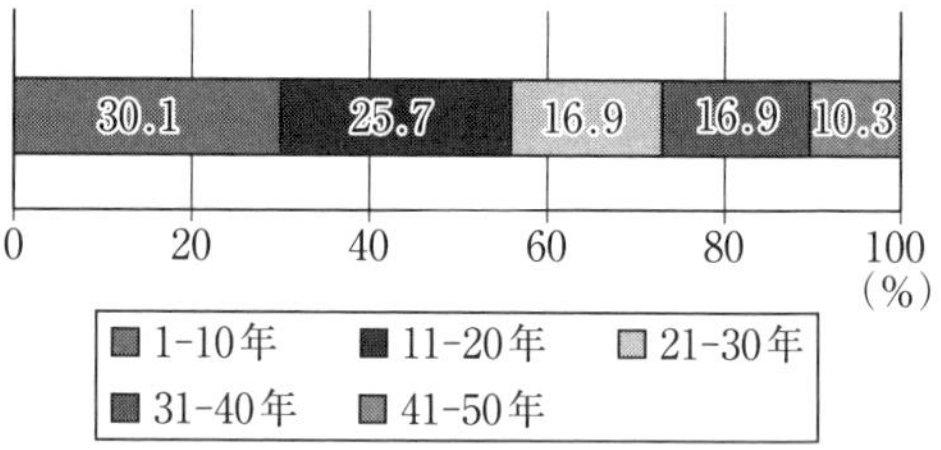


図8-10　当該地区での在住年数

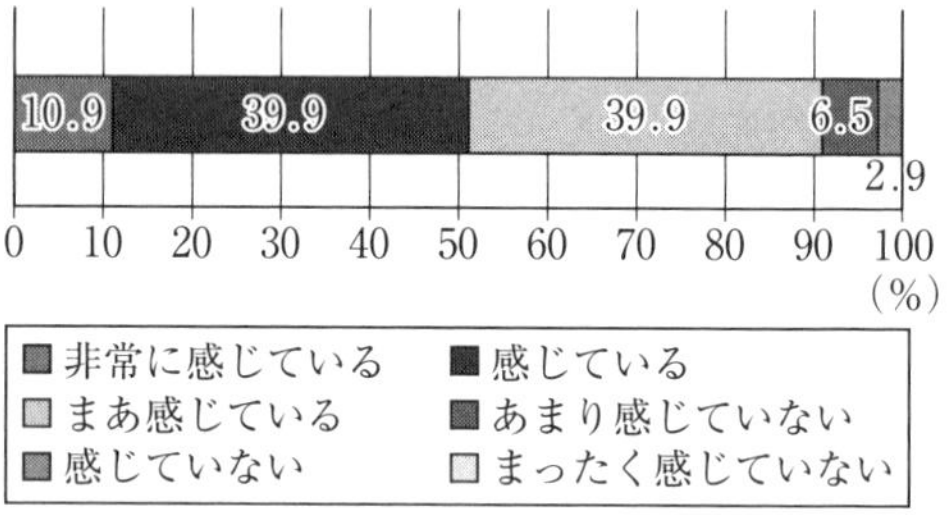


図8-11　当該地区への愛着

案プロジェクトの目的を達成するようなアプローチを採用しつつ、住民の意思によってプロジェクトの具体的な要素を柔軟に組み換えていくことであろう。たとえば、本プロジェクトの核となる交流の場ができて地域コミュニティの多様な人々が交流を始め、互いに見守り、ケアし合う関係ができてきたときには、その核となる場を地域住民による高齢者グループホームとして経営していこうというアイデアは、本プロジェクトの当初の計画にはなかったものであり、その実現可能性を地域住民とともに探ることも必要であると思われる。

### （二）　医療関係者への聞取り

本提案プロジェクトの実施においては、住み慣れた地元で年齢を重ね、生き生きと生活し、そこを終の棲家として、地域の住民が互いに見守り、看取ることのできるコミュニティを形成していくためには、医療機関との連携、とくに訪問看護や在宅医療が不可欠となる。その可能性について、すでに在宅医療を実践している医療法人に対して聞取り調査を行った。結論的には、地元住民が同意し、ニーズがあれば、本提案プロジェクトのような地域コミュニティの核となるような場に訪問看護ステーションや在宅医療のためのネットワーク拠点を設置することは可能であるとのことであった。今後、具体的な条件を勘案しつつ、各地域の実情に即した医療のあり方を検討していく必要がある。

## （四）強い危機感と高い潜在力、手法の開発を

本提案プロジェクトは、社会開発とはいっても、従来のような大量の資金を投入して、地域社会のあり方を一変させてしまうような手法ではなく、すでに人々が生活し、馴染んでいる地域コミュニティのあり方を基本的に変えることなく、そこに高齢社会に対応できるような新たな人間関係を組み込む仕掛けをつくりだすことで、地域コミュニティで、互いに支えあいながら、納得のいく人生を送ることができるような支援システムを構築することを目的としている。今回の調査は、この目的を達成するために、具体的な地域を選定し、そこに生きる人々の意識を地元リーダーのレベルで明らかにしようとするものであった。この調査で明らかとなったのは、多少の温度差はあるにせよ、高齢社会を迎え、地域コミュニティが急速に高齢化していく現状に対して、誰もが強い危機意識を持っており、何とかしなければならないという思いを強くしているということであった。しかし反面、そのような危機感を募らせる状況にありながらも、具体的にどのような手立てを考え、自らどう動けばよいのか、その問題への具体的なアプローチを考えあぐねている現状も明らかになったといってよい。

それゆえに、このような住民の状況に対して、本プロジェクトのような提案がなされることで、地元住民の意識が方向づけられ、なすべき活動に指針が与えられることとなったと考えられる。そこから地域のリーダーたちは、本プロジェクトを受け止めつつ、自分たちに何ができるのかを考え、具体的な動きをつくりだす契機をつかみ、地域の住民とともに地域コミュニティでできることは何かを考え始める志向を強めていく。この意味では、地域コミュニティの持つ潜在的な力には、その危機意識の強さと相俟って、高いものがあると思われる。豊田市高橋地区も柏市高柳地区もともに日本全国どこにでもある典型的な高齢化地域であり、本調査によって明らかになったこれら地域の危機意識の強さと潜在的な力の高さはまた、日本全国の高齢化地域のありようでもあるといってよいのではないだろうか。

しかしまた、豊田市高橋地区と柏市高柳地区とでは地域リーダーの反応が異なるように、それぞれの地域の持つ住民の生活条件や高齢化の度合い、さらにはその地域が蓄積してきた住民活動の経験の質的な違いなどによって、取組みの

あり方、とくに本プロジェクトの実施手法に違いが生じることは不可避であると考えられる。本調査で明らかになった点は、柏市高柳地区のようにすでに多様な住民活動が行われており、地域住民の結束力も強く、リーダーたちの意欲も高く、さらに地域で活用できる資源を多様に持っている地域においては、本プロジェクトのような計画を提示しつつ、住民の力を方向づけて、地域住民主体の事業体を形成しながらプロジェクトを展開していく、いわば「内発的」な開発を行い得るが、他方、豊田市高橋地区のように危機意識は強くても、地域住民の活動経験の少なさなどの制約要因から、自ら積極的に動けない地域があり、これらの地域では、外部のアクターが事業を展開することに参加する形で、よりよい地域コミュニティの形成を実現していこうとする、いわば「外発的」な社会開発を行う必要があるということである。

しかも、この場合、基本的には柏市高柳地区のような「内発的」な開発への介入の過程で、地域住民との十分な連携と話し合い、検討を通して、本提案プロジェクトの基本的な枠組みは維持しながらも（この点については、すでに地域リーダーたちの合意はとれており、本プロジェクトを提起することで、彼らの地域へのアプローチが方向づけられている）、その地域に即したより具体的なプロジェクトを構築していくことが必要であるとともに、この過程で、地域リーダーを新たに育成するプログラムを組成することが必要であると思われる。さらに、この地域リーダー育成のプログラムは、豊田市高橋地区のように「外発的」な介入を必要としている地域に対する外部アクターの育成プログラムへと発展させる必要があり、実地に高齢社会対応の生活コミュニティを構築するアクター育成を事業化することへとつながっていくものと思われる。この場合、研究者がプログラムを持ち込むのではなく、柏市高柳地区のような「内発的」な地域において、地域住民とともに開発されたプログラムを基礎に、「内発的」な地域におけるプロジェクト実施の過程で育成されたアクター、たとえばコミュニティ主事などが、豊田市高橋地区のような「外発的」な介入を必要とする地域と協力してプログラムを実施するという手法が望ましい。

また、地域住民の力を引き出すことにおいては、彼らの生活にかかわるさまざまな社会的な連携が必要となる。たとえば、地場産業・医療機関・学校などの教育機関・福祉関係団体や行政などとの連携が求められ、新たな生活コミュニティとしての地域は閉じられたものではなく、外に対して開かれた、社会的なさまざまなアクターが交流する場としても形成される必要のあることも確認されたといってよい。

## 三、研究開発プロジェクト案

調査結果を踏まえ、今後、地域コミュニティに根ざした高齢社会事業を展開するにあたっては、以下のような提案が可能であると思われる。

### (一)　研究開発プロジェクトテーマ

多世代交流型オープン・ケア・コミュニティの構築

### (二)　研究開発プロジェクト案のポイント

①　超高齢社会に対応した新たな社会を構想するにあたって、従来のような大規模開発型の社会デザインを基本とするのではなく、高齢者自身の幸せやそれを受け止める地域社会という、人々のより具体的な生活レベルでの社会デザインを進め、具体的な高齢社会イメージの形成とその実体化を推進する。

②　地域社会で高齢者が他の世代と交流しながら、生き生きと生活でき、また寝たきりや終末期の高齢者が、地域社会の宝として生を全うできるような、多世代に開かれた網の目状のケア・コミュニティを構築するための「拠点」と「人的ネットワーク」、およびそれらを活用した「生活提案」を行うセミナー事業を展開する。その後、さらに「医療」「移動手段」「コミュニケーションツール」、および「地域経済との連携」の形成・開発事業などを視野に入

れていくものとする。基本的に小学校区または町内会の範囲を想定し、実際にプロトタイプの構築と介入を行う。

③　地域社会における既存施設を活用しつつ、コミュニティ・カフェなど人が集い、交流することから、互いに見守りに発展することを促すような拠点の形成と、それを支えるソフトウェアの構築・提供を進める。教育・地域医療・看護・介護・地域福祉・建築設計・機械工学・社会心理・地域経済・栄養などの各専門分野および地域社会におけるさまざまなアクターと連携していく。

④　高齢社会のあり方としてAging in Placeのみではなく、ALL in Place（Aging in Place, Living in Place and Loving it in Place.「地域社会にすべてある」）を実現し、社会的な負荷の小さな、新たなケア・コミュニティを構築することで、高齢社会に対応した新たな社会をつくりだす。そのとき、地域社会にある既存の資源（施設や人的ネットワーク、各種のグループ・団体など）を十分に活用することとなる。

⑤　本提案プロジェクトを実施するためのアクター養成のプログラムを組成し、とくに前述の「内発的」開発が可能な地域に対して、実地に介入する過程で彼らを育成し、「外発的」介入を必要としている地域の社会開発を支援する事業体を形成する（「コミュニティ主事」育成事業など）。

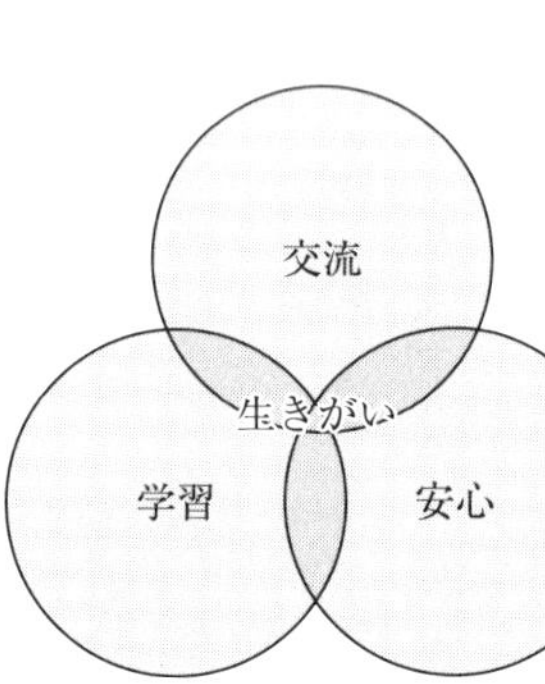

図8-12　プロジェクト生成過程1

### (三)　プロジェクトの生成過程

本提案プロジェクトの生成過程は、概ね以下のように考えられる。

たとえば、①柏市高柳地区のような「内発的」開発の介入が可能な地域に対して、本提案プロジェクトを提示し、地元のリーダーを基本とした関係者と具体的な地域資源とアクターを確認しつつ、地域住民の交流拠点を形成する

（図8-12）。この場合、拠点施設としては、地域の集会所や地元の住民の提供する家屋、行政が設置した区民会館その他既存施設が考えられる。また、担い手については、基本的に町内会・自治会を中心にボランティアベースで開始し、実地の介入過程でアクターを育成し、事業体へと移行させる。

②拠点形成後、拠点において行う事業の必要に応じてプログラムを開発し、アクターが実施を担いつつ、地域住民の交流を促す仕掛けをつくりだす（図8-13）。

③プログラム実施過程で必要となる当該コミュニティを取り巻くさまざまな地域資源、たとえば地域経済、教育、医療その他の資源との連携を深め、当該コミュニティを開放性を基本としたコミュニティへと構築するとともに、地域の新たな産業や雇用の創出へと結

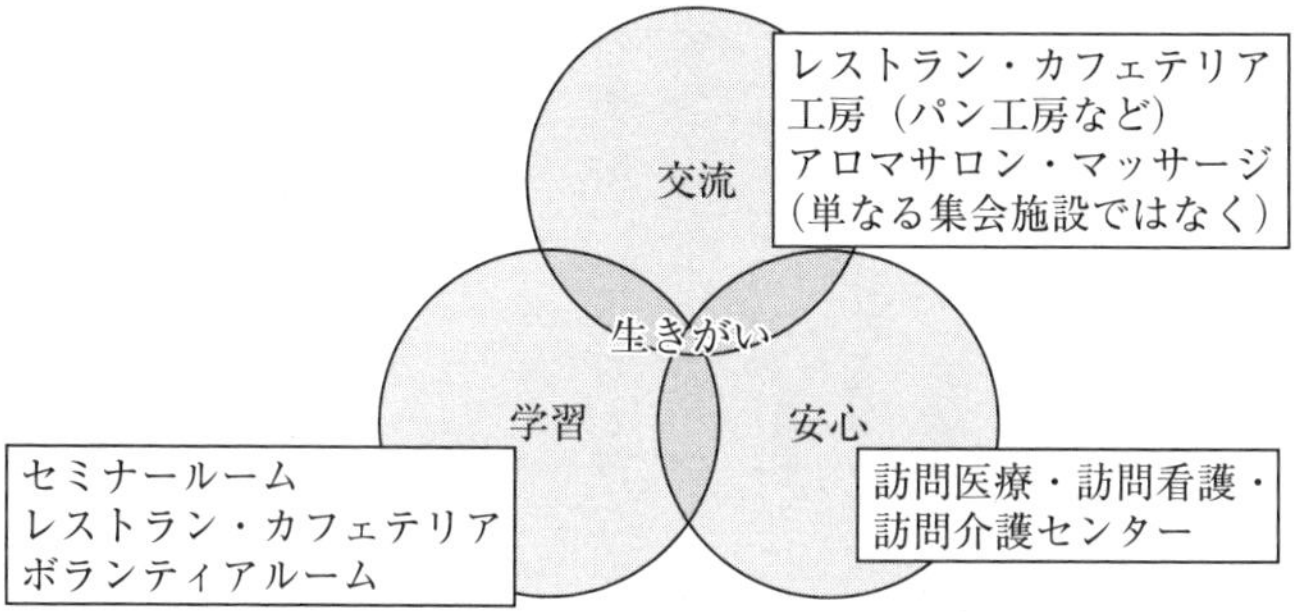


図8-13　プロジェクト生成過程２

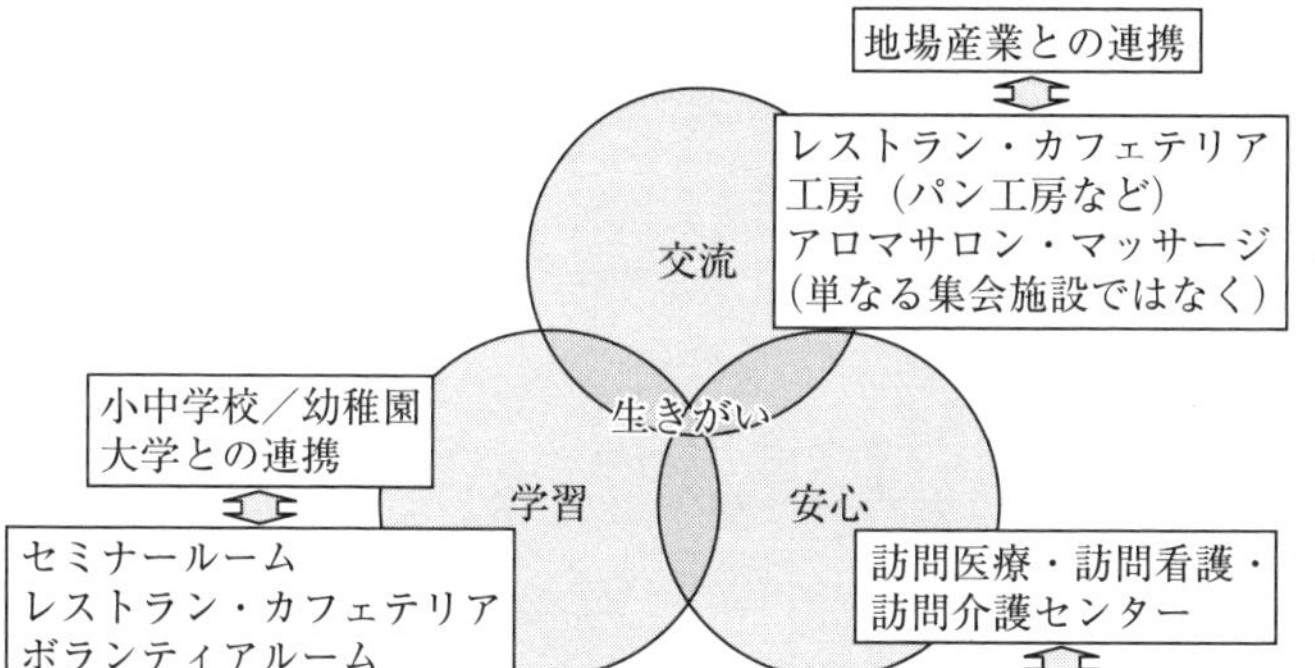


図8-14　プロジェクト生成過程３

びつける（図8-14）。

④さらにこのプロジェクトの実施過程で、豊田市高橋地区のような「外発的」介入を必要とするような地域に向けた担い手を「コミュニティ主事」として育成し、各地域へのアクターとして交流を進める。また、このプロジェクトを基本的なパッケージとして生成し、必要とする地域へ提供するとともに、このプロジェクトを事業体として展開することの可能性を検討する。（図8-15）。

### （四）成果の利用

拠点の形成には、小学校の空き教室、地区の集会所、民家など既存の施設を活用し、高齢者が生きている地域社会の姿を大きく変えることなく、人間関係も保存しつつ、それらをより緊密に連携させながら、人々が相互に気遣い、ケアしあえるようなハードウェアの整備とそれを支援するソフトウェア（教育や学習システム、多世代交流プログラム、介護者への支援プログラムなど）を構築・提供する。さらに地域経済と結びつけることで、高齢社会対応の地域産業の形成を促し、雇用を創出する。また、各地の拠点を結びつけることで相乗効果を生み出す。

成果の利用者は、地域社会に生活する人々すべてであり、彼らが利用者かつアクターとして積極的にかかわることが期待される。

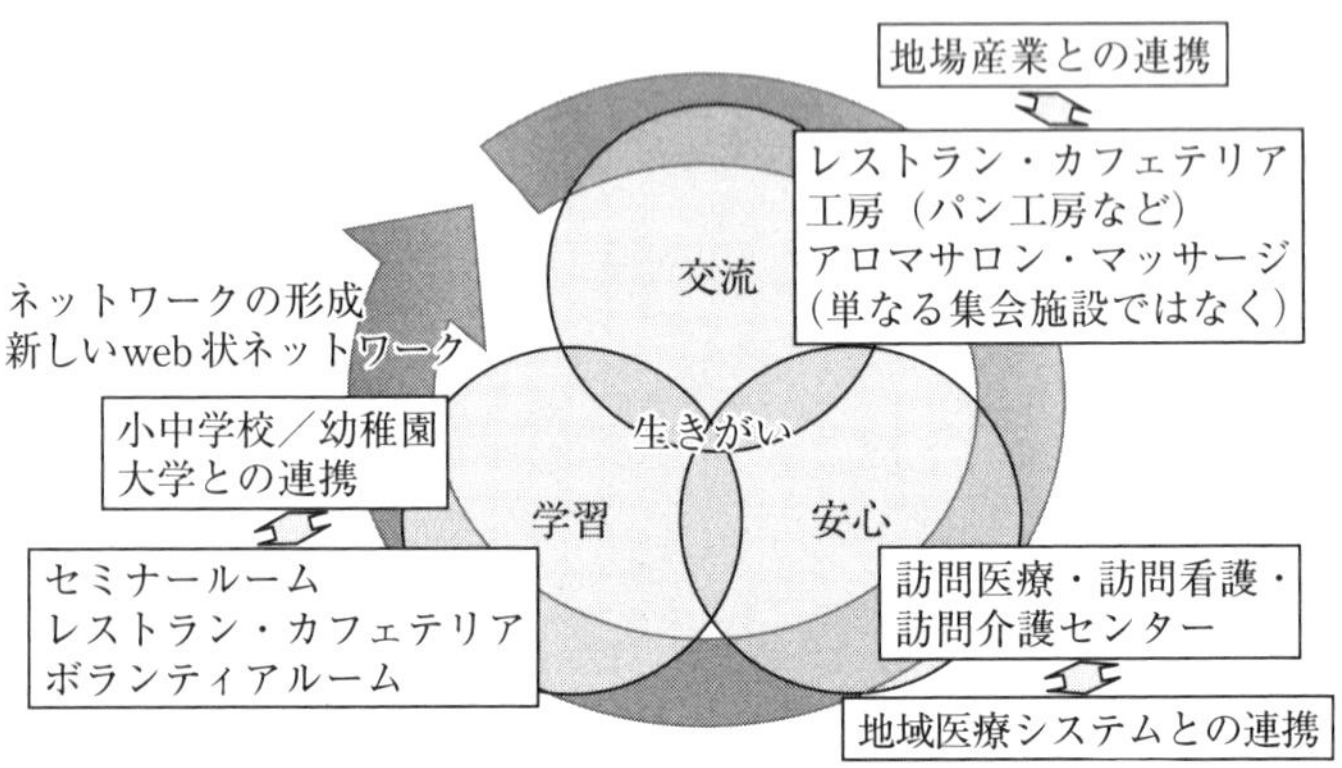


図8-15　プロジェクト生成過程4

# 第九章

## 地域コミュニティの人的ネットワーク再構築の試み
### ―千葉県柏市高柳地区「柏くるるセミナー」の実験―

### 一、事業の概要

#### (一) 本事業の背景

過疎化・高齢化している地域における大きな問題は、従来の血縁関係および地縁関係によって維持されていた地域社会の人間関係が切断され、また崩落することによって、高齢者を中心とする社会的な弱者を支える相互扶助の関係が解体し、人々が孤立を深めていくことである。それはたとえば、日常的な相互の見守り関係が崩れることで、人がその地域社会において自ら存在していることを他者から確認されず、存在そのものを意識されないことによって、生きている実感を失っていくこと、そしてそれが孤独死などへとつながっていくことに端的に示されている。そして、このような人々の地域社会における孤立は、特異な事態、たとえば災害時において近隣から存在を認められていないがゆえに、共助つまり地域住民による救助の対象と見なされず、放置される危険性と背中合わせであることを意味している。

しかも、従来の地域社会にあった血縁や地縁を基礎とした関係の崩壊は、より日常的なレベルにおいては、自治会や消防団といった、人々の日常生活を維持するために不可欠な自治組織・防災組織の解体を意味しており、その結果、必要な行政サービスが必要な人々へと届かず、生活の質が急激に低下していくことの原因ともなっている。前述の豊田市の中山間地域で起こっているのは、まさにこの地域の自治組織と自主防災組織、相互扶助組織の解体であり、その結果、直面しているのは急増する高齢者世帯に対する必要な行政サービスの停滞、近隣からの疎外と孤立化であり、危惧されるのは孤独死と災害時の共助の欠如による被害の甚大化である。「若者よ田舎をめざそう」プロジェクトで、中山間村を新たな価値にもとづく生活スタイルを提案する魅力ある地域へと再編する事業の中に、若者による高齢者に対する見守り事業が組み込まれているのは、このためである。

これらの過疎化・高齢化の急激な進展に悩まされる地域だけでなく、青年団や婦人会・女性会そして消防団などの旧来の地縁関係に定礎される幾重にも重ねられた地域の自治組織の疲弊化は、日本全国共通の傾向である。今後、日本全体が今世紀半ばには高齢化率四〇パーセント、そのうち七五歳以上の高齢者が半数以上を占める社会へと移行することが予測されている今日、人々が生活する基層自治組織の再編と再生が求められている。つまり、できる限り各地域の資源を活用しながら、新しい形での人的なネットワークを構築し、そのネットワークによって人々が孤立化から救われ、人々自らが地域社会において、人から認められ、また人を認め、相互の承認関係の中で、きちんと生きていることと、そのための役割を担っていることを自覚し、確認できるような仕組みをつくりだす必要があるのである。

筆者は、企業退職者を主な対象として、彼らが企業から退職することで自らの帰属集団を失い、生きがいどころか人間としての尊厳をも失いかねない状況に置かれている事態に対して、大学と民間企業が連携することで、彼らの人生を支援するためのセミナー事業を展開し、そのセミナーをとおして自己の尊厳と生きがいを回復した高齢者が、社会的なアクターとして活躍していくための後押しを進めるプロジェクトを、岐阜県で進めてきた（現在は岐阜大学が継続して実施している）。それは、生き生きと生きる高齢者のイメージである「聞く・見る・する」の語尾をとって「くるる」セミナーと呼ばれている。これまでに述べ一万二〇〇〇名の高齢者が参加し、現在日常的に約一〇〇〇名の高齢者が仲間とともに地域社会に出かけては、ボランティア活動や地域自治組織のお役、さらには趣味などをとおして、自分がこの社会に役立っていることを実感しつつ、生き生きと活動している。

この「くるる」セミナーの事業は、地域社会の自治組織を再生するためのものではなく、社会的な生産の第一線から退いた高齢者が、第二の人生を自ら肯定的に、生き生きと生き抜くための支援を進めようとするものであるが、そこで彼ら受講者が見せてくれたのは、いわば贈与―答礼の過剰な循環の関係とでもいうべき姿であった。つまり、セミナーをとおして新しい生活に触れ、わくわくしている自分を感じ取ることで、もっと新しいことに挑戦し、自分を感じ取りたいという欲が出てくる。そして、その過程で、仲間を意識し、その仲間の中でお互いに尊重し合い、教え合い、支え合うという関係がつくられていくことで、自分は一人ではなく、人から支えられ、人を支えていることを実感し、それが心地よいと意識されることで、もっとそれを強化する方向へと動こうとし、その動きの中で、人様から支えてもらったこと、してもらったことに対して感謝の気持ちを持ちながら、何かお返しをしなければいられなくなる、つまり社会貢献をしたくてたまらなくなるという関係が形成されていくということである。

これは、従来の地縁関係に定礎された地域自治組織の機能を組み換えて再生するものとしての可能性を持つものであり、また、そうではなくても新たな人間関係のネットワークを形成することで、人々の相互の見守りや気遣いあいをつくりだすものでもあるといってよい。事実、岐阜の「くるる」セミナーの実践では、このセミナーで仲間をつくり、社会に貢献することの醍醐味を感じ取り、その重要性を認識した受講者が、自分の住む地域に帰ることで自治会長を担当したり、民生委員として活躍するなどの事例が多く報告されているのである。そして、そこまでいかなくても、楽しみや志を同じくする人々がネットワークを形成し、それが重層的に重なり合うことで、地域社会を網羅して、その結果、相互に認めあい、助けあう地域の新しい人的な結合の形が示されてきてもいるのである。これを、ここでは、志縁関係や楽縁関係と呼んでおこうと思う。

現在、筆者と東京大学高齢社会総合研究機構のメンバーとは、高齢化が急速に進みつつある千葉県柏市の都市近郊農村地区（柏市風早南部地域、より具体的には高柳地区）において、岐阜「くるる」セミナーの実践をベースにした、地域コミュニティにおける人的ネットワーク構築の試みを進めている。この高柳地区は過疎化が進展している地域とはいえず、また高齢化が進んでいるとはいえ、流入後約四〇年ほど経っているいわゆる通勤者であった人々とその配偶者が約七割を占め、残りの一五パーセントが農業などを営む旧来の住民、一五パーセントがここ一〇年間ほどに引っ越してきた都市通勤者とその家族という住民構成である。地域には自治会や消防団、さまざまな高齢者団体そして子供会や小中学校PTAなどのいわゆる地縁団体が活発な活動を展開しており、前述のような地域の自治組織の解体とそれにともなう生活の質の低下が危惧されるような状況にはない。しかし、今後、この地区が高齢社会へと急速に移行することで、これらの地縁組織がどこまで維持され得るのか不安視されているのも確かであり、その事態に備えるために、この地域において新たな人的なネットワークの構築を進めておく必要が認識されている。

この地区は、前章で述べたように多世代交流型オープン・ケア・コミュニティの形成を肯定的に受け入れてくれたところでもあり、この新しいコミュニティの形成を進めるためにも、高齢者を基本とした地域の住民が相互に支えあう新たな志縁関係や楽縁関係をつくりだす方途の検討が求められている。

この事業は、柏くるるセミナーとして、実験的に進められ、今後の方向性が模索されている。以下は、ささやかな取り組みとして二クラスのセミナーから開始された柏くるるセミナー第一年目の報告である（なお、本事業は柏市社会福祉協議会と筆者および東京大学高齢社会総合研究機構（Institute of Gerontology、以下IOGと略）との共同研究として進められ、とくに同機構の特任助教・村山洋史、同・菅原育子が中心となって介入実験を行ってきたものであることを付記しておく）。

## （二）本事業の考え方

本事業は、前述のような社会的な課題への観点を下敷きとして、筆者が岐阜県で民間企業との連携によって二〇〇一年より実施している高齢者の社会参加支援事業「産学連携シニアプロジェクト・岐阜くるるセミナー」の考え方および実施枠組みを参考にしながら進められているものである（岐阜くるるセミナーについては、拙著『高齢社会の新しいコミュニティ―尊厳・生きがい・社会貢献ベースの市場社会を求めて―』、名古屋大学大学院教育発達科学研究科社会・生涯教育学研究室／ひと循環型社会支援機構、二〇〇二年、および拙著『シニア世代の学びと社会―大学がしかける知の循環―』、勁草書房、二〇〇九年を参照されたい）。

基本的には、柏市高柳地区において、同市の市民活動推進課が行っている生涯学習講座事業をベースに、従来単発の講座で編成されていたものを、三回から五回ほどのシリーズとして再編し、新たに「柏くるるセミナー」として実施しようとするもので、受講者相互の以下のような認識の循環を形成することが予定された。つまり、セミナーをとおして、同じ内容に興味関心を持ち、また一緒に学ぶ仲間として相互に認めあうことを基礎として、新しい仲間づくりを進め、その過程でともに認めあい、学びあうことで、学びに対するドライブがかかる、つまりある種の過剰な循環ができあがること。その上で、さらにその学びをとおして地

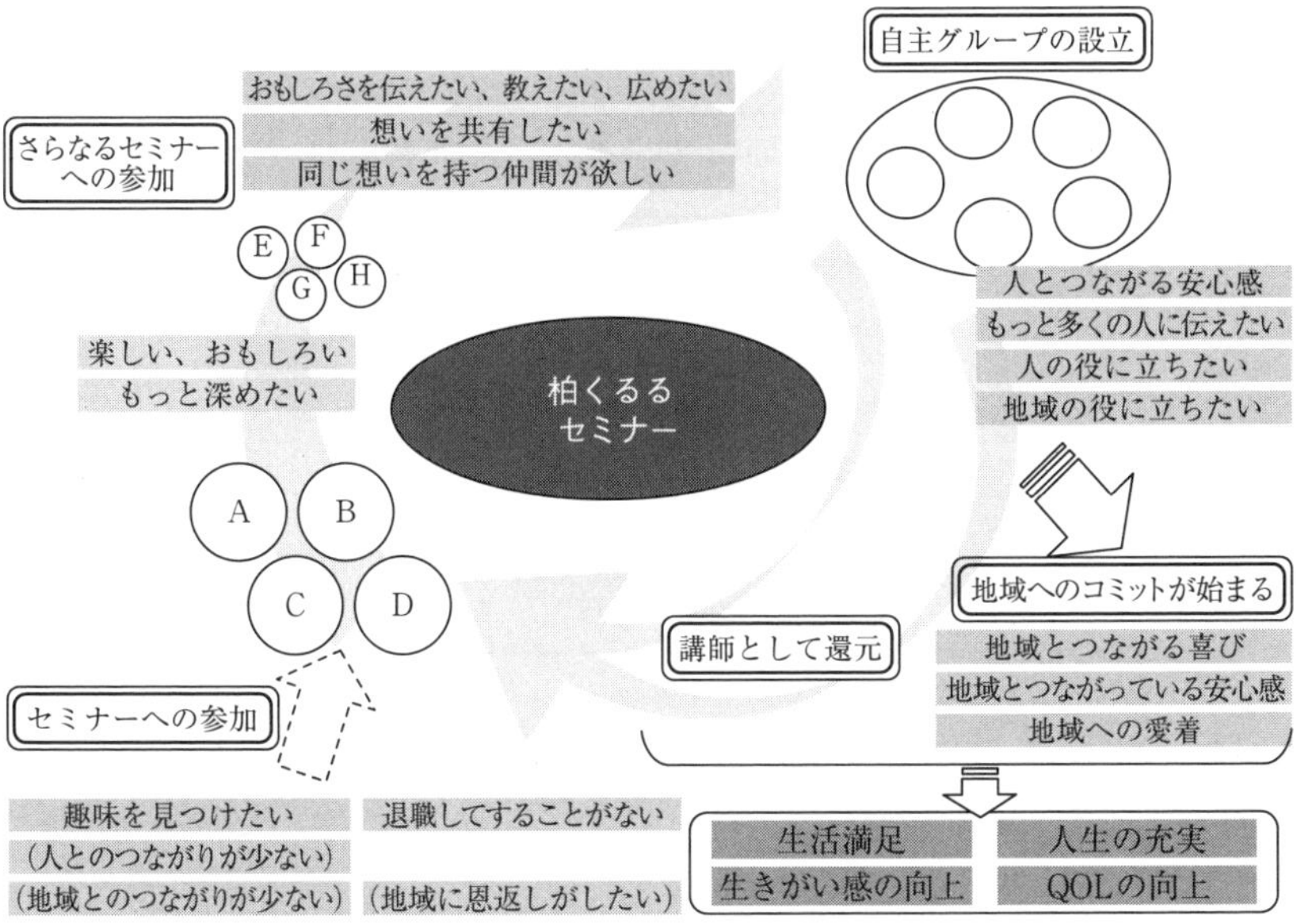


図 9-1　柏くるるセミナーの基本的概念
出典：筆者の岐阜くるるセミナー概念図をもとに、IOG 村山が作成

域社会への参加意識が高められ、自分にできることを地域社会に返していこうとする動きが生まれること。そして、セミナー参加者がさまざまなルートをとおして地域社会に参加し、地域社会で新たな人間関係を構築していくことで、地域社会に新たな人的ネットワークが重層的にできあがること。そのネットワークから新たなセミナー開設の要求が生まれ、常にセミナーが新たにつくられ、また内容を更新し続けること。それがまた、新たな次の人的ネットワーク形成への循環をつくり出していくこと。これを図示すると図9-1のようになる。

また、本事業は、柏市社会福祉協議会との共同事業として進められ、将来的に他の地区への波及を視野に入れているため、セミナーの効果を図りつつ、パッケージ化することが検討されている。そのため、柏くるるセミナーとして、セミナー期間中のプロセス評価および参加者へのフォーカスグループインタビュー（FGI）、さらにはセミナー修了後の自主活動への介入を通して、参加者の意識の変化をとらえることを視野に入れた研究の設計がなされている。それを図示すると図9-2のようになる。

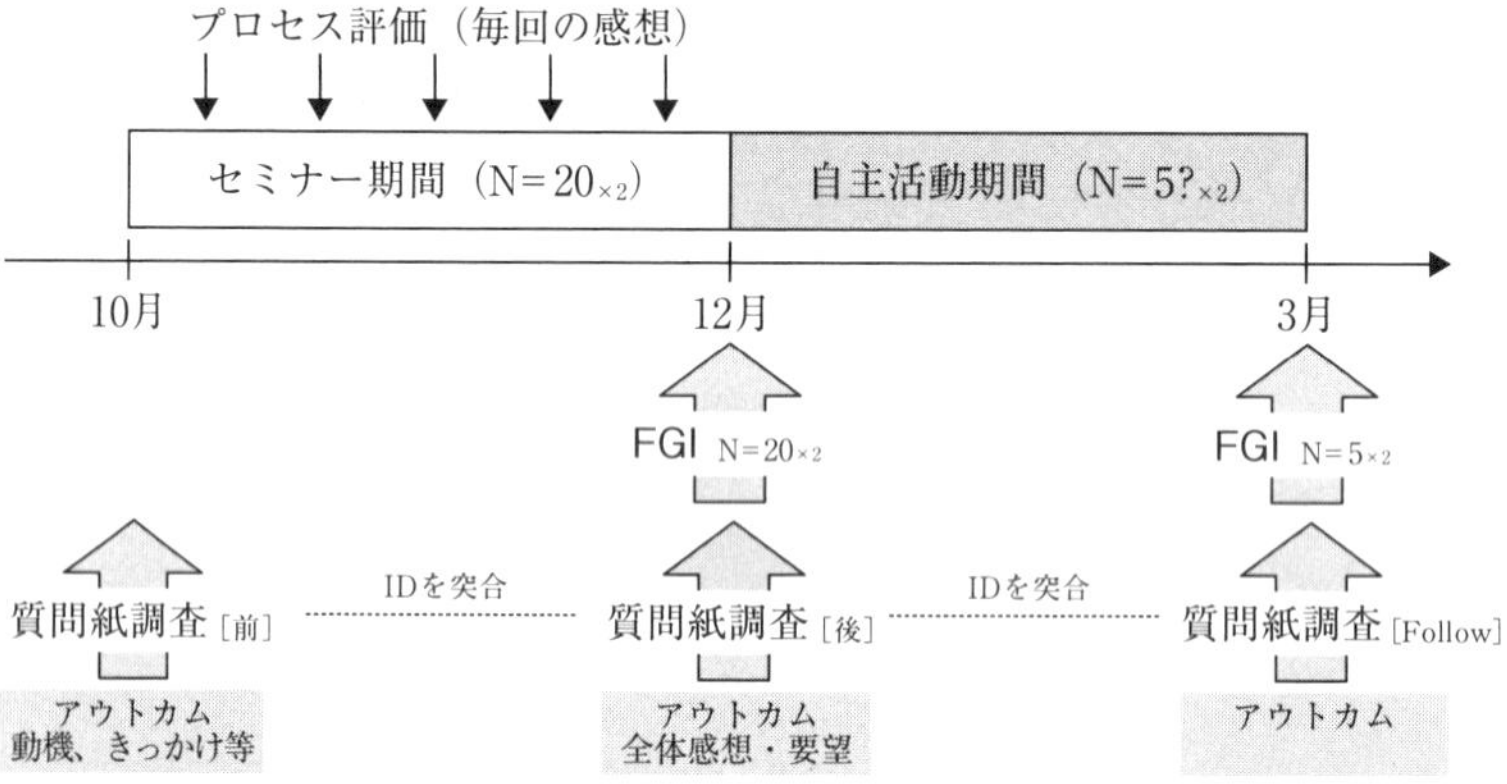


Research Question

・参加者は、どのような参加動機を持ってやってくるのか？　その動機は満たされたのか？
・自主活動まで発展できた人には、どのような効果が見られたのか？
・「アロマ（隔週）」と「料理（月1回）」の参加者間にはどのような効果の違いが見られるのか？

→2010年4月以降のくるるセミナーの募集形態、実施形態に反映させる

図9-2　柏くるるセミナーの研究デザイン
出典：IOG 菅原が作成

### （三）　セミナーの設計

実験的なセミナーの開設については、柏市社会福祉協議会の担当者、柏市市民活動推進課の生涯学習推進員および筆者とＩＯＧ特任助教の村山・菅原とで検討を進めた結果、次のようになされることとなった。①基本的に岐阜くるるセミナーの経験を参考にして、地域コミュニティの人的ネットワークを構築するために、対象を企業退職者を基本とした男性と地域活動への関心を持ちやすい中高年層の女性とし、ともに興味関心を抱きやすく、またセミナー後の自主活動の展開につなげやすい内容を採用すること。②柏市主催のセミナー事業は、単発のものが多く、またシリーズの講座でもオムニバス形式であったが、教育効果を高め、また仲間づくりとその後の自主活動・地域活動グループの形成を促すためにも、同じ内容で三回から五回の内容を編成して、受講者の相互交流を促すこと。③各セミナーには受講者の世話を焼きながら、受講者相互を結びつけ、かつ受講者の地域社会への関心を高めるような「仕掛け人」を配置すること。④セミナーの内容は、男性向けセミナーを料理、とくに未経験男性でもつくれる簡単レシピによる料理や、料理そのものを考えて作る創作料理教室とし、女性向けセミナーを身体に触れあいながらリラックスし、会話や傾聴などコミュニケーション活動へとつなげやすいアロマセラピー教室とすること。⑤場所は、高柳地区近隣センター（いわゆる地区のコミュニティ施設）とし、二〇〇九年一〇月から一二月にかけて行うこと。

### （四）　セミナーのプログラム

基本的なプログラムは以下のように決定された。

〈男の料理道場「男道（めんどう）倶楽部」〉

日　時　一〇月二〇日、一一月一七日、一二月一五日

各火曜日　一〇：〇〇～一三：〇〇　計三回

場　所　高柳近隣センター　調理室

内　容　「男子厨房に入らず」と言われてきたシニア世代に贈る料理初心者のための講座。「一から作らない」レトルト食品などを活用した簡単レシピをみんなで考え、妻が外出でも大丈夫と言える〝新たな男道〟を目指します。
対　象　市内在住・在勤の男性で、料理は初心者の方　二〇名
持ち物　エプロン　布巾
材料費　一，五〇〇円（五〇〇円×三回分）

〈アロマの香りで広がるコミュニケーション〉
日　時　一〇月一三日、一〇月二七日、一一月一〇日、一一月二四日、一二月八日
　　　　各火曜日　九：三〇～一一：三〇　計五回
場　所　高柳近隣センター　会議室
内　容　アロマの基本や、ハンドマッサージ、エッセンシャルオイルの実習を学びます。
対　象　市内在住・在勤の女性で、アロマに関心のある方　二〇名
材料費　実費負担

## (五)　告知と募集方法

セミナーの告知については、新しいタイプのセミナーであること、行政と大学との連携事業であることなどを明記しつつ、柏市の広報および柏市社会福祉協議会の広報に掲載するとともに、図9-3・4のようなチラシを作り、回覧板や近隣センターでの配布などを行った。

募集方法は、葉書に受講希望講座名を明記し、住所、氏名、年齢、電話番号、動機を書いて、柏市市民活動推進課ま

で郵送することとした。締め切りは、九月三〇日消印有効、応募者多数の場合は抽選とした。

募集の結果、料理教室二三名、アロマ教室二〇名の受講者が決定された。

以下、本事業参加者の意識の変化を中心に、地域コミュニティにおける人的ネットワーク形成のあり方を検討する。

## 二、応募者の受講動機・講座への期待および価値観

### （一）受講者の属性

料理教室への参加者の年齢は、最年少六三歳、最高齢七四歳で、全員が企業退職者であった。アロマ教室への参加者は平均四〇歳代であり、受講申込み当初から地域でのボランティア活動を考えている人がいるなど、地域への関心の高さがうかがえた。以下、受講開始当初に行ったアンケート調査から、受講者の属性にかかわる回答を概観する。

図9-3　料理教室「男道倶楽部」チラシ

図9-4　アロマセラピー教室チラシ

### a　地域活動などへの参加状況

まず、受講者の地域活動などへの参加状況を見ると、図9-5・6のようになる。

一見して明らかなように、また本事業の課題ともかかわるが、受講者は地域コミュニティで生活しながらも、自治会・町会活動などいわゆる旧来の地縁組織を基本とした自治組織への参加はさほど活発ではなく、また近年社会的なアクターとして注目されているNPOやボランティアにもあまり積極的には参加していないことがうかがえる。むしろ、既述のような「楽縁」的な活動への参加が目立っている。

このことは、たとえば自治会や町会の活動が役職として一部の住民に輪番で担われるある種のルーティンなものとなってしまっており、住民が自ら積極的にかかわる活動とは意識されていないこと、またボランティアやNPOについては、関心はあるが、後述する受講動機などからもわかるように、どのようにかかわったらよいのかよくわからないまま、どちらかというと趣味的な活動へと流れていることを示していると思われる。この意味では、今回のセミナー参加者は、決して地域活動に消極的ではないが、地縁的な団体や志縁的な組織ともあまりかかわりがない反面で、生涯学習講座や楽縁的な団体には参加し慣れている住民が基本であるといえる。そして、このような地域活動への参加状況は、他の地域の住民においてもかなりの程度あてはまるものではないかと思われる。

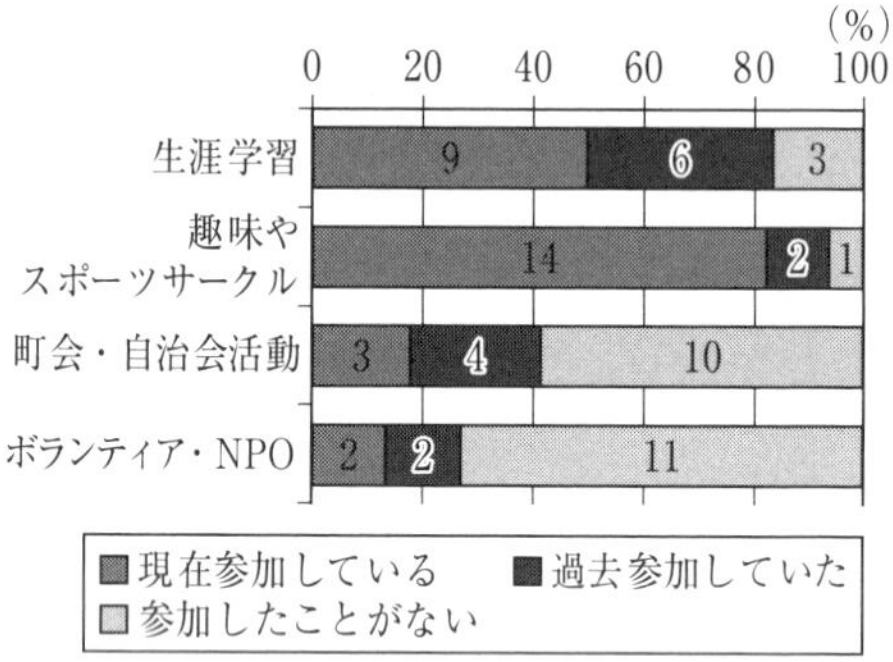


図9-5　料理教室受講者の地域活動状況

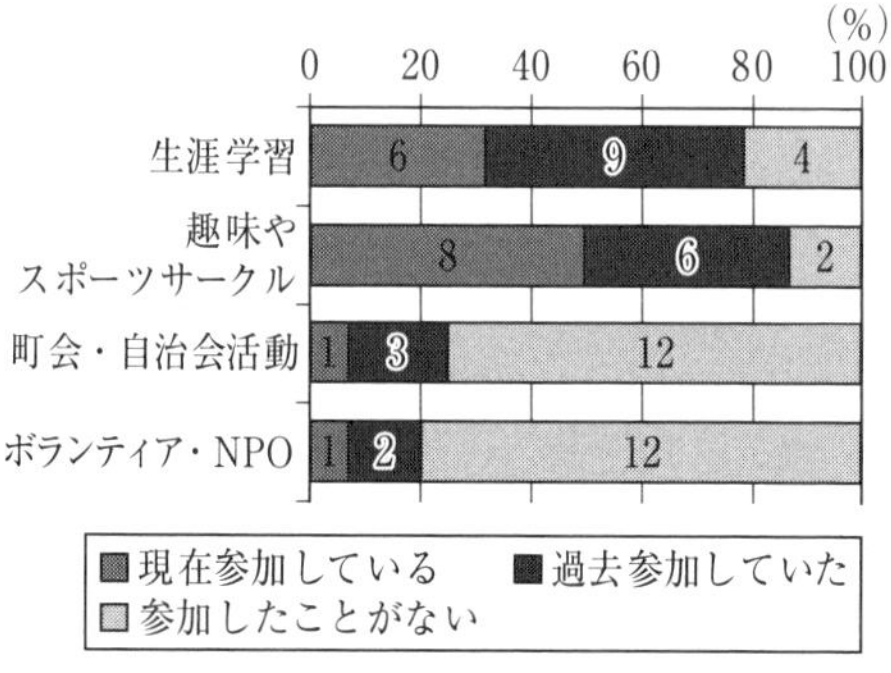


図9-6　アロマ教室受講者の地域活動状況

### b　地域に家族以外の知り合いがどのくらいいるか

次に、地域コミュニティにおける人間関係について尋ねたところ、図9-7のような結果となった。

この図から見られる限り、女性たちは地域で活発に活動しており、多くの友人を持っているが、男性は企業から退職して後、なかなか地域社会に溶け込めず、知人・友人についても多くを持たないことがうかがえる。反面、女性たちはさまざまなネットワークにかかわって広く浅い人間関係の中で地域生活を送っているが、男性は逆に特定のテーマで狭く深い人間関係の中に生きているとも受け止められ得る。

### c　地域への愛着とかかわりへの意欲

さらに、地域への愛着やかかわり方の意識を訊いてみると、図9-8のようになった。男性も女性も、どちらもそれなりに地域社会へ思いを持っているが、とくに強いというわけではないことが示されているといってよいであろう。これが既述の自治会や町会活動への参加意識の低さなどとかかわっているようである。それはまた、本事業の課題でもあった地域社会における地縁組織の解体と相互扶助関係の弱体化ともかかわる住民の意識でもあるように思われる。しかし、そうだからこそまた、このような意識状況において、新しい人的なネットワークを形成していくことで、住民の地域への意識

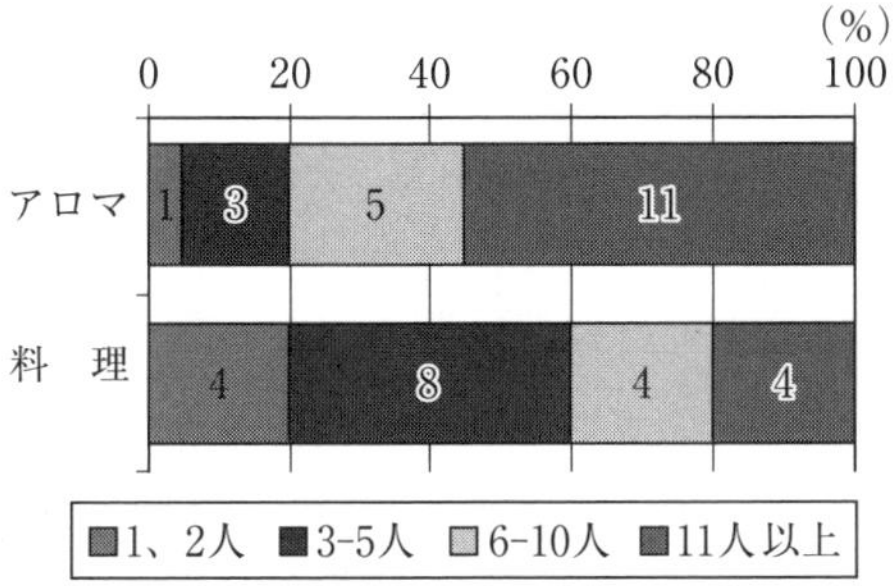


図9-7　地域に家族以外の知り合いが何人いるか

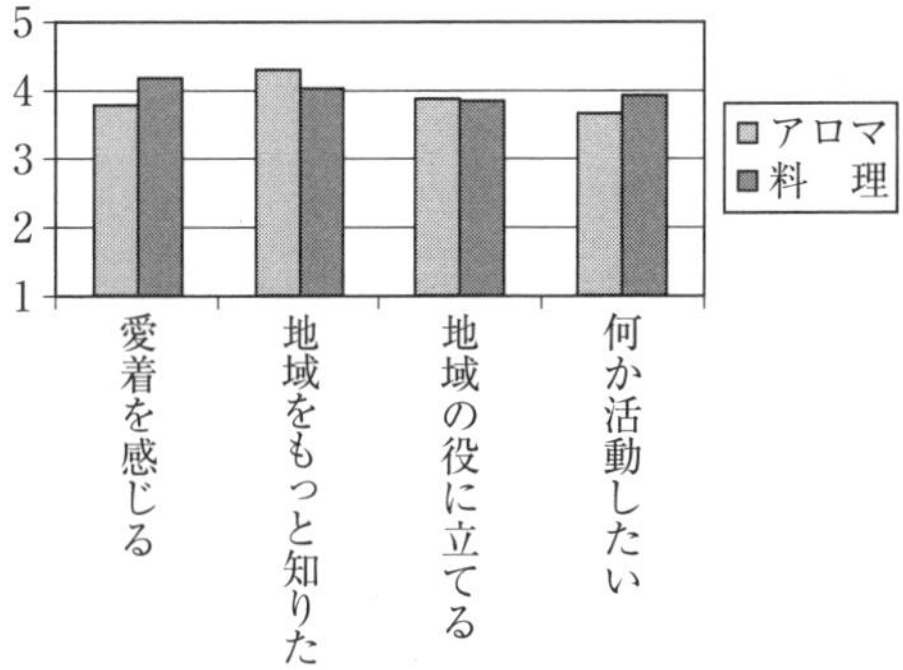


図9-8　地域への愛着・かかわり意識
(5段階評価平均)

をいっそう高めることができる可能性が示されているとも考えられる。

反面、地域社会に還ってきている男性の方が、地域に対する愛着を感じる傾向が若干強く、また何かしたいという気持ちも強いことがうかがえ、それらが地域活動へとつながっていく可能性は十分にあるといえる。

### d　近隣センターの利用

また、会場となった近隣センターの利用頻度について尋ねてみると、図9-9のような結果となった。女性たちは、日常的に地域社会で生活をし、さまざまな活動で近隣センターを使う人が多いこと、しかし反面で、初めて来た人も七名（約三分の一）おり、近隣センターが必ずしも地域住民の活動拠点として利用されているわけではないこともうかがえる。男性にとっては、近隣センターはかなり縁遠いものであったようである。その意味では、この事業で近隣センターを活用することで、住民が近隣センターを身近に感じるようになり、今後、さまざまな活動に近隣センターが活用されるよう促す効果も期待される。

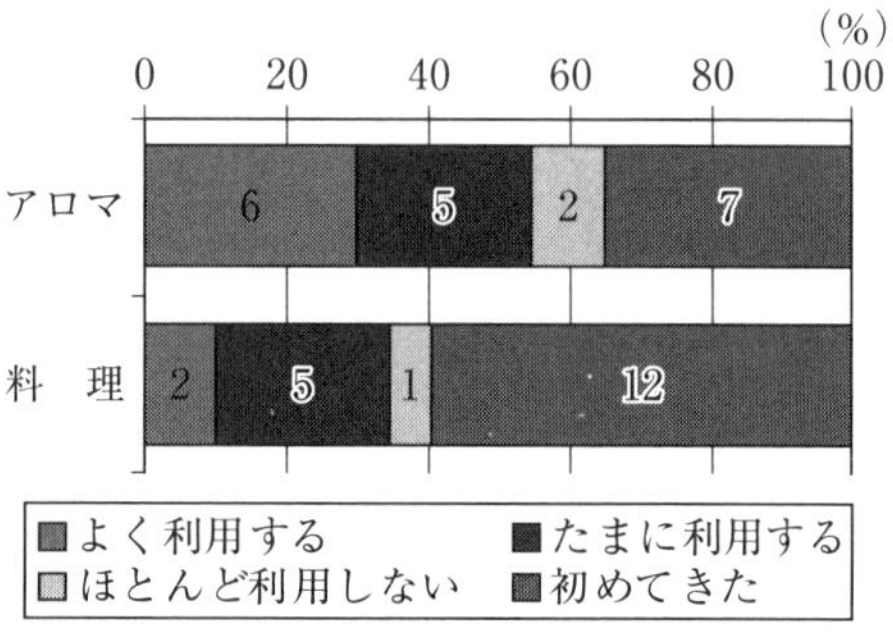


図9-9　近隣センターの利用頻度

## (二)　セミナーの受講動機

### a　セミナーの認知

どのようにこのセミナーを知ったのかを尋ねたところ、図9-10のような回答であった。

告知手段としては市の広報が圧倒的に力があることが明らかになったといえる。このことは、高柳地区において自治組織が十分に機能していることを意味しており、現段階で、今後来るべき高齢社会に対応した新しいネットワークの形成は、既存の自治組織や地域の人間関係をとおすことで、その意義も住民に理解され、順調に進められていくであろうことを示している。地域住民の人間関係が豊かであることは、とくにアロマ教室の女性から「近隣センターで知った」「知り合いの知人から聞いた」という人が受講者の五分の二を占めていることからもうかがえる。

### b　セミナー受講のきっかけ

次に、セミナー受講のきっかけを尋ねてみると、図9-11のようになった。アロマ教室に応募した女性たちは、「講座内容がおもしろそう」「趣味を身につける」が圧倒的に多く、内容に強く反応していることがわかる。また、「教養を身につける」「将来役に立ちそう」なども、内容と深いかかわりのある回答であると思われる。また、彼女たちの地域での生活のありようを示しているように思われるのが、「家から近い」という回答であった。受講者の半数が、こう答えているのであり、彼女たちが地域に根ざした生活をしていることがうかがえる。

料理教室の男性の回答で特

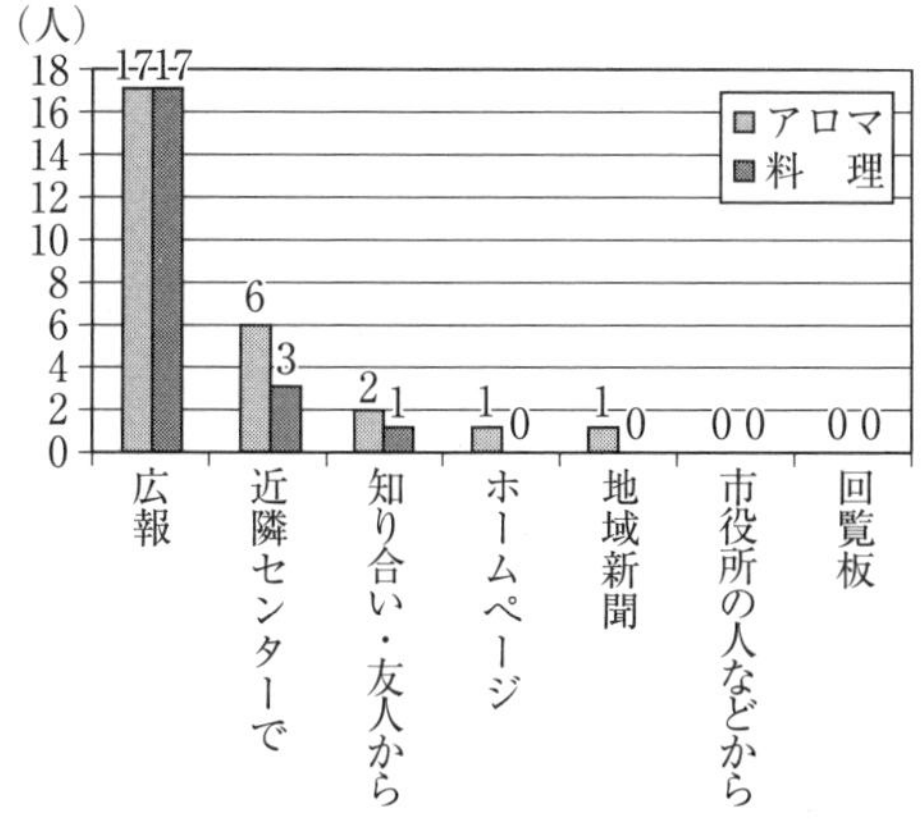


図9-10　どこでセミナーを知ったか（複数回答）

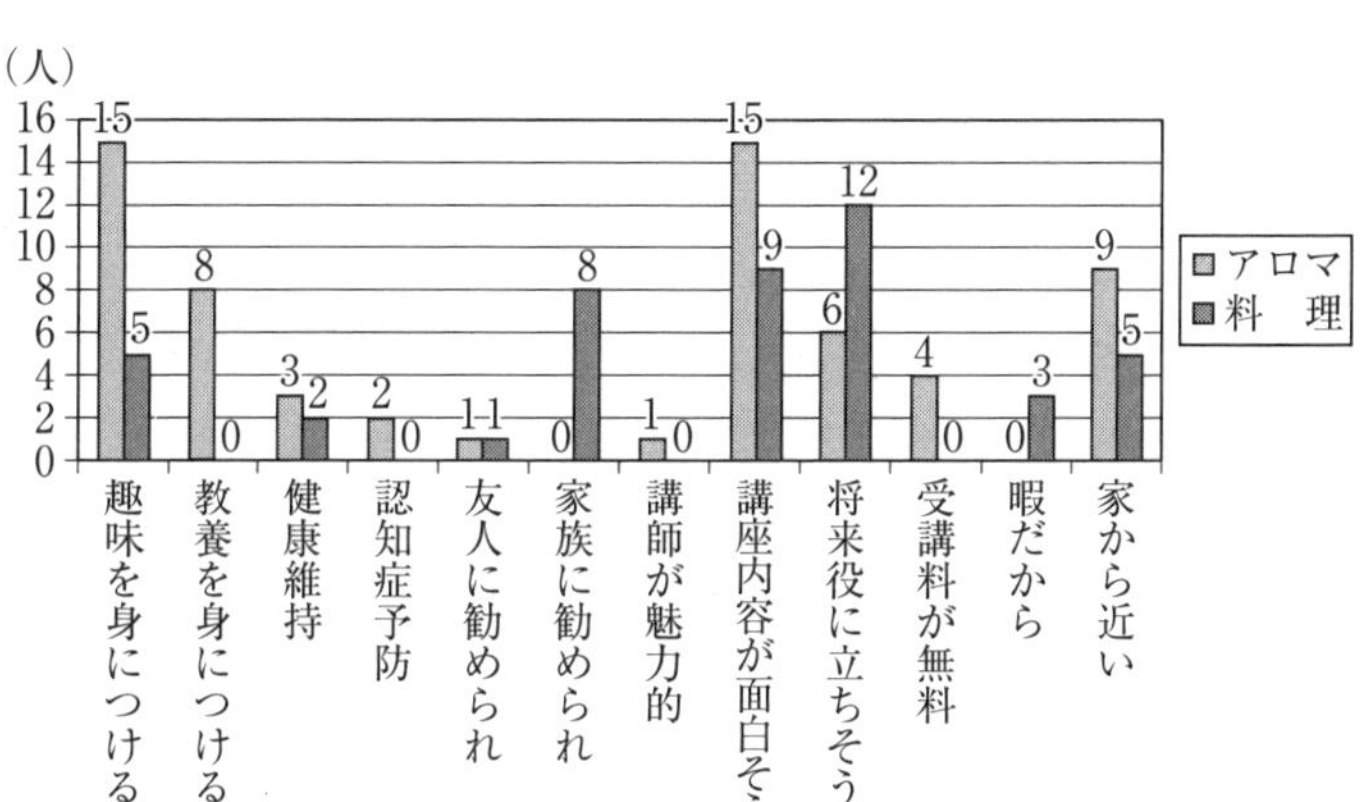


図9-11　セミナー受講のきっかけ（複数回答）

徴的なのは「講座内容がおもしろそう」「将来役に立ちそう」という内容にかかわるもの以外に、「家族に勧められたから」という回答が受講者の三分の一を占めていることである。たぶん、妻から勧められて受講したのであろうし、それは「将来役に立ちそう」という思いとも重なっているものであろう。また、それゆえに、受講がきっかけとなって、妻を中心とした家族との間で共通の話題ができ、新たな会話が生まれることも期待される。

### c　セミナー受講動機

このセミナー開設にあたっては、受講申込みの葉書に受講動機を書いてもらっている。各セミナー受講者の受講動機は以下の通りである。

〈料理〉

＊女房と息子から「これはウマイ！」と云ってもらいたい。ヨロシクお願い致します。
＊一人暮らしのため、簡単に料理を作れるようにしたいと思い応募した。
＊料理に関心がある。最近夕食を時々つくる事が多くなり、少しでも自分独りで作れるように今から準備したいので、是非参加希望。
＊定年になって家にいるようになり、妻の出かけた日の昼食を、自分で作れば、出かける妻に気兼ねをさせなくて済むと思いましたので応募しました。
＊私も退職し妻も母親の介護で留守がち。食事の用意が自分でも出来るようにしたいと思う。
＊妻が「目」の障害の為、小生が頑張って料理を！
＊ひとりで食事する事が多く、弁当、惣菜ですます事が多い。
＊めんどうくさがりを少しでも解消したい。
＊男が料理をすることが考えられない。外食か、食べない、生きてあと十年。チャレンジしてみたい。
＊料理が全くだめなので、簡単な食事を作れるようになりたい。
＊「男子は厨房に入るべからず」との云われを忠実に長い間守って来ましたが、家内が病気で伏した時には、自分の食事も用意出来ないことがあり、万一の時に備えておかねばと思いたち、申し込みました。

＊家族の仕事がいそがしい為、皆に協力したいため。
＊妻の負担を少しでもやわらげたい。
＊何時か厨房に入らなくてはと思いながら、今日まできてしまいました。待ってました。男だけの教室！　よろしくお願いします。
＊簡単な昼食くらいは自分で作れればと思い希望しました。
＊妻の分まで作れるようになりたい。宜しくお願いします。

これら受講動機からは、中高年とくに企業退職者男性がかなり家族に遠慮して生きていること、仕事中心の人生であったが、それは家族とくに妻の支えがあってこそであり、その妻への感謝の気持ちを、自分が支えられたであろう食事の準備という形で表現したいと考えていること、さらにこれからの来るべき老老介護や一人暮らしに備えようという気持ちのあることが伝わってくる。それはまた、家族から認められたいという承認欲求の一つの表れでもあるようにも思われる。それゆえに、セミナーで料理をともにつくりあい、一つでも二つでもレパートリーが増え、それを相互に認めあう関係ができることで、このセミナーは中高年男性の新しい仲間づくりを促し、地域での活動へと展開していき得るものであることを示唆しているといってよいであろう。

また、妻に勧められて受講申込みをしたであろう以下のような記述もあった。自分ではやる気になっているのに、申込みは妻が代行したようである。こんなところにも、中高年男性の置かれた家庭内の地位が垣間見える。

＊「男子厨房に入らず」を忠実に守っている我が亭主に料理の面白さを教えて下さい。（ナイショ）本人もやる気になっています。

〈アロマ〉
＊介護スタッフとして勤務して二年、その間、利用者様の日常生活動作の低下は著しい。消極的な方が多い中、様々な香りをとりいれ、コミュニケーションの活性化を図りたい。

＊昔からアロマについて大変興味がありました。子供のいる生活の中で、体調、体質にあわせて家族と一緒に香りを楽しみたいと思い、応募しました。

＊四月に引っ越してきてから引きこもりがちになり、無気力な毎日から脱出したいと思い、前から興味のあったアロマについて学びたいです。

＊京都でお店をしている友人に、先日アロママッサージをしてもらい、その際に香りでこんなにもリラックスできることを直接肌で感じ、興味を持ちました。まずは近くにいる主人や友達を、香りによってリラックスさせてあげることができたらと思い応募しました。

＊好きなアロマの基本を学びながら、近隣の方と知り合う機会を楽しみにしている。

＊アロマを知りたいし、アロマでどんなコミュニケーションが広がるのか、どんなふうにコミュニケーションが持てるのか、興味を持ちました。

＊アロマに興味があったので、講座があることを知りぜひ参加したいと思った。香りによってゆったりとした気持ちになって、素敵な時間を過ごしてみたいと思います。

＊ストレス解消法の一つとして、香りについて学びたいと前から考えていました。今までいろいろ試してきました。本格的に、学んでみたかったので、近くで教えてもらえるなんてチャンスかと思い、応募しました。

＊現在柏市の認定保育所で保育補助をさせていただいているのですが、働くお母さんの忙しい送り迎えの姿をみていると、参観日の中や、保育だよりの中で、ほんのちょっとでもお母さん方の「いやし」につながる情報を、と思い、また、いつかはアロマのベビーマッサージや老人介護なんかにも役立つ知識が欲しいなーとちょっぴり思っているので、まずは第一歩と思い受講を希望いたしました。

＊以前からアロマにとても興味があったのですが、なかなか勉強をする機会がありませんでした。今度広報でこの講座を見て、内容にとてもひかれ、応募いたしました。講座を受講できることで、これからの生活にアロマがとりいれられ、自分だけでなく、幅広い年齢で知人や家族の生活も豊かにできたらと思います。

＊以前より人をいやしたり、またはときによっては不快にもさせる「香り」の不思議に興味があり、勉強したいと思っていました。今回近所のセンターで募集なので、小さな子供を母に預けても、ぜひ参加したいと思いました。

＊アロマオイルなどは時々使ったりしているのですが、もっと生活に取り入れたいと思いました。ハンドマッサージ等も、家で自分にしたりはしても他人にする機会はなかなかないので、受講してみたいと思いました。

＊アロマには興味がありましたが、なかなか学ぶ、知る機会がなく今回ぜひアロマを知りたいと思いました。四月に柏市に引っ越してきたのもあり、地域の皆様とも交流しつつ楽しみたいです。

＊時々老人ホームに園芸がらみのボランティアに行くが、認知症の人でも香りに対しては驚くような反応を示す。香りの記憶はなかなか衰えないことを実感。世の中はまた、ストレス社会であるから、様々な世代の人たちを、アロマの香りでいやせればと思う。そして何より、季節の花の香りをかいで、なえそうな気持ちになるのを助けてもらっている自分がいる。

＊昔から香りに興味があり、香りで心がやすらいだり出来るのはいいなあと思っています。子育てに疲れている時、子供とリラックスできるようになりたいです。

アロマの受講については、まず興味・関心があることが表明されるが、その興味・関心の基礎になっているのが、家族であったり、社会的な活動における気づきであったりすることが示される。それはまた、応募してきた女性たちが、まずアロマについて理解を深めつつ、その後、家族や職場さらにはボランティアの場でそれを広め、相手に気持ちよくなってもらいたい、そうすることで自分も心地よい生活を送ることができると受け止めていることがうかがえる。彼女たちの興味・関心は、自己に閉じられたものであるというよりは、その初めから社会的な関係に開かれたものとしてあり、アロマを学ぶことで新しいコミュニケーションへとつなげていくことを期待していることがよくわかる。それはまた、引っ越してきて、地域の人たちと仲良くなることを期待して受講申込みをしている人がいることにも示されているといえる。

これらの受講動機からは、男性の料理教室も、女性のアロマ教室も、まず自分を基本に興味・関心のあることを学ぼうとしているが、その興味・関心の基礎には他者への配慮が存在していること、そうであるがゆえに、学び、知識を得ることで、それは家族や近隣関係、さらにはより広い社会におけるボランティアに活かしたいという気持ちと結びついていき、その活動をとおして、自分と他者との間に相互承認関係ができ、自分の存在を家族や社会にきちんと位置づけていけるであろうことが期待されているといってよい。このような受講動機からは、この地域がかなりしっかりした近隣の人間関係に支えられていること、そして、人々はその中に自分の存在をきっちりと位置づけようとしていることがうかがえる。

### d　柏くるるセミナーへの期待

それゆえに、柏くるるセミナーへの期待は図9-12のようになることは明らかであったといってよい。アンケートを集計したＩＯＧの村山と菅原によれば、「人間関係を広げる」とは「いろいろな人と出会う、友人をつくる、交流する、地域に知り合いが増える」であり、「自分を高め広げる」とは「視野を広げる、自分を高める、幅広い教養を身につける」であり、「知識・教養を身につける」とは「趣味や特技が増える、人に伝えられる、生活が豊かになる」であるという。

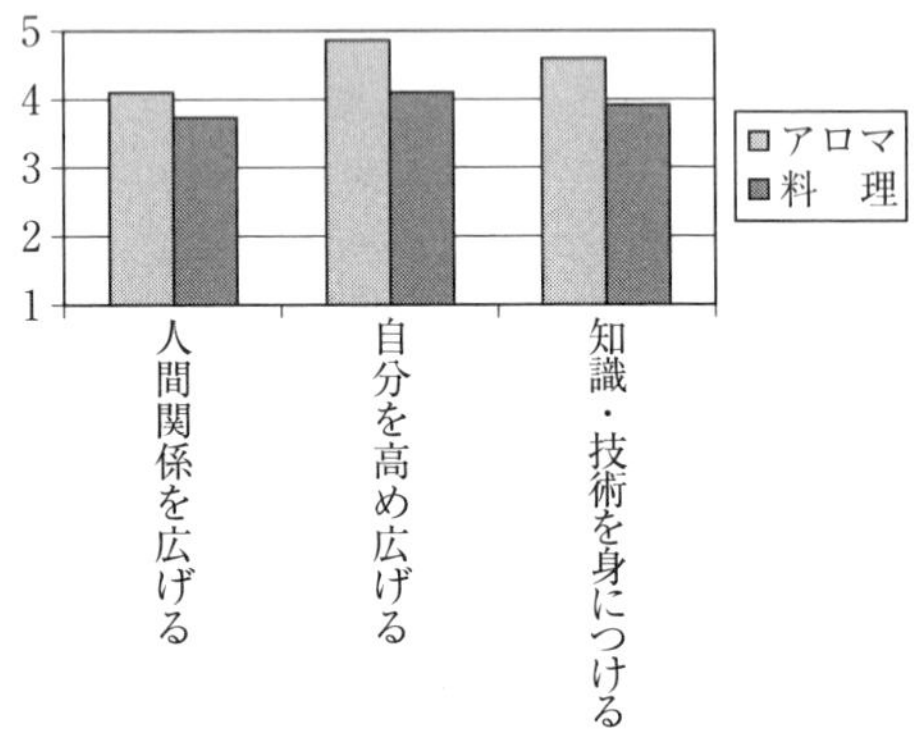


図9-12　セミナーへの期待

このことは、既述の受講動機と同様、応募者の意識が、単に興味関心のあることを身につけて終わりとするのではなく、それをきっかけとして、家族や地域の人々とつながっていたいという気持ちを強く抱いていることと深くかかわっているように思われる。セミナーに期待するものは、単に知識や技術ではなく、自分が家族や地域社会にきちんと位置づいて生きているという、その存在の相互承認への欲求とかかわっているのである。

## 三、受講の様子と受講後の変化

### （一）受講の様子

受講者は、前述のような動機を持ってセミナーに参加することで、それぞれにセミナーを楽しんだようである。その様子は、以下に示す写真9-1～5が雄弁に物語っている。

### （二）セミナーで実現できたこと自己評価の高まり

受講者は、受講後、セミナーに対して大きな満足を示している。それはまた、セミナーを通して実現できたことに対する肯定的な評価と深くかかわっているようである。実現できたこととはどのようなことであったのか。今回の試みでは、受講開始時の二〇〇九年一〇月に採ったアンケートと対比する形で、受講終了時の一二月にも同様のアンケートを採って、相

写真 9-1　男道倶楽部実習風景 1

写真 9-2　男道倶楽部実習風景 2

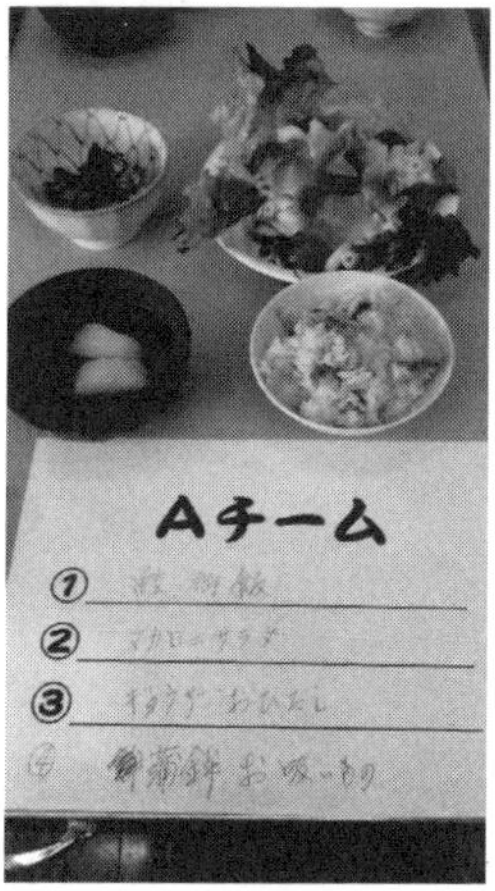


写真 9-3　男道倶楽部の料理

互比較を行った。アンケートからは、受講者が前述のような受講動機に示される目的や要求を、このセミナーで実現していることがうかがえる。以下、その概要を示しておく。

### a　いろいろな人に出会え、友人が増えた

受講者たちは、セミナーを通して、さまざまな人に出会えたと評価しており、それがさらに友人関係へと発展していると述べている。図9-13・14に示されるように、セミナーの受講によってさまざまな人と出会えただけでなく、友人が増えたと指摘しており、しかも、それは図9-15に示されるように、地域社会に知り合いが増えることとほぼ等しいと述べているのである。

### b　自分を高めることができた

受講者が期待した自分自身を高め広げるという点についても、受講者は高い満足度を示しているといってよい。受講者たちは、基本的に、セミナーの受講を通して、図9-16・17に示されるように、視野を広げ、自分を高めることができ、また、図9-18に見られるように、今後の生活にとっても有用な技術を身につけることができたと肯定的に評価しているのである。

料理教室で、新しい知識や技術を身につけることができたという評価が若干厳しいものであるのは、後述するよう

写真9-4　アロマセミナー実習風景1

写真9-5　アロマセミナー実習風景2

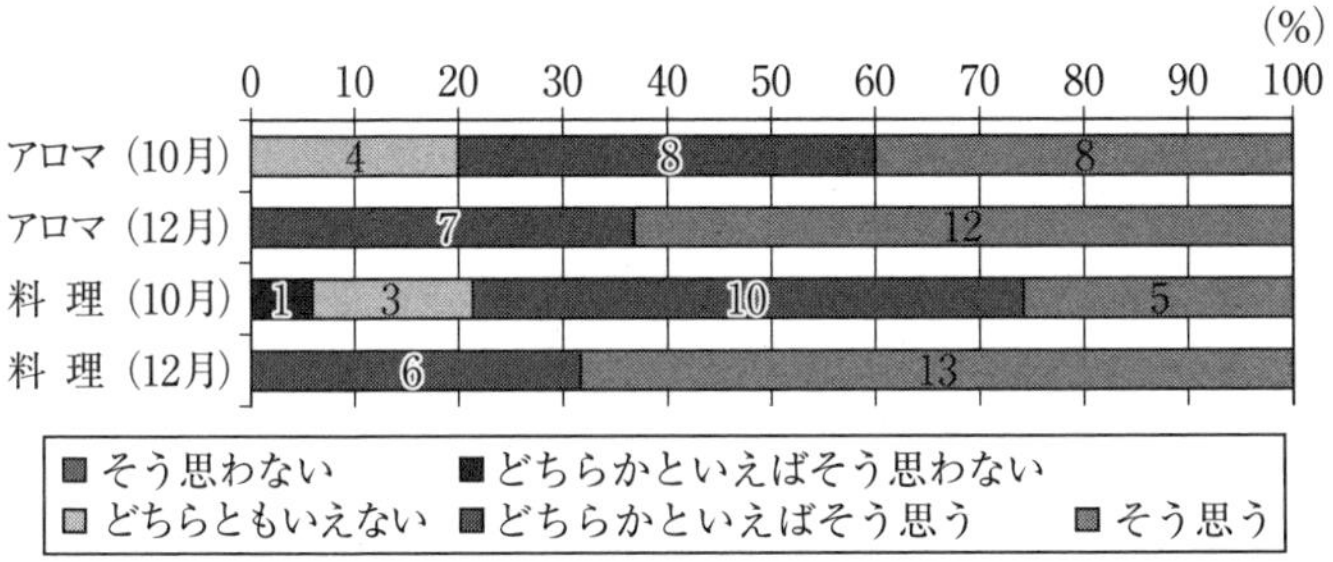


図 9-13　いろいろな人と交流する（人）

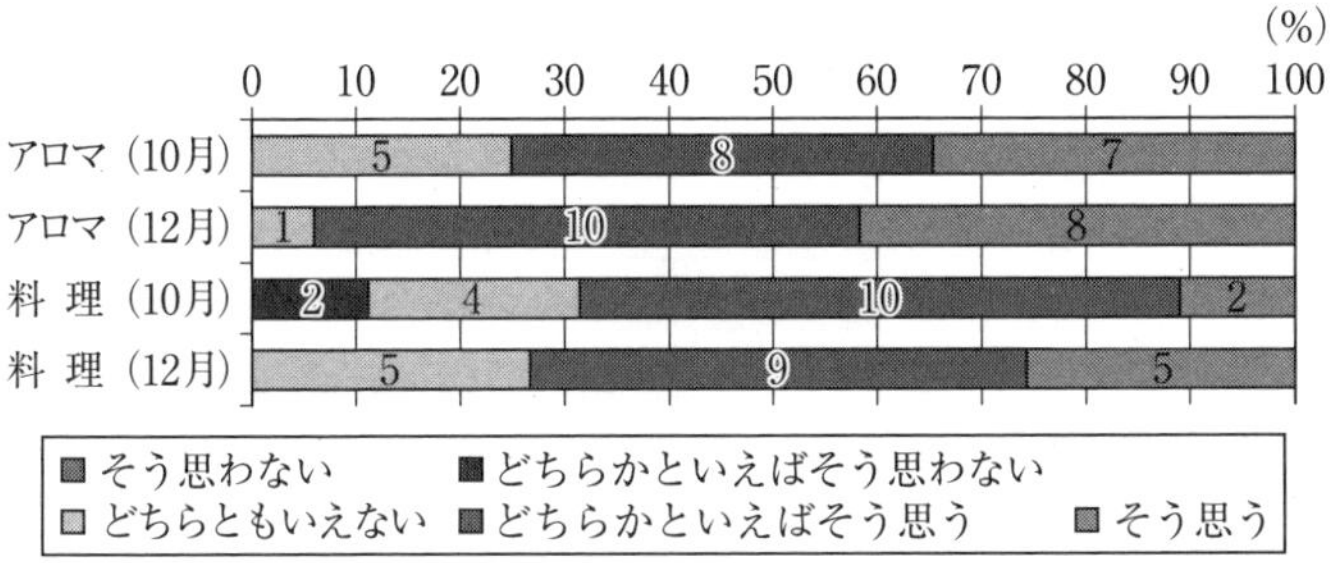


図 9-14　新しい友人をつくる（人）

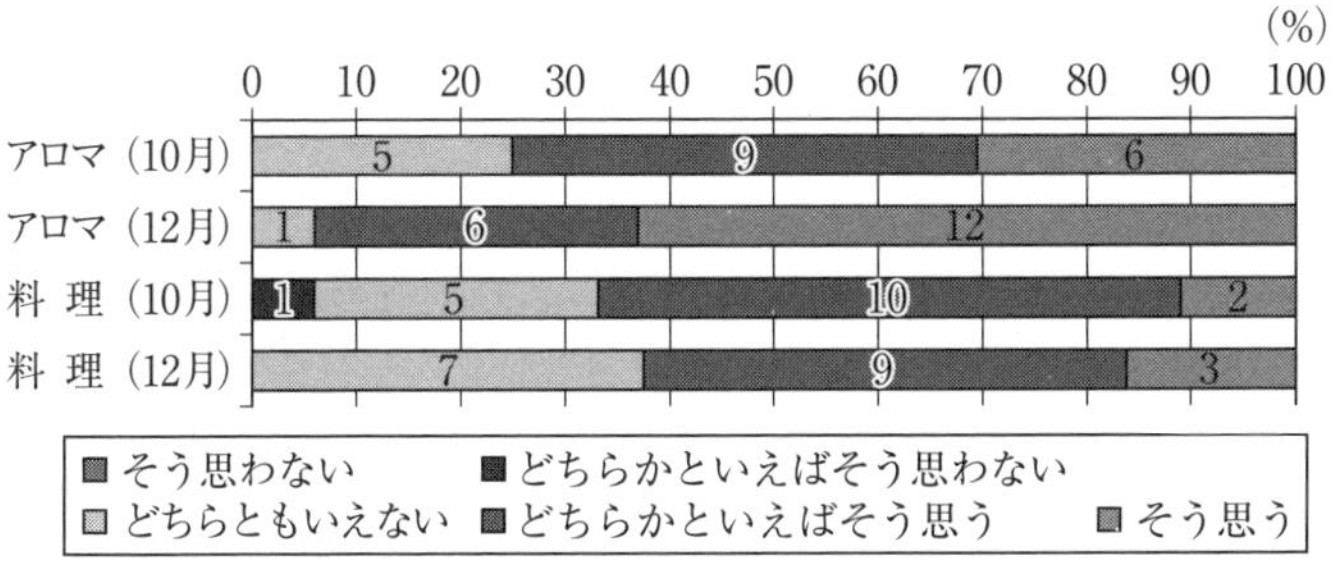


図 9-15　住んでいる地域に知人を増やす（人）

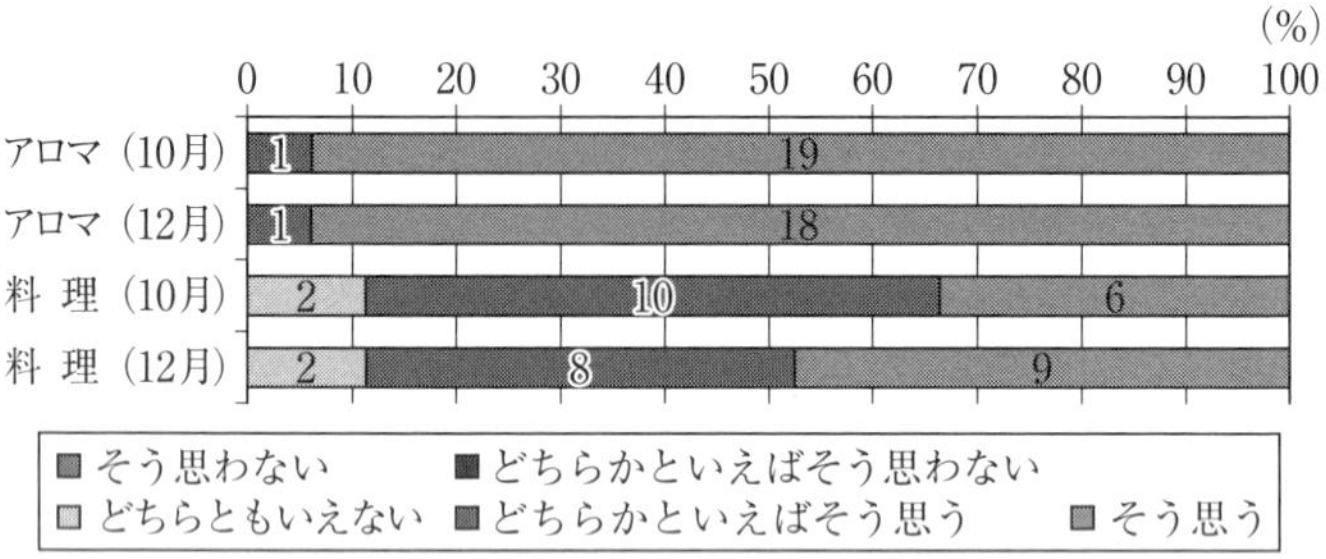


図 9-16　視野を広げる（人）

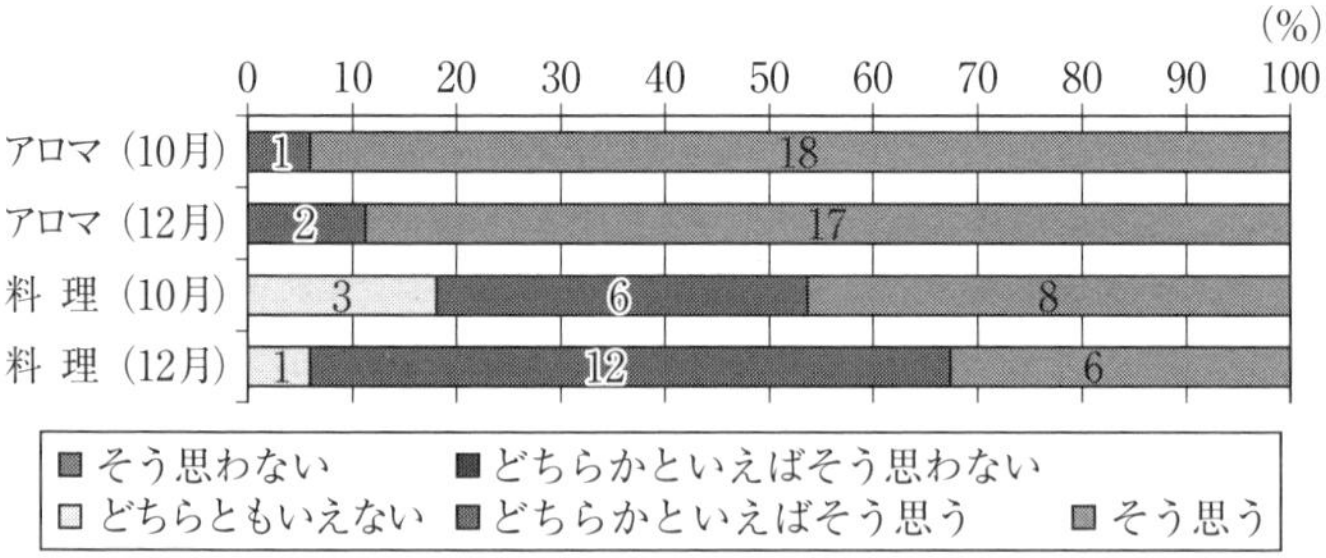


図 9-17　自分を高める（人）

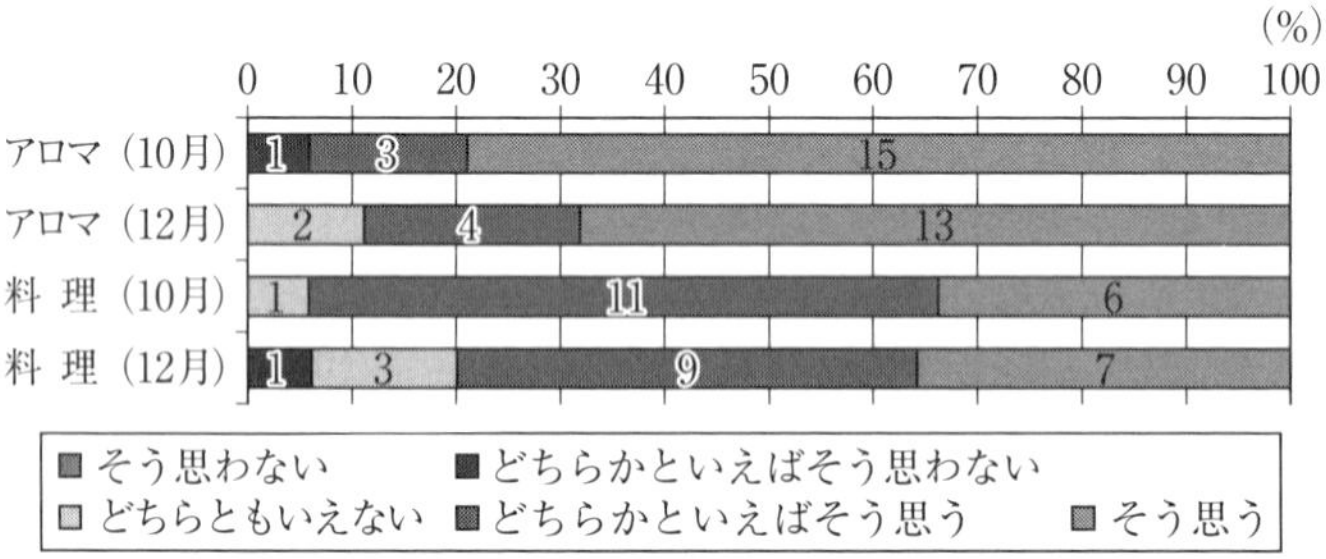


図 9-18　新しい知識や技術を身につける（人）

に、このセミナーの内容を受講者が「簡単だった」と評価していることとかかわりがあるように思われる。それでも、肯定的な回答が多数を占めていることは、評価し得るといってよいであろう。

このような評価が次のような社会的な関係への広がりをもって、受講者自らが地域社会の人間関係へと歩み出ていこうとする傾向を示すことへとつながっているものと思われる。

## c　人々に伝えること、つながっていくこと、生活が豊かになること

受講者たちは、自分がこのセミナーで身につけたことを基礎に、図9-19のように、それを他の人に伝えることができるようになったと意識し、また図9-20に示されるように、人に伝えて、自分と地域の人々がつながることで、人々に貢献したいと考えている。そしてさらに、彼らは図9-21が示すように、そのような新しい地域社会での生活、とくに自分が新しい知識や技術を伝えることで、地域社会にしっかりと位置づいていることを確認し、きちんと役割を果たしていることを確認することで、自分の生活の質が豊かになると考えていることがうかがえる。

この意味では、受講者たちは、受講動機に示されたように、自分を高めること、新しいことを学ぶことで、自分を家族や地域社会の人間関係の中に開いていこうとし、そうすることで自分を肯定し、新しい生活を実現し、生活を豊かにしていこうとしていることがうかがえる。それはまた、このセミナーがこのような受講者の思いに応えることのできるものであったこと、そしてこのセミナーをそのようなものとして実現するだけの力が受講者にあったということをも示唆している。

## d　高まる自己肯定感

受講者の自己肯定感も受講後にかなり高まっている。受講者は、図9-22に示されるように、自分は人の役に立つことができるという思いを強めている。また、彼らは図9-23が示すように、人生は成長と変化の過程であり、自分もまさにその中にいると感じ、セミナーを通して自己肯定感を高めるとともに、学ぶこと、仲間とともに認めあうこと、そして人の役に立つことを心地よく感じ、さらに自分を高めていこうとする過剰な達成の循環の中に入ろうとしているか

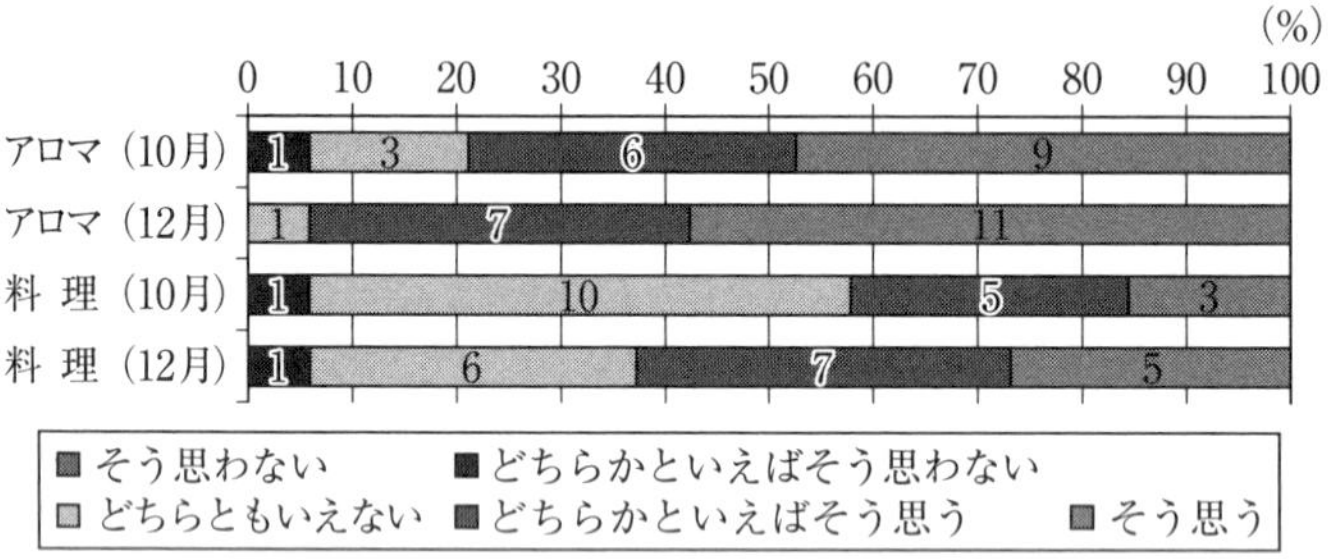


図9-19　学んだ知識や技術を人に伝える（人）

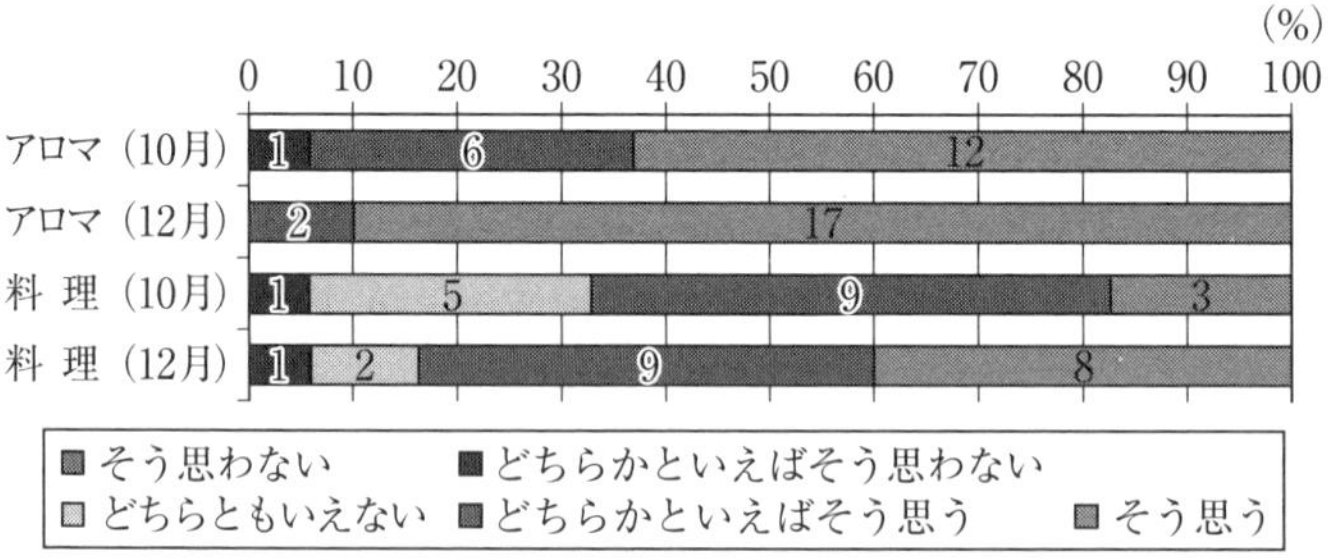


図9-20　学んだ知識や技術で人に喜んでもらう（人）

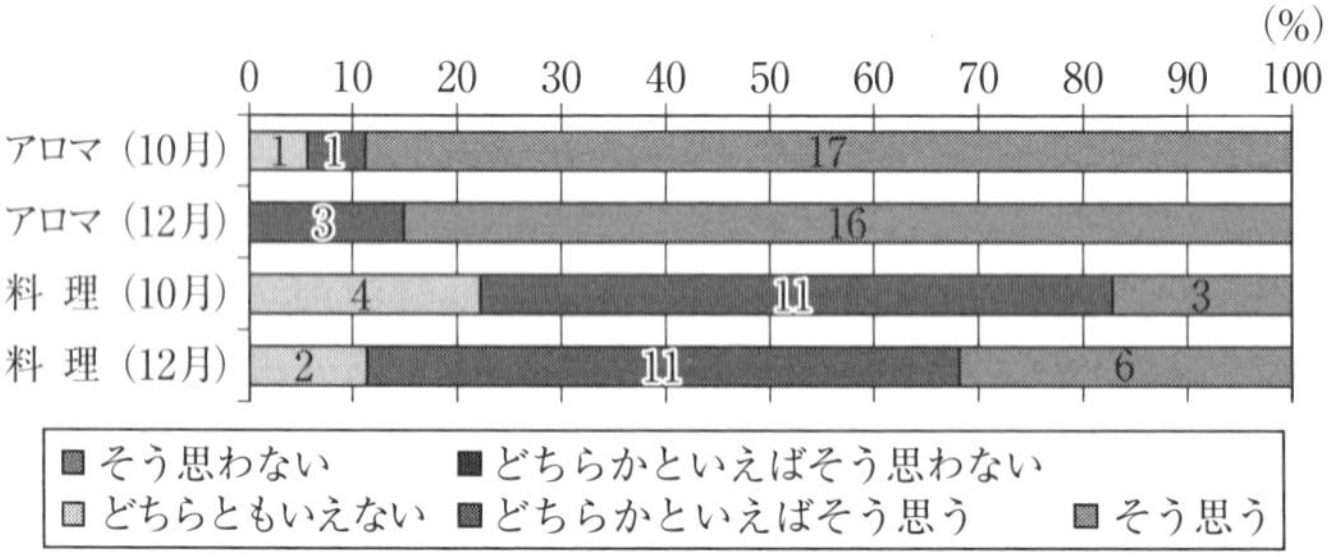


図9-21　自分の生活の質が豊かになる（人）

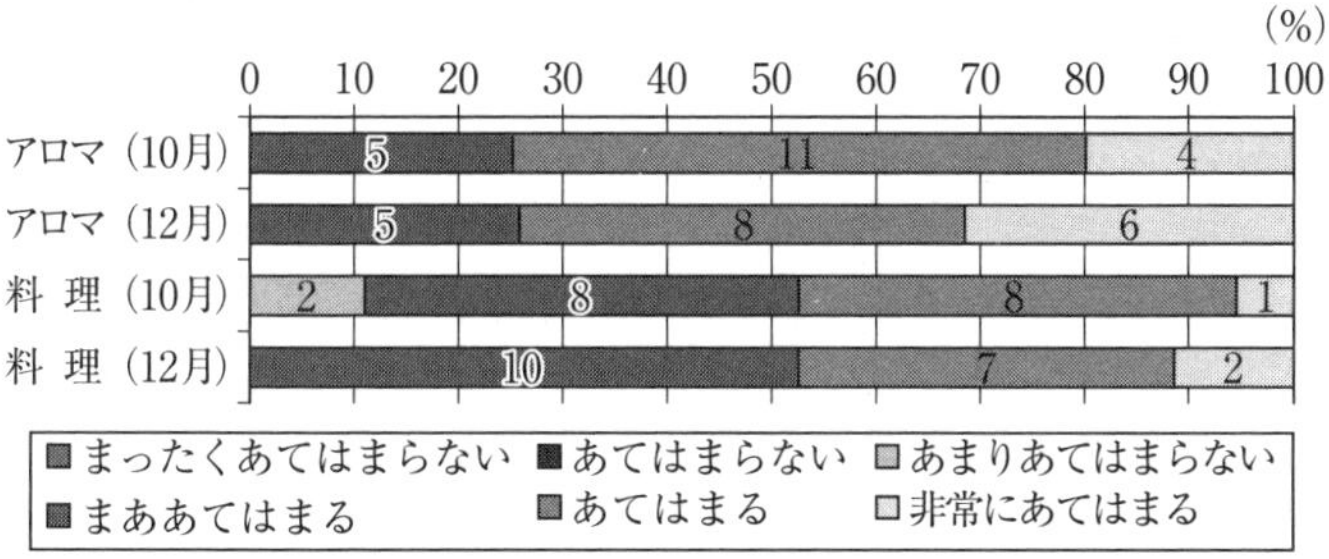


図 9-22　自分は何かをすることで人の役に立てる（人）

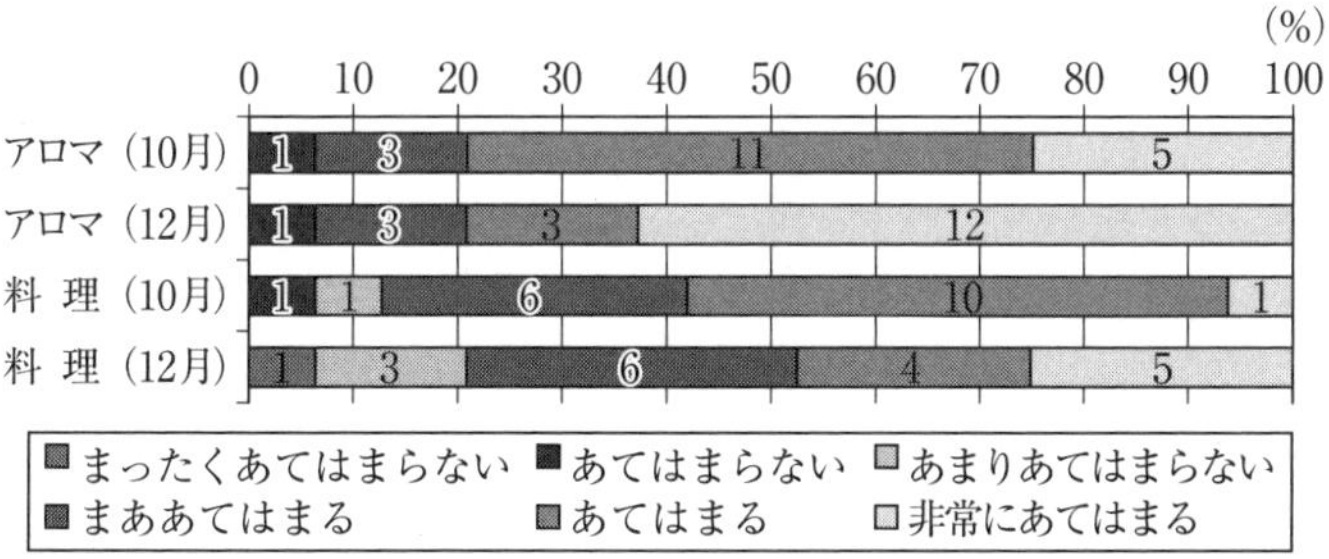


図 9-23　人生は学び、成長し、変化することの連続である（人）

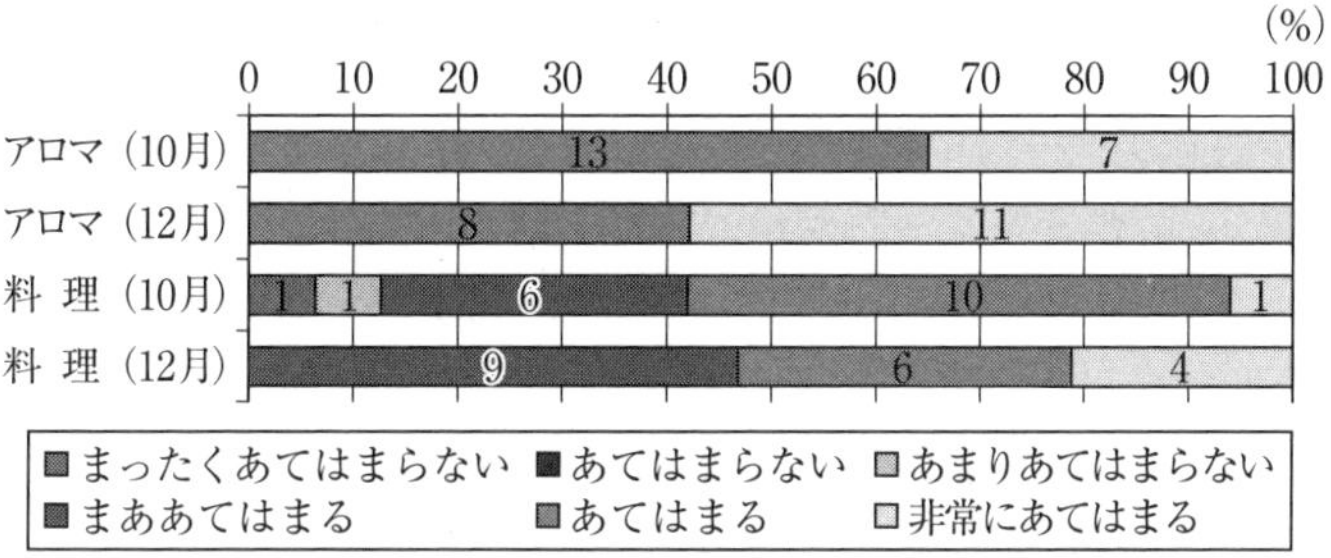


図 9-24　これからも学び、成長し続けたい（人）

のようである。これは、図9-24に示される通りである。

### e　地域社会に貢献すること

受講者たちは、セミナーで学んだことを基礎に、自己肯定感と地域社会に貢献できる自分を意識していくことで、地域社会に対しても何かをしたいと考え始めていく。図9-25に示されるように、彼らは自分が地域社会に対して何かをすることで貢献したいと考え始めている。そして、セミナーにおける楽しい学びが、相互承認関係を受講者の中につくりだし、それが学ぶことに対してより積極的になっていく動きをつくりだしながら、さらに地域社会に展開して、自分がそこで役に立ち、人々から肯定的に受け止められることで、地域に貢献しようとする思いへと展開していることがうかがえる。

本事業の目的である、セミナー事業を通して、地域コミュニティの人的なネットワークを形成しつつ、相互に配慮しあう関係をつくりだす契機を得るという手法は、ある程度有効であることが示されたものと思われる。

## (三)　セミナーへの評価

受講者たちは、セミナーに対して極めて高い評価を与えている。それは、前述のような変化が自分に訪れていることを感じているからであろう。その意味では、セミナーは単に知識や技術を学ぶだけのものでなく、その学びをとおして新しい友人をつくり、その友人関係の中で学びの過剰な達成の関係が生まれ、それがさらに家族や地域コミュニティへの意識としてスピンアウトして、より大きな学びの過剰な達成の循

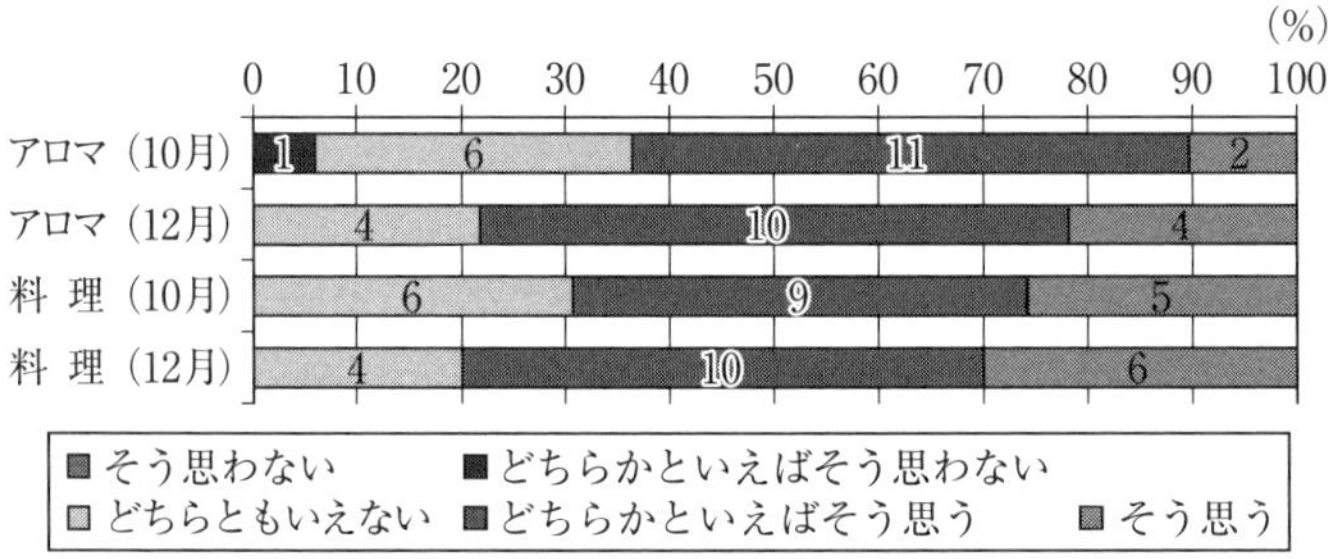


図9-25　地域社会に貢献したい

環の中に人々を招き入れていく、そういうものとして作用しているのだといえる。

### a　セミナーの満足度

受講者は、セミナーに高い満足度を示している。図9‐26に示されるように、満足・興味・役立ち・継続のすべての面で高い満足感が表明されている。

### b　内容の難易度

ただし、内容の難易度については、料理教室の男性の一部ではあるが、図9‐27のように、物足りないとの認識が示されている。それが、既述のような新しい知識や技術を身につけるという面での物足りなさと結びついているようである。

### c　受講後の感想

このような高い満足度のゆえであろう、受講者は受講後、次のような感想を寄せている。誰もがセミナーの開設に感謝し、継続して学びたいと述べ、さらに何らかの形で地域社会に出て行きたいと記している。

〈アロマ〉

＊毎回大満足でした。

＊マッサージは初体験でとても癒され、よかったです。香水、ルームシャワー、すべてよかったです。あと、改めてアロマの世界、

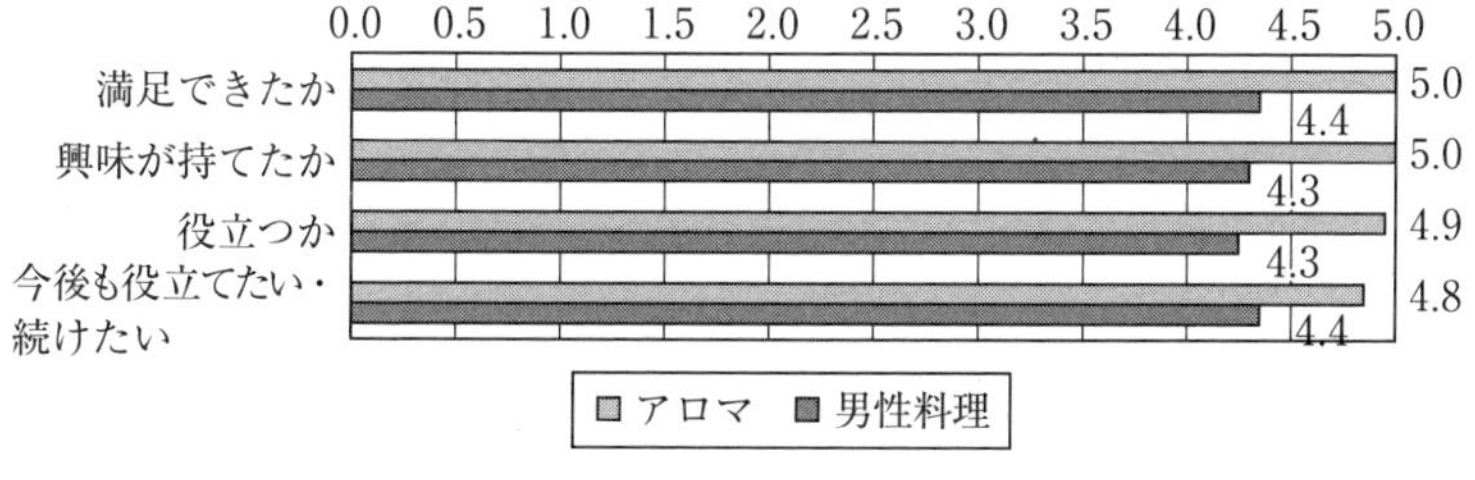


図9-26　受講者のセミナーの内容への評価

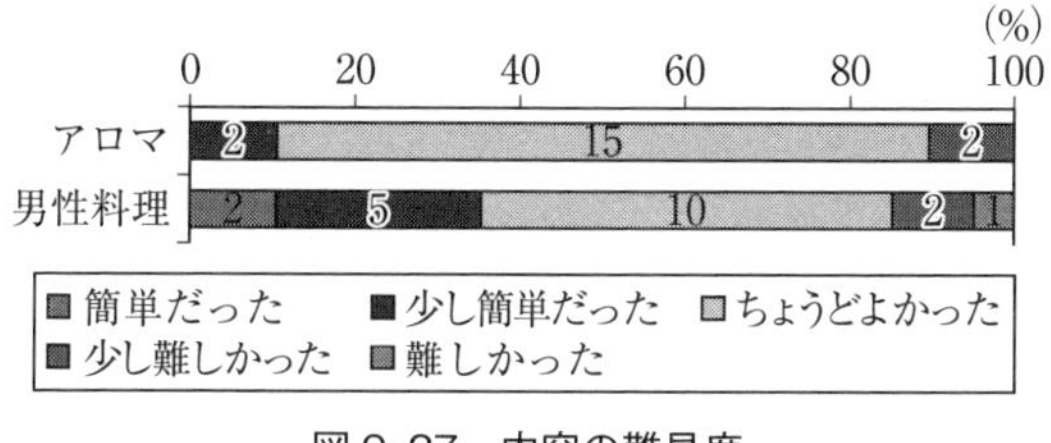


図9-27　内容の難易度

視野が広がり、とてもよかったです。

*毎回のテーマが内容が濃く、満足のいくものでしたが、香りの持ち帰りなどで、講座の合間にも興味を持続できました。

*ますますアロマに興味を持ちました。もっと知識を深めるために資格取得を考えようかと思っています。

*ハンドトリートメントのやり方など身についてよかった。

*ボランティア論と香水作りがよかったです。

*毎回参加するたびに新たな知識の獲得があり、本当に楽しかった。

*どの回もすごくよかったです。

*毎回必ず実習できて、家に持ち帰り、楽しめるアロマグッズが作れたのがとてもよかったです。

*すべて満足できる内容でした。

*実際に実習した内容はすべて印象に残っています。

*五回　香り作り。四回　ハンドトリートメント（実習）

*毎回です。多くの精油や香りに出会えたこと（家では無理なので）。

*すべて満足した内容でした。

*これまでは「知識をつけておしまい」という講座が多かったが、今回はそのあとに発展しそうなのが面白い。


〈料理〉

*マカロニサラダにミニトマトの赤、惣菜の上に紅ショウガなど一つの色でこんなにも変わるのか、良いことを経験しました。

*〇〇のレシピにより大変役にたち、これから参考にしたいと思います。

*普段台所にある材料を使って短時間で料理できること。

*第一回目の簡単レシピがよかった。特にイモサラダ。

*各人アイデアを出し合って、レシピ、調理、盛り付けができて勉強になった。

*第一回目に習い、第三回目に復習。茶碗蒸しと混ぜご飯。

*最初の図、レシピ、全部、作り、会社で教えています。

＊考えていたよりも簡単に料理ができるのを実感した。特にジャガリコサラダは家族も大変喜んでくれた。
＊調理済みの食品を利用することは新しい発見。
＊第三回、各班いろいろな料理を作りましたが、家ではお目にかからないもので楽しく作りおいしくいただきました。
＊今後、人との交流がもっとできるような発展性がもてると良い。ぜひこれからも場を作ってもらいたい。大変楽しく参加できました。ありがとうございました。

### d　今後への要望

このように満足したセミナーであるからであろうか、受講者からは今後に向けた次のような要望も出されている。

＊この講座を一年くらいつづけてほしい。他にハーブなど、いろいろな講座を開催してほしい
＊東大連携コミュニティ事業について詳しく知りたいです。柏市と東大が連携しているプログラムなら、こういった講座を受講して得た知識を、市内の社会福祉の施設で活用できればよいと思います。
＊今回のような講座をこれからも企画していただけたらうれしく思います。
＊広報を読んで、とても素敵なセミナーがあるんだと思いました。今後もいろいろと参加したいと思いました。
＊今回、応募してよかったです。また、違う講座に参加したいです。自分に似合う色、カラーリングなど。
＊はじめての経験であり、今後も続けて（第二部、三部と）いただければ幸福です。期待しています。
＊いろいろなセミナーに発展していただきたく思います。何でも結構です。参加していきますのでよろしくお願いします。

## 四、柏くるるの効果と今後の展望

　柏くるるセミナーは、開講実験としては二〇〇九年一〇月から一二月にかけて行われ、終了している。しかし、その後、受講者たちを中心として自主学習グループができ、男の料理教室もアロマ教室も、二〇一一年三月現在、自主活動としてそれぞれ進められている。料理教室は月に一度ほど、アロマ教室は二週間に一度ほどの頻度で、高柳近隣センターを活動の場所として行われている。その過程で、新たな動きができてきている。この二つの自主活動グループの間に交流が生まれ、料理の自主グループが各班でつくった料理を、アロマの自主グループの女性たち（彼女たちを、料理グループの男性たちはアロマドンナと呼び始めたという）に品評してもらい、最優秀の班の男性たちは、彼女たちからアロマのハンドマッサージを受けることができる特典がつくことになったという。

　このような自主活動の展開の中で、さらに新しい動きが生まれつつある。アロマグループからは、学んだアロマのハンドマッサージの技術を使って、高齢者福祉施設で傾聴

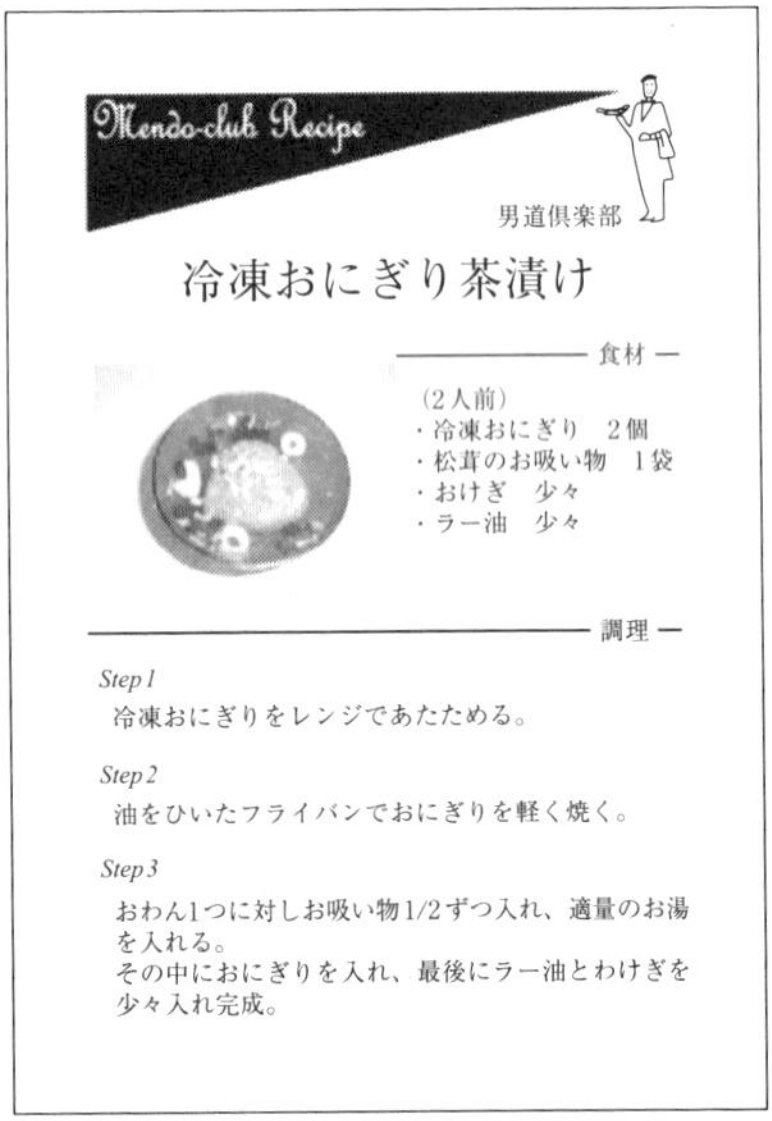


図 9-28　レシピ1・冷凍おにぎり茶漬け

図 9-29　レシピ2・焼き鳥サラダ

活動を進めようという話が出てきており、また料理グループからは図9-28・29のようなレシピ集をつくり、地域の人々に使ってもらえるようにできないかとの話が出てきているのである。

今後、これらの新しい自主グループを基礎として、地域コミュニティにおけるさまざまな自主的なグループが相互にネットワークをはりめぐらすことで、少子高齢化や過疎化などを主たる要因として解体していく、地縁関係にもとづく地域の自治組織に加えて、地域コミュニティにおける住民相互の配慮と見守りを基本とする新たな自治的な機能を果たす、いわばウェブ状の幾重にも重なったネットワークが、地域の人間関係を重層的に構築していくことが望まれる。そしてさらに、そのネットワークが、人々が自分が生活する地域コミュニティで十全に生を全うすることができるような仕組みをつくりだしていくことが期待される。

本事業は、セミナー事業を基本として、地域コミュニティを、地縁関係に代わる志縁関係や楽縁関係のネットワークが重層的に構成する人的なネットワーク空間へと組成し、そこにおける人々の相互扶助関係を再構築する可能性を探るものであった。この目的は、基本的には達成されたものを思われる。その効果を図示すれば、図9-30のようになると思われる。

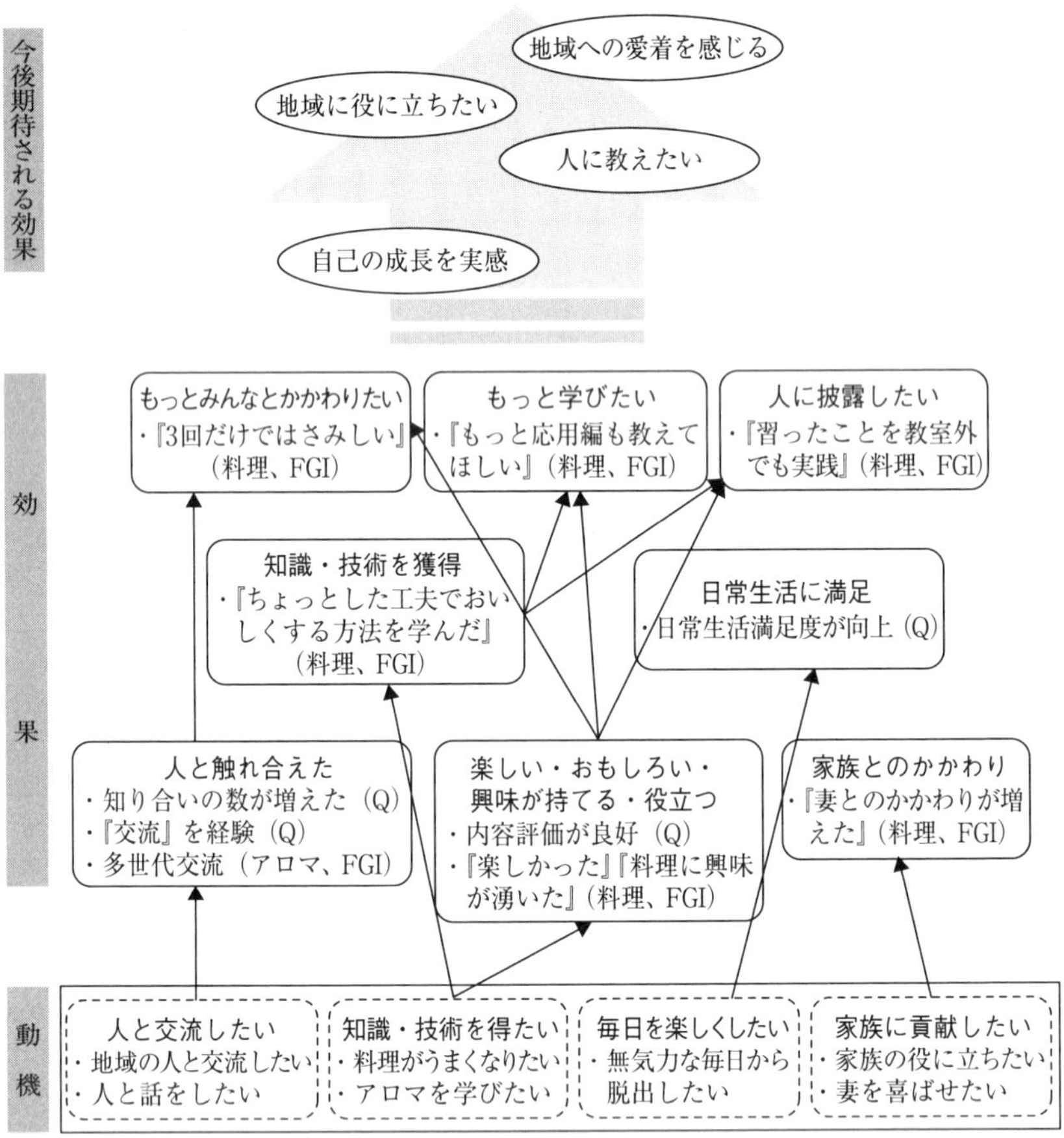
今後期待される効果
地域への愛着を感じる
地域に役に立ちたい
人に教えたい
自己の成長を実感
効果
もっとみんなとかかわりたい
・『3回だけではさみしい』（料理、FGI）
もっと学びたい
・『もっと応用編も教えてほしい』（料理、FGI）
人に披露したい
・『習ったことを教室外でも実践』（料理、FGI）
知識・技術を獲得
・『ちょっとした工夫でおいしくする方法を学んだ』（料理、FGI）
日常生活に満足
・日常生活満足度が向上（Q）
人と触れ合えた
・知り合いの数が増えた（Q）
・『交流』を経験（Q）
・多世代交流（アロマ、FGI）
楽しい・おもしろい・興味が持てる・役立つ
・内容評価が良好（Q）
・『楽しかった』『料理に興味が湧いた』（料理、FGI）
家族とのかかわり
・『妻とのかかわりが増えた』（料理、FGI）
動機
人と交流したい
・地域の人と交流したい
・人と話をしたい
知識・技術を得たい
・料理がうまくなりたい
・アロマを学びたい
毎日を楽しくしたい
・無気力な毎日から脱出したい
家族に貢献したい
・家族の役に立ちたい
・妻を喜ばせたい

図 9-30　柏くるるセミナーの効果
出典：IOG 村山作成

# 終　章

# 「弱くあること」を認め合う社会への自問

本書の原稿を整理していて、東日本大震災に「遭遇」した。刻々と明らかになる被害の実態に言葉を失い、その衝撃の大きさに、いまだに気持ちの心棒のおろしどころが見つからない自分がここにいる。亡くなられた方々のご冥福を祈るとともに、行方不明の方々、被災された方々、さらにはご家族・関係の方々に心からのお見舞いを申し上げたい。

この震災が明らかにしたもの、それは、「序章」で述べた課題に即していえば、地獄である社会を天国である〈社会〉へと橋渡しする「何か」が、被災地にはあったということである。

地域の消防団であったり、町内会であったりという地縁的な団体や自治組織がこの地域には残っていて、人々がそれぞれの役割を、それこそ自己犠牲的に果たすことで、多くの人命が救われた。地震直後から、津波を警戒し、地域住民を高台に誘導して、自ら犠牲になった町内会役員、津波の警戒と避難の半鐘を鳴らし続けて、津波にのまれた消防団員、非番で休んでいたのに、地震の被害と津波を心配して出勤して被災した役場職員や消防署員など、自らの命をかえりみず、人々に尽くそうとした人の存在は、枚挙にいとまがない。

地域の基層自治組織に命を吹き込む地域住民のお互いの認識と気遣い、そして危急の時には、家族、近隣、地域、より広い範囲の人々へと咄嗟に広がっていく他者への想像力、そして職務への誇りに支えられる自己犠牲的な献身、そういうものが被災地にはあり、それが人々の犠牲を最小限にとどめたのだといってよいであろう。

それはまた、被災者の避難所での秩序正しい生活と助けあい、被災地域の人々の相互の思いやりと助けあいなどにも見いだすことができる。（こうした地域社会における相互扶助の関係が、人々を逃げ遅れたり、動こうとしない近隣の知人を救おうとする行動にかりたて、結果的に犠牲を大きくしたとの指摘があることも承知している。また、亡くなった方々や遺族の無念を思えば、軽々に宣揚したり、評価すべきではないことも心得ているつもりである。しかし、それでも、人々の献身的な助けあいによって命を救われた人が多くいることも事実である。そして、この事実は、平時において、人々の中に強い相互の思いやりや信頼の関係が息づいていたことを語っている。）

これらの人々の営みを、賞賛しない人はいないであろう。そして、追い打ちをかけるように被災者に襲いかかる原子力発電所の事故による放射線災害、政府・東京電力の不誠実で曖昧な対応に怒りを感じない人もいないであろう。


翻って、東京など大都市の状況を振り返ってみると、そこには空恐ろしいほどの孤立が広がっているといわざるを得ない。具体的な事例を挙げるまでもなく、「無縁社会」と呼ばれ、「限界団地」と呼ばれる地域が、この大都市の中に虫食いのように広がっている。そこでは、人々は自治会・町内会に加入していないだけでなく、近隣の顔すら知らない、声すら聞いたことがないという状況が一般化している。否、東京など大都市だけではなく、日本の多くの地域で基礎自治体が疲弊し、基層の自治組織が解体し、人々の相互扶助関係が切断されて、無力な個人が孤立化を始めている。

ここに今回のような大震災が襲いかかったとしたら、それは、いわゆる社会的な強者であるはずの若い人々をも巻き込み、相互扶助関係のない、寄る辺のない人々を呑み込んで、犠牲者にしてしまうのではないか。その数の多さを思うだけで、胸が押しつぶされそうになる。

私たちが、被災地に、あのような甚大な被害に遭いながらも将来に向けての一縷の光を見いだせるのに対して、東京などの大都市での大震災を想像してみると、そこには地獄である社会しか目に浮かんでこない。その違いこそが、本書で問いたかった「何か」の有無によって生まれるものである。経済や政治、文化の中心であり、若い人々を惹きつけてやまない東京を含めた首都圏、そして大阪や名古屋などの大都市圏は、「序章」で述べた意味ではすでに地獄である社会であり、その地獄である社会は、大震災など人智を超えた災害に際して、無力であるほかはないのではないだろうか。被災後に人々が相互に助け合い、新しい社会に向けての建設が始まるという希望を見いだせるにしても、被害そのものを最小限に食い止める「何か」はそこにはない。そして、平時において、人々はすでにして互いに認めあい、支えあっているという感覚を失い、孤立感に苛まれている。

震災後、私たちは「非日常」を生きることを余儀なくされている。本書脱稿の四月下旬時点でいまだに余震は続き、原発事故の影響で電力不足が深刻化し、さらに放射線被害が拡大し、計画避難地域が指定され、遠く離れた東京都内でも、人々は毎日の生活の中で、放射線量を気にしなければならなくなっている。

反面、「非日常」は、被災地に向けた全国からの応援、否、全世界からの支援、物資や金銭だけでなく、人的な支援やボランティア活動など、震災復興に向けての大きな動きを生み出している。そこには、人々の新たな「つながり」が生まれ、この社会を人々がばらばらに相互に無関心に存在している社会から、相互に気遣いあい、助けあう社会へと、組み換え始めているようにも見える。筆者も経験した、帰宅難民に対する、沿道の商店や人々の思いやりと便宜供与など、この社会もまだまだ捨てたものじゃないと思わせるような人々の気遣いが感じられた。そこに、この社会の再生の望みを見いだすことができるといえるかもしれない。

地獄を天国へと架橋する「何か」とは、この人々相互の間にある他者への想像力にほかならない。

地震発生後一か月半が経とうとしているのに、しかし、筆者はいまだに震災に「遭遇」し続けている。「非日常」がある種の違和感をともなって、筆者の心をふさぎ続けているのである。

人々はこの「非日常」を、語弊があることを承知でいえば、ある種の「祝祭」として、いま生きているのではないか。平成大不況、失われた二〇年といわれる時代にうちひしがれていた人々の中に生まれていた大震災待望論、戦争待望論、ハルマゲドン待望論が、この「非日常」と結びついて、人々をある種の高揚感をともなった「敢えての楽観」へと導いてしまっているのではないか。そういう不安は拭えない。

この不安はまた、震災直後から始まった「思いやり」「きずな」「ひとつになろう日本」「日本、前へ」「チームワーク」「がんばろう」などなど、有無をいわさぬばかりの団結キャンペーンへの違和感に重なる。まるで、被災地の人々が親しい人を失った悲しみにうちひしがれる余裕などないのだといわんばかりの、そしてまた、被災のショックをかみしめて、自分の経験へと組み換えて、乗り越えていくための内的な力を生み出す時間を与えるのが惜しいといわんばかりの、「復興」キャンペーンではないか。

そこに、また、被災者の秩序正しさ、全国からの支援やボランティア、社会的安定への海外からの賞賛の声がことさら増幅して伝えられることで、自分たち日本人はすごいのだという高揚感が人々を包むことになる。

不謹慎かもしれないが、震災後の日本社会は、ある種のお祭り騒ぎの状況に陥っていて、冷静に物事を考えることができなくなっているのではないか、そう思えてならない。

助け合いが悪いというわけではない。思いやりやきずなが悪いというわけではない。ましてや団結やチームワーク、そしてがんばることが悪いというわけではない。しかし、私たちがいわば外部にいて、この言葉を被災者に投げかけるとき、そこに本当の意味で被災者への想像力は働いているのだろうか。

なぜ原発事故で作業しているのは地元の下請企業の人たちばかりなのか、そもそもなぜ原発が大都市から離れた「地方」にあるのか、なぜ被災地は高齢化し、過疎化している地域が多いのか、なぜテレビや新聞は「きれい」で「うまくいっている」避難所ばかりを報道するのか、なぜマスコミは立ち直りの物語ばかりを流すのか、なぜテレビは今も涙に暮れて、心と身体を震わせている人々を報道しないのか、そういう疑問をなぜ私たちは抱かないのか。

天の邪鬼かもしれないが、そういう思いに心が不安定になるのを抑えられない。医師・看護師やハイパーレスキュー隊として現地にいち早く入った知人たちからは、私たちがマスコミを通じて知っている被災地の前向きな人々とはまったく逆の、悲嘆に暮れ、極めて劣悪な条件の下で、避難所生活を送っている人々や、生活のため、カネのために、十分な装備もないまま、放射線にわが身を曝して作業にあたっている地元の人々の姿が伝えられている。

そういう人の姿をこの「非日常」の「祝祭」を生きている私たちは、想像することができたであろうか。

そして、この「祝祭」をいま、この社会が宣揚し始めている。そこに、居心地の悪さを感じないではいられない。大震災の後、希望を見いだしたいという思いはわかる。しかし、希望とは、あるところから与えられるものではない。

魯迅はいう。「希望とは、もともとあるものともいえないし、ないともいえない。それは、地上の道のようなものだ。もともと地上に道はない。歩く人が多くなれば、それが道になるのだ」(『故郷』)。

そう、希望とは人々の日々の地道な生業の中からおのずから立ち上がってくるものだ。そういうものが別のところから与えられ、「思いやり」「きずな」「ひとつになろう」「がんばろう」と指図されること、それがいまの高揚した祝祭気分のこの社会と重なることで何が起こるのか、考えてみる必要はないのだろうか。

すでに震災特需が叫ばれ、日本再生が叫ばれる中で、今後の復興事業からこぼれ落ちてしまうのは、たとえばこれまでも原発を引き受けさせられ、放射線にわが身を曝して事故処理をせざるを得ない人々、そういう人々なのではないのか。「再生」を叫ぶのであれば、そういう人々を再び生み出さないような社会のあり方を、被災者への想像力をたくましくすることで、一人ひとりがわが身に引きつけて考え、すべきことをし、とるべき行動をとって、これまでの社会構造を組み換えていく力へと練り上げていくこと、このことが問われているのではないだろうか。単に節電を励行するということではなく、もっと根源的にこの社会のあり方を変えていくような力を私たちが持とうとすること、そういうことが求められているのではないか。

それゆえに筆者は、原発事故をめぐって、原発設置の政治責任を、私たちも電気を使ってきたのだからと国民一人ひとりの倫理責任に転じようとする論調に与することはできない。間接民主制の私たちの国においては、私たちが政権を選びはするが、それは私たちを代弁するものとして選ばれているわけではない。私たちが政治を行う権利を託している、つまり私たちのために働く政治家を選んでいるに過ぎない。それゆえ、付託を受けた者たちが失政を行った場合には、私たちは自らの責任において、彼らに政治的な責任をとらせなければならない。それこそが、私たちが主権者として自らの政治責任をとるということである。それはまた、企業に対しても同様である。原発が発電した電気を使わざるを得なくされてきたこと、安全神話を受け入れざるを得なくされてきたことに対して、きちんと自らの消費者としての立場を明確にし、企業の結果責任を問うことこそが、自ら責任をとることである。

そして、このことは、私たちがともに弱くある存在であること、そうであるがゆえに、弱くあることを認めあい、受け入れあって、ともに命と生活を保障しあえる社会をつくることに対して、政治的な責任をとることでもある。

社会の構造を変えることというのは、そんなに大それたことではない。「思いやり」も「きずな」も誰もが自然な思いとして抱いているし、感じている。そういうものを発露できない社会があるとすれば、それを組み換えていくこと、そういう思いを大切にしながら、日々の平凡な生活の営みの中から、人々が結びつき、気遣い、頼り頼られることで、この社会の中できちんと役割を果たし、自立していくことができる、そういう「弱くあること」を許すことで、多くの人命を救うことができる強靱な社会をつくりだすこと。こういうことが、今、私たちには求められている。それは倫理的な責任へと回収されるべきものではない。「思いやり」「きずな」という他者への想像力に定礎される自然な思いは、政治的責任の基礎にあるべきものである。そして、生涯学習とは、本来、この生活の思いに定礎された政治と深くかかわる極めて政治的な営みなのである。

牽強付会だが、本書の主題は、このことに尽きる。日本社会は、筆者の目には、震災以前からすでに壊れている地獄である社会のように見える一面がある。それをどうやって私たちの手で私たちの社会へとつくり直して、天国である〈社会〉を実現していくのか。本書が少しでも役に立つのであれば、幸いである。そして、本書が刊行される頃、すでに「祝祭」が終わり、無関心が再び人々の間に蔓延し、やはりこの社会は地獄でしかなかったことが明らかになる、そういう事態に立ち至っていないことを祈りたい。

# 初出一覧

本書の各章の初出は、以下のとおりである。なお、収録に当たっては、大幅な加筆修正を施している部分のあることをお断りしておく。

序　章　生きるに値する〈社会〉のために

＊「「生涯学習」構想から「生涯学習」政策へ―そのイメージ―」、名古屋大学教育学部社会教育研究室『社会教育研究年報』第九号、一九九二年、「教育基本法「改正」と生涯学習」、名古屋大学大学院教育発達科学研究科社会・生涯教育学研究室『社会教育研究年報』第一五号、二〇〇二年をもとに、書き下ろし

第Ⅰ部　生涯学習を課題化する社会

第一章　生活様式の変容と生涯学習の課題

＊「生活様式の変容と社会教育の課題」、日本社会教育学会編『講座・現代社会教育の理論Ⅰ　現代教育改革と社会教育』、東洋館出版社、二〇〇四年

第二章　自治体の再編と生涯学習

＊書き下ろし

第三章　「無償＝無上の贈与」としての生涯学習

＊「『無償＝無上の贈与』としての生涯学習―または、社会の人的インフラストラクチャーとしての生涯学習―」、東京大学大学院教育学研究科生涯学習基盤経営コース社会教育学研究室『生涯学習論・社会教育学研究』第三三号、二〇〇九年

第四章　「働くこと」の生涯学習へ

＊「『働くこと』の生涯学習へ」、東京大学大学院教育学研究科生涯学習基盤経営コース『生涯学習基盤経営研究』、第三四号、二〇一〇年

第Ⅱ部　自治組織再編と生涯学習

第五章　地元社会の再編と生涯学習の課題

＊「過疎・高齢地域における住民の生活と今後の課題―豊田市合併町村地区調査報告―」（青山貴子・佐藤智子・北川庄治・荻野亮吾・歌川

光一と共著の担当部分）、東京大学大学院教育学研究科生涯学習基盤経営コース社会教育学研究室『生涯学習論・社会教育学研究』第三三号、二〇〇九年

第六章　住民自治組織の再編と公民館の役割

＊「開かれた自立性の構築と公民館の役割―飯田市を事例として―」（荻野亮吾・佐藤智子・佐藤晃子・王美璇・歌川光一・中村由香・汪乃佳と共著の担当部分）、東京大学大学院教育学研究科社会教育学・生涯学習論研究室『学習基盤社会研究・調査モノグラフ』2、二〇一一年

第Ⅲ部　生きるに値する社会への試み

第七章　過疎・高齢化中山間地域再生の試み

第八章　多世代交流型オープン・ケア・コミュニティの構想

第九章　地域コミュニティの人的ネットワーク再構築の試み

＊「過疎化・高齢化対応コミュニティの構想―3つの試みより―」、東京大学大学院教育学研究科社会教育学・生涯学習論研究室『学習基盤社会研究・調査モノグラフ』1、二〇一〇年の全三章の各章

終　章　「弱くあること」を認め合う社会への自問

＊書き下ろし

## ■著者紹介


牧野　篤　（まきの　あつし）

1960年生まれ。東京大学大学院教育学研究科教授
名古屋大学大学院教育学研究科博士課程修了。博士（教育学）。
中国中央教育科学研究所客員研究員、名古屋大学大学院教育発達科学研究科助教授・教授を経て、2008年より現職。


主要著書

『中国近代教育の思想的展開と特質――陶行知「生活教育」思想の研究』（日本図書センター、1993年）

『民は衣食足りて――アジアの成長センター・中国の人づくりと教育』（総合行政出版、1995年）

『多文化コミュニティの学校教育――カナダの小学校より』（学術図書出版社、1999年）

『〈わたし〉の再構築と社会・生涯教育――グローバル化・少子高齢社会そして大学』（大学教育出版、2005年）

『中国変動社会の教育――流動化する個人と市場主義への対応』（勁草書房、2006年）

『シニア世代の学びと社会――大学がしかける知の循環』（勁草書房、2009年）

『認められたい欲望と過剰な自分語り――そして居合わせた他者・過去とともにある私へ』（東京大学出版会、2011年）

# 人が生きる社会と生涯学習

## ―弱くある私たちが結びつくこと―


2012年4月10日　初版第1刷発行

■著　　者――牧野　篤
■発 行 者――佐藤　守
■発 行 所――株式会社 **大学教育出版**
〒700-0953　岡山市南区西市855-4
電話（086）244-1268　FAX（086）246-0294
■印刷製本――モリモト印刷㈱



© Atsushi Makino 2012, Printed in Japan
検印省略　　落丁・乱丁本はお取り替えいたします。
無断で本書の一部または全部を複写・複製することは禁じられています。



ISBN978－4－86429－107－1